创新教育背景下的体育教学发展探索

李景丽　著

南京出版传媒集团
南京出版社

图书在版编目（CIP）数据

创新教育背景下的体育教学发展探索 / 李景丽著
. -- 南京 : 南京出版社 , 2021.11
ISBN 978-7-5533-3471-4

Ⅰ . ①创… Ⅱ . ①李… Ⅲ . ①体育教学－教学研究
Ⅳ . ① G807.01

中国版本图书馆 CIP 数据核字（2021）第 215043 号

书　　名　创新教育背景下的体育教学发展探索
作　　者　李景丽
出版发行　南京出版传媒集团
　　　　　南 京 出 版 社
社址：南京市太平门街 53 号　　邮编：210016
网址：http：//www.njcbs.cn　　电子信箱：njcbs1988@163.com
联系电话：025-83283893、83283864（营销）　025-83112257（编务）

出 版 人　项晓宁
出 品 人　卢海鸣
责任编辑　徐　智
装帧设计　马静静
责任印制　杨福彬

印　　刷　三河市德贤弘印务有限公司
开　　本　710 毫米 × 1000 毫米　1/16
印　　张　14.75
字　　数　264 千字
版　　次　2022 年 4 月第 1 版
印　　次　2022 年 4 月第 1 次印刷
书　　号　ISBN 978-7-5533-3471-4
定　　价　73.00 元

用微信或京东
APP扫码购书

用淘宝APP
扫码购书

前　言

当前，经济发展、社会进步、科技腾飞，都是在不断创新的过程中实现的。没有创新就没有发展，在任何领域都适用，体育教育也不例外。我国教育事业长期受传统教育思想的影响，发展受到一定限制，难以适应现代社会发展的需要，鉴于此，创新教育理念应运而生。创新教育，顾名思义，就是注重创新的教育，具体来说，就是以培养人们创新精神和创新能力为基本价值取向的教育。创新教育是各级各类教育的共同要求，因此，其对教育事业中的各个方面都能产生潜移默化的影响，体育教学就是一个典型。

体育教学是体育与教育的结合，体育教学的发展对于体育事业和教育事业的发展都有积极的推动作用。因此，对体育教学的发展进行分析和探索具有非常显著的意义。我国的体育教学在很长的一段时间内，受各方面因素的影响，其发展是缓慢的，并且发展过程中存在着各种问题，制约着其进一步的发展。比如，教学内容陈旧，丰富和新鲜程度不够；教学方法仍然沿用传统，与教学实际和学生需求不相符；教师和学生在体育教学中的关系过于对立，没有体现出两者之间相互影响的紧密关系等。另外，针对体育教学发展的研究较为单调，没有遵循与时俱进的原则，将其与社会发展结合起来。这些都是当前亟需解决的重要问题。鉴于此，笔者特意撰写本书，希望能够为上述问题的解决提供必要的依据和支持，进一步促进体育教学的可持续发展。

本书共八章。第一章对创新教育理念的基本理论进行了阐述，还对创新教育在我国的发展态势进行了探索，由此对创新教育理念建立初步认知。第二章对创新教育背景下体育教学的基本发展状况进行了分析，从中不仅能了解体育教学的基本知识，还能获悉创新教育理念与体育教学之间的密切关系、创新教育背景下体育教学的发展状况与未来发展，为后面的深入研究奠定了基础。第三章至第七章是本书的重点，分别对创新教育背景下体育教学方法、教学内容、教学模式、教学主体、教学管理的发展改革创新进行了探析，深入细致地阐释了创新教育对体育教学各个方面的影响与推动。第八章则研究了创新教育背景下体育教学发展的众多保障体系的构建,包括体育教学发展的背景、安全教育、环境保护以及特殊课程设置几个方面,这些都是体育教学发展不可忽视的重要支持因素。

综上所述,本书通过系统的结构、简练的语言、丰富的知识点,对创新教育背景下的体育教学发展进行了全面且细致的分析和探索,立意新颖,与社会发展和需要相适应,体现出了显著的科学性、系统性、全面性、时代性、创新性特点,具有较高的研究价值,是一本专业性较强的学术著作!

本书在撰写过程中,参考并借鉴了部分专家学者的研究成果和观点,在此表示最诚挚的感谢!另外,受时间和精力所限,书中难免出现纰漏与不足,敬请广大读者批评指正!

目 录

第一章　创新教育理念概述

随着教育事业的不断发展，人们对教育越来越重视，并且针对当前的教育发展状况，不断提出与之相适应的新的教育理念，以更好地服务于教育事业发展，使教育事业更加完善、更加与社会发展的要求相符合。创新教育就是一种新的教育理念。本章主要对创新教育理念的概念、内涵、构成、特征等基本理论知识进行阐述，并且对创新教育在我国的发展态势进行简要分析，对创新教育理念作一个大致了解和认识，为后面论述体育教学发展作出重要的背景分析。

第一节　创新教育理念的概念

创新教育概念最初由美国经济学家熊彼得提出，但当时这一理念是用于经济领域的，后来才被应用于教育领域。

要对创新教育有所了解，首先要认识创新一词。目前，我国对创新的认识已有了很大的提高，比较笼统的观点是：创新是思想与市场的最佳结合，也是理论与实践的有机结合，是一种很好的表现形式。

在新时代中，创新一直都是被强调的重要主题，也是教育发展到一定阶段必然面临和必须解决的问题。结合我国国情，实施创新教育是最适合的教育改革，因为只有通过教育理念和方法的创新，才能创造出孕育具有创新精神和创新能力的优秀人才的教育环境和氛围。

适应现代化建设和社会主义市场经济发展的需要，创新教育已成为21世纪教育发展的主流。作为一种新型的教育模式，创新教育使人们不断地将新技术、新思想、新知识转化为先进的生产力，并把培养人们的创新思维和创新能力作为最终目标。在当前社会，创新教育的重要性越来越被凸显出来。

关于创新教育，教育界中一直都存在着不同的观点，当前，比较具有代表性的有以下几个观点。

创新教育能使学生在掌握学科知识的同时,形成基本技能,开发创新潜能,发展创新能力。

创新教育将起点放在使学生具有创新意识上,同时,创新教育也将其目标确定下来,即让学生对创新产生热爱之情、形成创新思维,还要对学生的创新能力进行重点培养,这也是现代社会发展的一个显著需求。

创新教育,实际上是一种新型教育形式,主要目的是对创新型人才的培养。在体育教学中运用创新教育,就是在创新理念的指导下,借助新型的教育方法、手段以及教学活动,使学生建立良好的创新意识,形成创新精神,在此基础上,培养学生的创新意识和创新精神,进而发展其创新能力的全方位的教育活动。

通过对上述几种观点的综合,可以将创新教育的概念界定为:创新教育,就是以社会主义现代化发展对人的要求为依据,对学生的基本价值取向进行培养,使学生能在创新方面建立起相应的意识,形成相关的素质,并具备相关的能力,以此来使创新型人才队伍的建设速度进一步加快的一种新型教育理论。①

第二节 创新教育理念的内涵

创新教育是培养高素质的创造性人才的必经之路,也是深化教育改革的具体措施。关于创新教育理念的内涵,可以从两个方面着手进行:一方面,从创新教育的概念入手,从教育主体的角度对创新教育的内涵进行分析,比如教育管理者对创新教育的认可、教师的创新能力、家长对创新教育的认识与理解以及学生自身等多方面;另一方面,从教育教学过程的角度出发来进行分析,包括教育理念的创新、教材等教学内容的创新、教学手段和教学评价体系的创新等。

一、教育教学主体的创新教育内涵分析

(一)创新精神

创新教育的内涵中,创新精神处于核心地位。在教育教学过程中,要

① 胡珺:基于创新教育的高校图书馆学习共享空间建构研究,硕士,合肥工业大学,2016年。

对学生进行创新教育，培养起良好的创新精神。具体来说，创新精神包含的内容较为广泛，具体有以下几个方面：

1. 创新意识

一般来说，对创新意识的认识可归纳为：一种个体追求新知的内部心理倾向，如果这种倾向能够保持稳定性，那么，就会升华为个体的精神与文化。

具有创新意识的个体，会有这样的表现：对自身以及自身所处的现状都存在不满，还具有强烈的上进心，总是希望能够达成对自我的超越，因此会不断尝试做各种工作，以期实现这一目标，同时，在这一奋斗的过程中还将体现不畏艰险、不怕苦难，勇于上前的优良品质。这种创新意识转变为创新能力的可能性是非常大的。

2. 创新情感

创新情感是以创新意识为基础而实现的。创新情感对于个体来说，其产生的作用和影响丝毫不亚于创新意识。在创新的实践过程中，需要个体付出自己的奋斗，付出自己全部的身体和心理上的能量，从而取得一定的成绩，而这些成绩会给个体带来一定的成就感，由此，也进一步催生出更加强烈的责任感，这对于其今后各方面的工作都是不小的财富支撑。

3. 创新意志

在不断提高自己的同时，来自不同方面的干扰也会纷至沓来，这就要求创新个体排除干扰，使自己始终保持在最原始的状态，经得住诱惑，对自己的工作更加专注，在这个过程中形成的坚定意志就是创新意志。

（二）创新能力

创新能力是指将新思想贯彻于实践活动从而完成创新成果的能力。学生的创新能力是由多方面内容构成的，比如，搜集处理信息能力、团队合作能力、人际沟通交流能力、协调指挥能力以及实践动手能力，这些能力可以归纳为两个方面，即创新思维和创新活动。这些创新能力对于实现资源的合理化配置、营造良好的创新氛围都是非常有帮助的。

1. 创新思维

创新思维，顾名思义，就是一个人在面对问题时在思考方法以及思考层面的一种创新。通常，具有创新思维的人，都具有敏锐的感受能力，有灵活的思维能力，有对事物本质的洞察能力，能够在实际中不被传统思维束缚，另辟蹊径找到解决的办法，达到事半功倍的效果。在创新教育过程中，培养创新思维是不可或缺的重要方面，因此，需要在教育教学过程中对学生进行这方面的重点引导和教育。

2. 创新活动

创新活动，就是把创新思维所造就的新思路、新理论运用到实际当中，不管是什么样的理论、思路，都必须经过实践的考验才能成立，否则就是没用的。创新活动就是要把创新思维得出的东西进一步夯实，进一步修改，以期能够达到理想的目标。同时需要强调的是，创新活动与创新思维两者并不是相互独立的，而是紧密联系不可分离的。

（三）创新素质

创新素质是指个人通过外在环境、相关培训教育以及创新实践活动等影响因素的共同作用而形成的相对稳定的知识结构、能力水平和品质素养。对于教育教学中的教师和学生来说，创新素质是必须具备的重要素质。

（四）创新人格

个体在行为上的内部倾向性，就是所谓的人格，主要表现为个体适应环境时在能力、情绪、需要、动机、兴趣、态度、价值观、气质、性格和体质等方面的整合。由此，创新人格可以被理解为科学世界观、正确方法论和坚韧不拔的毅力等非智力因素的有机结合。创新人格的表现主要有这样几个方面：

（1）能为自我实现提供必要帮助。

（2）兴趣上具有广泛性、稳定性与持久性的特点。

（3）做事勤奋，有较强的责任心。

（4）情感处于积极状态，自我控制情绪的能力非常强。

（5）有强烈的好奇心和满满的求知欲。

（6）竞争意识较强，还有强烈的危机感。

（7）有非常强的自信心，并且在处理事情上坚韧且有毅力。

（8）有勇气，做事果断，还具有很强的冒险精神。

（9）有独立的批判精神。

（10）有开放的心态以及团结协作的精神。

青少年发展时期，对于学生的一生来说，是非常关键的转折时期，这一时期表现出的特点是他们的心理、生理逐渐走向成熟，在其人格的形成方面有重要影响。这也是教育教学开展的重要目的。鉴于此，教师要将自身的引导作用充分发挥出来，为学生正确人格的形成提供必要的帮助。

二、教育教学过程的创新教育内涵分析

（一）弹性化的时间制度

弹性化的时间制度，就是改变过去固定时间的学习模式，在保证学习质量的基础上放宽对时间的限制。比如，欧美国家将互联网应用于日常生活中，充分利用其能便利获取信息的优势，实行图书馆全天 24 小时开放，这对于读者来说是非常大的福利和便利。同时，读者在选择阅读的内容方面，也更加便利，时间限制大大降低，创新教育的针对性、个性化和自主性由此得以体现。

（二）学习模式创新

在创新教育理念影响下，学习模式也发生了改变，被动式的学习模式已经无法适应创新教育了，创新的学习模式应该是基于问题的学习模式，具体来说，就是所提出的创新型的学习模式，必须能够对学生的各方面能力起到锻炼和提升的作用，涉及创新、实践、合作以及交流等各个方面。

目前，美国教育机构对创新教育的学习模式进行了总结，大致有这样几种：小型社区化学习模式、基于项目的学习模式、主动学习模式和基于兴趣的学习模式。

三、创新教育与传统教育的本质区别

创新教育涉及的范围非常广泛，除了教育的目标问题、方法的革新和内容的调整，还有系统地对教育进行改革。可以说，进行教育创新的主要目的在于对学生的创新素质和能力加以培养。

尽管创新教育与传统教育都是教育的形式，但是，从本质上来说，两者之间的区别还是非常显著的（表 1–1）。

表 1–1　传统教育与创新教育的对比

	传统教育	创新教育
培养目标	培养出的人才是“知识生产者”,即具备解决精确领域问题的能力的人才	培养出的人才是“生产知识者”,即具备解决模糊领域问题的能力的人才
强调重点	将模仿和继承作为强调的重点,还要有较强的适应当今社会的能力	将变动和发展作为强调的重点,还要有较强的应变未来社会的能力
教学要求	教学标准较低,强调全面平推	教学标准较高,强调单项突破
获取知识	强调信息在储存、积累方面的能力	强调信息在提取、加工方面的能力
学习态度	被动接受	积极主动
学习思维	集中	扩散
教学形式	提供结论性的东西,是结论性教学,给学生现成的、唯一的标准答案	提供学习的思维过程,是过程性教学,提倡探索的设想方案,并引导学生进行选择和决策

第三节　创新教育理念的构成

作为一种新型的教育理念,创新教育的实质并没有发生变化,仍然是对人的创新素质的培养,其对创新素质的理解是广义上的,尤其在内容上得到体现,比如创新意识与创新精神、创新思维与创新人格、创新能力与实践能力。

创新教育所包含的各种内容中,处于核心地位的是对创新意识的培养和对创新能力的锻炼与提高,其中,培养创新意识是基础,锻炼创新能力是提高。

创新教育的核心构成在图 1–1 中有直观的展示。

一、创新意识

创新意识所反映的是创新活动的内部心理倾向,具有创新意识的人,往往具有强烈的好奇心、求知欲、怀疑感,同时创新需求比较大,还具有很强的思维的独立性。创新意识是创新心理素质形成的重要基础。

创新意识,并不单指某种意识形态,而是在很多意识形态方面表现出的创新性与发展性等先进思想,比如,在思维、个性方面的创新属于创新意识的范畴,批判、求异方面的思维以及好奇和兴趣、独立与独创、自觉与果断、自制与毅力、自信与自尊、怀疑与求真也都属于创新意识的范畴。创新意识的形成并不是一蹴而就的，同样也会受到多种因素的影响和制约，比如学习压力、抑郁和焦虑等。

- 创新教育（核心）
  - 培养创新意识（基础）
    - 树立学习榜样，萌生创新意识
    - 营造融洽氛围，引发创新意识
    - 鼓励问难质疑，诱发创新意识
    - 捕捉错误价值，激活创新意识
    - 精心设计练习，强化创新意识
    - 创设想象情境，深化创新意识
  - 锻炼创新能力（提高）
    - 知识技能的储备量、结构
    - 悟性、发散思维、逻辑思维
    - 求知欲、好奇心、动机、意志力
    - 观察力、分析力、理解力

图 1-1

在培养和建立创新意识时，首先要具备一定的创新敏感度、创造创新张力。这是创新意识形成的重要基础条件。

二、创新能力

创新能力，就是达到创新目的会用到的相关能力的总称。这些具有创造性的能力主要涉及观察能力、思维能力和实践能力等。对个体创新能力的衡量标准，主要有知识储备量、知识结构、悟性思维、逻辑思维、好奇心、求知欲、动机、意识、意志、注意力、观察力、分析力等。

创新能力的形成，受到多种因素的影响，其中，影响力较大的有学习压力、抑郁、适应能力等方面。创新意识是创新能力的形成前提，创新能力主要受创新意识的支配，同样的，创新能力的增强也会反作用于创新意识。

综上所述，培养创新能力是一项长期的复杂系统工程，要求我们必须与时俱进，时刻关注，从每一节课做起，师生共同参与，共同探索。

第四节　创新教育理念的特征

一、全面性

创新教育对教育者的基本要求为：在教育创新过程中，不仅要考虑到学生对本学科教材知识的接受程度，更要使学生在关注自身学科知识的同时，更大程度地理解其他相关知识，使学生得到更全面的发展，为他们未来的学习和生活夯实基础。如此一来，学生所掌握的知识面能够更加广阔，不仅知识结构得以完善和优化，视野也会因此而变得更加开阔，为以后走入社会创造良好的条件，使学生偏科的现象减少，对学生学习的积极性的激发也是非常有帮助的。

除此之外，还要做到思想上的全面性，学科知识的积累与扩展固然重要，但不是全部，还要对学生的学习思维以及兴趣爱好加以关注，这会对学生的学习教育产生指向性的作用。教师要重点关注这一方面，充分了解并把握学生的各方面特点、能力水平，对学生的优点以及兴趣爱好了然于胸，然后以此为依据，对不同的学生进行有针对性和有侧重点的引导，促进其优势方面得到进一步的强化，而对劣势或者不足之处，则要有效补充或改善，以此来有效保证学生的全面性发展。

二、前瞻性

创新教育强调的是创新，这与传统的教育有显著区别。教育是不断发展的，现阶段的教育会在某些方面体现出对前一阶段教育的创新、完善，也为下一阶段教育的发展奠定了基础，指出了未来的发展方向。实际上，这也体现了创新教育的前瞻性特征。

创新教育是一种科学合理的现代教育，更适合人类的进步和发展，是在现实基础上培养创新人才的教育。

这里所说的前瞻性，与超前教育之间是有区别的，只有有规律、有章法、有计划性的超前才称得上是前瞻性，不能将创新教育的前瞻性特点与那些毫无章法的超前划等号。通过具体分析，可以将创新教育的前瞻性理解为：一种较高的教学目标，可以通过教师和学生的相互配合、共同努力得到实现，同时，这一努力的过程中不仅渗透了世界先进的教育理念、教学方法，还结合了我国的基本国情。由此所得出的教学目标，不仅仅具有显著性、引导性和超越性特点，还具有可行性，能满足现代社会发展以及新课程改革的需求。

三、探究性

创新教育所包含的观念中，处于核心地位的就是要最大程度地引发学生对问题的研究兴趣。学生在学习过程中，只有将探索的兴趣激发出来，才能在主动参与教学活动中产生动机和动力，学生的思维以及学习能力才能得到真正的提高和锻炼。这就要求教师主动鼓励学生参与到课堂当中去，使学生能充分发挥自身的智慧，对教师在课堂上提出的问题进行思考，提出自己的解决方案，不要人云亦云，丧失了自己的个性和特点。对于教师来说，要鼓励学生进行思考和积极提出自己的想法，从而很好地保护学生的创新性，使学生在积极鼓舞的状态下，更好地进行创新，保证学校创新教育的顺利实施。

四、时代性

我国的教育形式是随着时代的更替而不断发展的，从最早的私塾，到应试教育，到素质教育，再到现在的实践创新教育，教育的这一发展过程也体现出了社会建设的发展历程。学校由被动的教育向“创新性教育”的转变和学生由机械式的学习到“创新性学习”的转变，是教育事业中最重要的两个转变，这种转变抓住了现代化教育改革的核心和本质，能够将实施创新教育的鲜明时代性特征反映出来。

五、民主性

民主性对于创新教育的实施能够起到非常重要的作用。学生面对教师，尤其是思想品德教师，天生就有一种敬畏，这会对课堂上的气氛产生影响，使学生无法将其主动性和积极性表现出来，也会对其心理产生非常大的影响。这样的课堂状态对创新教育的实践产生了制约甚至阻碍作用，所以，教师要从心理上彻底消除学生的这种敬畏情感，使他们能够有一个宽松、愉快、民主、自由的课堂氛围，从而使创新教育的顺利实施得到保证。

六、应用性

随着社会的发展进步和科学技术的不断更新，新的教育思想、教育手段、教育器材层出不穷，这也进一步拓展了学生的思维、视野，在教学过程中，如果能够科学利用新鲜的教育方法，其作用是非常显著的。但是不管创新理论怎样变化，有一点是不变的，即基本目标仍然要与教学大纲相贴合，仍然要以课程中心思想为参照，由此，要保证创新教育的顺利落实，其与实际教学应用的结合便是一种必然，这对于国家的可持续发展也是有利的。

七、实用性

实用性是创新教育非常重要的一点价值，也是实施创新教育的最终目的。世界上普遍认为我国人才善于模仿，而不善于创新，在这样的背景下，必须通过各种方式途径来使自己拥有较强的自主创新能力，实现由“中国制造”向“中国创造”的可喜转变，使自己的自主创新能力能得到进一步提升。总的来说，创新教育作为一种实践创新的教育形式，一定要大力推广和普及，由此进一步培养创新型人才。在国家建设方面也要加以创新，使创新教育的实用性特征得到更加广泛的体现。

八、超越性

从本质上来说，所谓的创新教育就是教师要引导学生去不断超越与前进，使他们不怕问题的艰难，不满足于现状，更加发奋学习、努力思考。因此，教师必须对学生进行积极的引导，使他们进行自我超越，树立更高的理想、信念。这种信念与精神也是创新教育要达到的目的之一。同样的，教师自身也需要去不断超越自我。

第五节　创新教育理念的原则

一、问题性原则

问题性原则指的是教育者在实施创新教育过程中，以问题为线索，进行进一步的探究、发现、创新,引导学生不断探索新智。为此,教育者在实施创新教育的教学过程中,要注意以下几个方面。

第一,设计问题时要注意新颖性与层次性。所设计的问题要有思考价值和可探索的余地,且以开放性答案为主,以此将学生思维鼓励起来,或鼓励、诱导学生的求异思维。

第二,教育者要让学生通过自己的探索去发现结论和方法,不要直接提供答案。需要注意的是,对学生思维过程和解决问题策略的重视程度要高于对最终结果的重视程度。

第三,教育者要通过各种方式,积极启发学生提出问题,课堂上一定要创设讨论问题的环境,要充分允许和接受学生提出的任何问题,不打击、不忽视,使学生逐步做到想问、敢问和善问。

二、主体性原则

主体性原则,指的是要将创新教育教学过程中学生的主体地位体现出来,这也明确了创新教育教学的开展必须围绕学生来进行。可以说,学生习得和发展的实现,必须经过他们自己的学习实践。

在体育教学过程中,坚持以主体性原则为依据,需要做到两个方面的要求。一方面,要尽可能地为学生提供独立活动的机会、时间和空间;另一方面,从实质上来说,主体性学习要求学生在学习方面有显著的积极性、主动性、独立性和创造性。

三、德育为先原则

德、智、体、美、劳等都属于人的素质的范畴,其中德是第一位的,这体现出德育的重要性。思想品德素质是最重要的素质。

创新教育的实施,就是通过博大的人文精神熏陶受教育者,使其具有充分的创新能力,为社会发展做出贡献。创新能力是中性的,"近朱者赤,近墨者黑",创新能力受到人的情感、道德品质的驾驭和支配。自古以来,人们对"德"都非常重视,"德"的文化一直发展至今。一个人的社会公德和职业道德也在很大程度上影响甚至决定着其事业的成败。因此,对于教育者来说,其在创新教育中应该担负的职责有二:一是教会学生如何做人,二是教会学生如何思考。创新教育应遵循德育为先的原则,向学生传授知识和能力。

四、学生个性发展原则

尊重学生的个性化发展原则，就是指体育教师在实施创新教育教学过程中，要营造出尊重学生个性的良好教育环境，从而更好地服务于学生的个性发展。

每个学生的兴趣和爱好、特长和人格都是独一无二的，教师在面对这些的时候，要持有尊重的态度，在处理这方面内容的时候，也要做到不偏不倚，用平等、博爱、宽容、友善的心态去对待每一个学生，保证学生身心发展的自由，充分发展和进一步挖掘他们的个性。某种意义上来说，尊重学生个性的教育环境，非常有利于挖掘学生的潜能，促进学生的长远发展。

五、民主性教育原则

民主性原则，指在实施创新教育的过程中，教师在教育教学中，要发扬民主精神，营造出有利于学生创新的民主氛围。教师要善于将学生的主动性和积极性充分激发出来，努力创造一种民主的气氛、探索的情境、创新的氛围。还要将师生之间、学生之间民主合作的和谐关系体现出来。要让学生主动将自己的想法充分表达出来，使学生能够不断发散自己的思维，不断发现问题、解决问题。除此之外，还要提倡学生与学生、教师与学生之间的多向交流以及不同观点的碰撞，在创新教育中将民主性原则充分体现出来。

六、开放性教育原则

创新教育的开放性，就是指创新教育教学实践中的教学空间是开放性的。

创新教育的实施遵循开放性原则，其要求是：首先，学生在课堂学习过程中要保持开放自由的心态，切忌压抑；其次，教学内容不会因为教材和教师的知识视野而受到限制；再次，教师在对学生进行开放性思维训练方面要高度重视，不应轻率地否定学生的探索；最后，教育方法也应该是开放性的，不受到任何条条框框的限制。

七、发展性教育原则

发展性原则,即指创新教育是发展性教育,发展性教育的实施是依据学生身心发展规律来实现的。从现代心理学的角度来说,学生的成长过程,实际上就是其生理、心理、知识、能力、经验各方面的发展过程。可以将这种发展分为两个方面:知识水平的发展;人格的发展。

作为发展性教育,创新教育要以学生身心发展规律为依据,实现学生认知和个性发展的和谐统一。教育要把学生的成长发展看成是一个生命整体的成长过程,这个整体具有内在的和谐性,它表现为能力的多样统一性、身心生长发育的有序性。因此,在实施创新教育时,要将学生智商的发展与情商发展同等重视起来;将学生人格的健全与认知水平的提高也同样加以重视,不可忽视其中之一。

八、激励性教育原则

创新教育的激励性原则,就是指体育教师在创新教育教学中,通过积极的鼓励,引导学生进行积极探索,将学生增强创新的动机、热情和信心有效激发出来。

体育教师在上课的过程中,不仅仅要重视知识和技能方面的培养,对自信、勇气的培养也至关重要,这也是教师的重要职责之一。要使学生对自己的创新能力有足够的自信,同时,在创新的勇气方面也要足够重视,通过积极的鼓励措施,让学生积极探索和选择创新途径,寻找新方法。

九、创新性教育原则

创新教育的创新性原则,就是指教师在教育教学过程中,要锐意开拓,在处理问题时,所采用的教育教学方式要有新意,这样有助于学生创新思维、创新精神和创新能力的培养。

在创新教育过程中遵循创新性原则,首先,要选择开放性的问题,尽可能刺激学生的思维;其次,要对学生思维的流畅性、变通性和精确性进行引导,使其具有一定的灵活性和变通性;最后,要采取积极鼓励的方式,激励学生大胆运用假设,增大创新的可能性。

十、启蒙性教育原则

启蒙性原则，就是将创新教育的实施时间尽可能地提前。启蒙教育是创新教育的起点，我国的教育在启蒙性原则方面较为欠缺。中小学教育在启蒙方面的欠缺，导致了创新意识难以建立；到了大学，这一事实也是如此，目前还没有引起广泛的重视和反思。

就世界范围而言，不管是发达国家还是发展中国家，对包括学前教育阶段的科学启蒙教育在内的基础教育都是非常重视的，这是大势所趋。因此，我们必须在学前教育和小学教育阶段就将学生探索精神、科学态度和方法的培养作为关注的重点，吸引学生进一步关注自然和科学现象、科技成就，为他们进一步学习和运用科学技术奠定坚实的基础。

第六节 创新教育在我国的发展态势

我国学界有关“创新教育”的理解和应用最早是陶行知先生在20世纪20—30年代提出“创造教育”问题并进行了相关试验。现如今，对创新教育的研究，主要涉及创新教育的理论研究、创新教育的实践研究、创新教育的实施途径、创新教育的评价、创新型教师培养等几个方面。

近年来，我国的经济发展态势越来越好，经济水平提升幅度较大，再加上科学技术、文化等方面的支撑，进一步拓展了与世界各国的交流，在广度和深度上都有所提升，在这种形势下，为了保证这种良好的发展态势，对人才就提出了更高的要求，即必须具备非常强的创新能力。因此，创新教育成为现代新型人才培养必须包含的一项重要内容。

创新教育的实施与开展是在传统教育的基础上进行的，一定要在保证学生对知识、技能的正常学习的基础上加以创新，才能使培养出的创新意识与创新能力有深厚的基石，与教育需求相适应。当前，国家对创新是非常重视的，可以说，创新是引领发展的第一动力，创新人才的培养更是重中之重，这也在一定程度上成为发展创新教育的强大动力。

创新教育的实施与推进，应该首先明确其切入点，即对学生创新精神的培养，这是本质要求，通过一系列的方式创新、理念创新，进一步强化学生的创新能力，全面提升学生的综合素质。教师在创新教育的发展过程中所扮演的角色是施教者，教师的创新意识、创新观念，直接关系到创新教育的质量与效果。因此,教师要首先从自身出发,建立创新意识,培养创新精神,具备创新能力,为学生创新教育奠定基础的同时,也发挥好隐性的榜样作用。

学校教育中,创新教育作为一种新型的教育形式,其创新的方面应该是全方位的,包含理念、方法、手段以及内容等各个方面,能够为学生顺利接受教育打下较为扎实的基础。

第七节 创新教育的实践操作与条件保障

一、创新教育的实践操作

(一)培养学生的创新意识

创新教育中对创新意识的培养,需要从多个方面入手,主要有以下几个方面:

1. 发现问题能力的培养

现实世界时时处处都存在需要我们解决的问题,只有具备发现问题能力的人,才能以创造性思维解决问题。要对发现问题能力进行培养,需要做到以下几个方面的要求:第一,要独立思考;第二,要善于观察;第三,要有科学的批判精神;第四,要信任好奇心;第五,要善于积累经验和信息;第六,要善于找到适合自己的“问题”。

2. 创新动机的有效激发

创新动机的产生,离不开远大目标这一重要源泉。因为只有目标远大,才会乐于创新,居陋室而不懈,处逆境而不馁,遇挫折而不丧志。一个不想思考的人是不会主动考虑创新的,只有乐于思考的人才会乐于创新。因此可以说,乐于思考是诱发创新动机的激素。要想将创新动机激发出来,只是思考是不够的,还需要进行切磋讨论,这是非常重要的手段,不可或缺。切磋讨论不仅能启发别人,同时更重要的是能使自己从中得到动机的激发,使思路受到启发,从而更加自觉、主动地投入到创新之中。

3. 培养创新兴趣

兴趣不是天生的,是需要培养的,而培养兴趣的环境就是人的社会实践过程。一般而言,要想保证兴趣培养的效果和与实际需要相适应,就要保证兴趣培养与人的认识过程、社会发展需要相适应。这是最为基本的前提条件。兴趣对理解力和鉴赏力有一定的要求,兴趣培养是在一定知识储备的基础上才能实现的,否则只能是一座空中楼阁。另外,要培养兴趣,就要有强烈的好奇心,可以说,好奇心是培养兴趣的一味"药引",能很好地激发人的兴趣。

4. 树立创新理想

创新理想可以说是一种对未来的持久向往和追求,是奋斗目标的体现。创新理想在创新意识中处于理性层次,能够充分调动主体的全部情感、意志力量和理性智慧,为主体进行创新实践提供强大而持久的动力。

要想树立良好的创新理想,可以采取以下针对性措施:

第一,要将民族责任感树立起来,民族责任感是激发创新理想的强大动力。从学生的角度来说,要将爱国主义教育、民族精神和民族责任感教育作为重点,使他们确立崇高的创新理想,为创新创造做出贡献。

第二,要对科学真理进行积极探索,只有树立为探索科学真理而甘愿献身的精神,才能激发勇气和热情。

第三,要学会并善于自我欣赏,善于自我欣赏是创新创造活动中强化创新理想的重要手段。

第四,在创新信念上要坚定,信念关乎社会和人的基本信条、基本志向或奋斗目标,是进入创新境界的重要前提。

(二)培养学生创新的心理品质

培养学生创新的心理品质,可以从以下几个方面着手:

1. 培养创新情感

创新型人才不可缺少的一个重要的心理素质就是创新情感。积极、乐观、健康的情感和心理状态对于创新意识的激发、创新思维的发展和创新心理品质的完善都是非常有利的。要培养创新情感,有以下几点建议:

(1)要培养高尚的道德情操。高尚的道德情操是创新型人才必须具备的素质之一,也是创新心理品质的重要组成部分。培养高尚的道德情操的途径有三:一是帮助学生树立远大的理想,形成正确的世界观、人生观和价值观;二是通过榜样的力量,培养青少年学生的高尚道德情操;三是对学生的道德观念教育要耐心细致,晓之以理,动之以情。

(2)培养发现美、欣赏美、创造美的情感体验。自然的美景、精美的艺术创造、美好的社会现象都会给人带来美的享受。要做到这一点,需要先让学生享受自然美,然后鉴赏艺术美,再体悟科学的美,最后体味社会的美。

(3)培养幽默感。幽默感实际上是一种在对幽默充分理解的同时,也能将其完全表达出来的能力。健康积极的幽默感能够有效推动创新思维的发展。同时,幽默感也能使情绪得到很好的释放和发泄,尤其体现在不良情绪方面。要想成为一个富有幽默感的人,丰富的想象力和创造力都是必备的。

2. 创新意志磨炼

意志磨炼是指对人的坚韧性、顽强性和克服困难的品质的锤炼。"宝剑锋从磨砺出,梅花香自苦寒来",坚强的意志为目标实现提供了强大的推动力。坚强的意志是克服困难的条件,是事业成功的保证。所以,要想达成自我实现的目的,就必须不断磨砺坚强的意志。具体来说,磨炼创新意志需要做到以下几点要求:

(1)要将勇敢果断的决心确定下来。创新人才是智者与勇士的结合。创新型人才果敢品质的磨炼需要从彻底摆脱胆怯、拘谨和懦弱的心理开始。其中关键因素在于自信的树立和正确的自我评价。

(2)要将坚贞不渝的信心树立起来。自信心是创新事业成功的保证,是创新思维不竭的源泉。要通过对独立自主精神的培养和切合自己能力的奋斗目标的确定,培养出自信心,保证精神和心理上的自我始终坚定地屹立不倒。

(3)要将坚韧不拔的毅力确定下来。坚韧性,是指人的顽强毅力,不达目的誓不罢休的精神状态。创新活动有成功有失败,成功的创新活动都是经过"千磨万击还坚劲,任尔东西南北风"的顽强毅力才能实现的,与此同时,更多的失败的创新活动能够通过对毅力的激发,来实现进一步的成功。

3. 创新性格的养成

性格是人的个性心理特征的组成部分,处于重要的核心地位。个体之间的性格存在差异,某种程度上,可以将性格看作是一个人比较稳定的心理特征。人生塑造性格,性格描绘人生,创新的人生就是一个不断完善自身性格的过程。而良好的性格特征也为创新活动提供了必不可少的心理保障。要想培养创新性格,可以从以下几个方面着手:

(1)培养勤奋惜时的心理品质。勤奋,指不畏艰难困苦,分秒必争,辛勤学习、工作和劳动。任何人的成功,都是凭借勤奋这一特质而实现的。

“业精于勤而荒于嬉”，说的就是勤奋的重要作用。勤奋刻苦是创新成功之本，而珍惜时间、合理利用时间则是成为创新人才的前提条件。

（2）培养独立自主的心理品质。独立自主的心理品质能够在生活、认知、情感等多个方面得到体现。创新者的批判和质疑精神就是在此基础上培养出来的。

（3）培养善于推陈出新的心理品质。通常，新颖性和独特性是创新产品的两大特色。在创新心理品质中，主要表现为不因循守旧，不盲从权威，不迷信书本教育，以无畏的批判精神和质疑精神冲击传统观念和思维定势的束缚，勇于变革，独创新途，标新立异，敢为天下先。

（4）培养勇于质疑的心理品质。怀疑是创新人才极有价值的一种心理品质。疑问是发现问题、探求知识的起点。培养怀疑精神，积极培养学生勤于思考、敢于质疑的心理品质，应当作为教育教学过程的重要组成部分。要对怀疑精神加以培养，首先要求教育者具备怀疑的品质，切忌压制有争鸣现象的学生。其次，要对学生的大胆质疑持包容态度，让学生能够畅所欲言，表达出自己的想法。最后，要鼓励和倡导学生将已学的知识和想法应用于实践中，以此来检验其可行性。

（5）要培养学生的合作交往能力。首先，要促进师生合作以及家长和孩子合作意识的养成；其次要有意识、有目的地使学生的“交往圈”得到改善；还有，采取的合作形式应该是多种多样的，并将有效的合作作为关注的重点。

（三）培养与提高学生的创新能力

创新能力所包含的内容非常广泛，主要有合作组织能力、沟通公关能力、时间操作能力、管理时间能力等，这些内容的培养都会对创新能力的培养产生重要影响。

1. 培养合作组织能力

创新活动（或项目）的完成，仅仅依靠个人的力量是很难实现的，大都要靠集体的力量，而且较大的创新活动（或项目）所涉及的专业、部门人员要更多，耗用的时间和精力也更大，这就需要创新活动（或项目）的组织者有较强的组织管理能力，每一位创新参与者都要有一定的协调配合能力。

一般来说，如果创新者具有非常强的合作组织能力，往往能够在时间和开支上有较大幅度的节省，并且任务的完成质量和速度也会比较理想。科学史家乔治·萨顿曾说：“仔细考虑一下某一发现的产生，人们就会发现,它是逐渐积累的若干小发现,然后进行深入的研究,会找到更多的中间形态的过程。”任何新颖性成果必定是一种集体聚合体。因此,合作组织能力的培养是创新能力培养的重要组成部分。

2. 培养沟通攻关能力

沟通是信息由沟通者向接收者传递的过程,在这个过程中,总会有这样那样的障碍,阻碍着信息的顺畅传达,这就要求在沟通技巧上下功夫,培养和提升沟通公关能力。具体来说主要包括:提高沟通技能;明确沟通目的;慎用语言文字;注意面谈细节;充分利用反馈信息;克服不良习惯。

3. 培养实践操作能力

通常情况下,可以将实践操作能力分为语言写作能力、设计能力、绘图能力、工艺制作能力、实验能力、数学建模能力等。凡是在发明创造上有建树的人,大都具有不同凡响的实践操作能力。数学家克雷洛夫曾深刻地指出:“在任何实际事业中,思想只占百分之二到五,其余百分之九十五到九十八是实行。”同样是提出创新想法的人,因缺乏实践操作能力而没有付诸实践的人与具有良好的实践操作能力并付诸实践的人能达成的最终结果是完全不同的,这也就体现出了实践操作能力的重要性。因此培养和提升实践操作能力非常重要且必要。具体的培养途径为:增强实践操作的自觉意识;掌握实践操作的基本知识;保持实践操作的进取心态;形成实践操作的良好习惯。。

4. 管理时间能力培养

创造发明者的共同特点之一,就是珍惜时间。有志于创新的人们应当努力培养管理时间的能力,惜时如金,在有限的生命里将创新创造效率最大程度地发挥出来。

(四)构建创新的知识结构体系

在人们的创新实践中,人们的知识结构与创新之间的关系是非常密切的。系统的知识,能够使普遍的、整体的、根本的问题得到妥善解决。因此,在创新教育教学中,不仅要让学生对本学科专业知识有充分的掌握,还要涉及到哲学、语言学和数学等其他学科的知识,以形成科学的知识结构,这对于学生创新能力的培养和创新潜能的开发是非常有利的。为了更好地理解有助于创新能力培养的知识结构,这里对四种知识结构模式加以分析和阐述,即胶团型知识结构模式、知识层次模式、鼎型知识结构模式、“王”牌知识结构模式。

1. 胶团型知识结构模式

胶团型知识结构模式理论，是由从事胶体化学研究的宋彬提出的。具体来说，该结构分为三个层次，最里面的是胶核知识，指专业及其方向；次层是吸附层知识，指与核心知识密切相关的知识；最外层是扩散层，就是其他方面的知识。这三个层次是动态的，胶核知识也是会变化的，胶核会在一个一定的范围里游动，吸附层知识与胶核知识之间会有部分的相互转化，同样的，扩散层知识和吸附层知识之间也会有部分的转化。由此可以得知，每个创新创造者都应清醒地分清楚自己所掌握的三个层次的知识，以便合理地建立、改变、发展自己的知识结构。

2. 知识层次模式

创造学家庄寿强提出了创新的知识层次模式理论。他认为，个体在知识获取过程中，记忆和理解不同知识的程度是不同的，因而不同的知识在个体头脑中形成的层次也会不同。

将知识层次由浅至深分为 A、B、C 三级，创新性人才的知识层次结构应是：适当拓宽 A 级知识的知识面，同时适当地增加 C 级知识的宽度，而 B 级知识最好能少一些。

3. 鼎型知识结构模式

张仪如、李广凤提出了鼎型知识结构模式理论。他们认为，当代科学技术创新者的知识结构应是一种鼎型结构。鼎型知识结构主要有四个部分，即哲学、语言学、数学、计算机科学。这四个方面相互之间是有着密切联系的，且各自的功能都是不可替代的，缺一不可。

4. “王”牌知识结构模式

“王”牌知识结构模式即为一个“王”字，共分为四个部分的知识。其中，处于基石地位的是个体的基础知识（第一部分，即最下面一横），主要包括哲学、语言学、数学、计算机科学等方面的知识。然后是个体的专业知识（第二部分，即中间一横）。再是个体应具备的综合知识（第三部分，即最上面一横），也被称为集合性知识。最后，是个体应具有的方法论知识（第四部分，即中间一竖），其内核部分是指创新学方面的知识，这是进行创新必需的知识。在“王”牌知识结构中，四个部分的知识都有自己的特点，且又密切相关。在创新知识结构中，“王”牌知识结构模式对学生创新能力培养具有重要的实践指导意义。

二、创新教育的条件保障

（一）构建创新教育教学管理模式

创新精神和创新能力的培养，需要对学生的个性给予尊重，需要给学生自主学习的权利，也需要给教师施展创新教育的空间。这一切必然要求对当前整齐划一的教育模式和僵化的教学管理体制进行改革，构建起适合创新教育的新的教学管理模式。

1. 构建适合创新教育的教学管理制度

教学管理制度涉及的内容很多，核心内容是制定适应时代要求和本校实际的教学管理制度。创新教育的实施，要求学校为学生个性发展和自主学习提供更多的发展空间，从客观上也要求学校实行更加灵活的教学管理制度。

（1）构建学生有选择权的教学管理制度。构建创新教育管理制度的关键是给学生以更多的选择权，只有给学生更多的自主选择的机会，才能在较大程度上满足学生个性化发展的需要。

（2）构建教师教学创新的管理制度。学校的教学管理工作必须充分听取和善于集中教师的意见，特别是关于专业设置、教学计划的制定、课程设置、学科建设规划等重大问题，更要注意尊重和听取教师的意见。

（3）构建学生参与教学管理的制度。让学生参与管理是构建创新教育教学管理模式不可忽视的一个方面。实行创新教育，要吸收学生参与教学管理和制度建设，让学生参与教学管理制度的制定，尊重学生的主体性，把主动权交给学生，引导学生强化自我管理。

2. 理顺创新教育教学管理机制

创新教育教学管理具有极强的综合性与协调性，必需从整体上才能反映出管理的效果，如果其中一个环节出现问题，那么整体的运转就会受到影响。可以说，管理的效率取决于管理机制顺畅与否。具体来说，创新教育教学管理机制主要包括两个方面的内容：一个是明确教务部门的职责和权限，一个是明确院（系）、教研室（组）在教学管理中的作用。

3. 促进教学与科研的结合

创新型的教学，从某种程度上，是教学与科研相辅相成、相融相长的产物。如果一个教师能够将教学和科研同等重视起来，那么他对社会、对本学科人才培养的要求也会有比较深刻的理解，继而对本学科有非常全面且深入的认识，能够有效促进与学生的直接和间接交流。教学是师生双边互动活动，教师的教和学生的学之间“教学相长”，能够有效促进教师科研工作的开展。

4. 加快推进教学管理手段的现代化

推进教学管理现代化，对于创新教育教学管理模式的构建意义重大。第一，这是学校适应社会进步和科学技术发展的必然选择；第二，这样能够使工作效率和工作质量得到显著提升；第三，这样能够使学生很方便地查询到每门课程的教学内容、教学方法、学习进度、考试方法、授课教师，以及教育资源的占用情况等。

（二）构建创新教育保障机制

1. 创新教育运行机制构建

（1）构建适合创新教育的学生管理机制

创新教育学生管理机制构建的重点在于转变单纯强调管理职能的思维，强化服务职能。即通过每一项管理工作，为学生创新教育成长成才提供服务，在一定制度保障下，减少不必要的约束，扩大学生自由选择的空间，充分发挥学生的自我管理、自我教育、自我服务的自主管理作用。

（2）构建创新教育考试运行机制

创新教育的考试运行机制要力戒传统教育中死记硬背的弊端，考试重点应放在对学科的概念、原理、定理的理解方面，考查学生是否具备善于运用已学知识解决未知问题的创新能力。

2. 创新教育评价指标体系构建

这里主要对学校创新教育评价指标体系加以分析和阐述，具体要以学校创新教育的基本要求为依据来进行。详细内容见表 1–2。

表 1–2　创新教育评价指标

一级指标	二级指标	评价观察点	评价等级			
			A	B	C	D
1. 领导管理	1.1 计划制定	1. 学校创新教育计划 2. 落实创新教育计划措施				
	1.2 组织实施	1. 学校创新教育领导和组织机构 2. 学校中层创新教育领导与组织机构 3. 学校各级创新教育组织及实施情况				

续表

一级指标	二级指标	评价观察点	评价等级			
			A	B	C	D
	1.3 制度建设	1. 学校创新教育管理制度 2. 学校对中层创新教育督导、评估、考核制度				
2. 条件建设	2.1 师资队伍建设	1. 创新教育师资队伍建设规划 2. 学校齐抓共管创新教育情况 3. 创新教育师资水平				
	2.2 经费使用情况	1. 学校创新教育专项经费 2. 学校创新教育基本建设(包括生均校园面积、图书、仪器设备等) 3. 创新教育专项经费使用效益				
	2.3 基地建设	1. 校内创新教育实践基地建设 2. 校外创新教育实践基地建设				
3. 教育绩效	3.1 创新教育普及与提高	1. 学生学科创造力基本情况(合格率和优秀率) 2. 学生参与创新活动的参与率 3. 学生学科能力竞赛、科技创新竞赛活动中的获奖情况				
	3.2 创新教育特色	1. 具有先进性、新颖性、鲜明特色的创新教育研究与实践项目 2. 具有推广和实用价值的创新教育研究与实践项目				

(三)构建良好的创新教育环境

1. 构建创新教育实施的社会环境

(1)创新教育实施的社会舆论、文化氛围的构建

第一,要建立正确的舆论导向。社会舆论是一种强大的社会心理力量,社会对创新创造活动的正确舆论是进行创新创造活动的重要社会心理激励。

第二,要营造出良好的社会文化氛围。创新教育的产生对良好的社会文化氛围有较强的依赖性。

(2)创新教育实施的社会管理机制构建

实施创新教育,必须构建实施创新教育的管理机制。而构建适应创新教育的管理机制,有两个方面的事项要加以注意:一个是自由的思维

空间，一个是灵活的教育制度。

2. 创新教育学校环境构建

学校环境，是指对个体创造力的发展产生影响的各种学校因素。教育管理、校长和教师队伍建设、校园文化、教学评估体系、班级气氛等都属于学校环境的范畴。

构建实施创新教育的学校环境，途径主要有这样几个：第一，构建有利于激励创新的学校评价机制；第二，构建有利于学术自由的学校氛围；第三，构建适合创新教育的学校校长队伍；第四，构建适合创新教育的高素质教师队伍；第五，构建适合创新教育的和谐校园环境。

3. 创新教育家庭环境构建

家庭影响是开始最早、时期最长、程度最深的因素。家庭教育在很大程度上影响着人的创新力的培养。适宜的家庭环境是培养子女创新力的基础和重要条件。

构建实施创新教育的家庭环境，需要从以下几个方面着手：第一，转变家长的教育观念，家长有创新性的观念，就会对孩子的观念产生相应的熏陶和影响；第二，要营造和睦宽容、活泼自由的家庭氛围；第三，要采用积极的鼓励方式，使孩子能对自然界的奥秘进行积极主动的探索，培养起探索精神和能力；第四，要鼓励和培养孩子动手和动脑的能力，这有利于创造性思维的发展；第五，针对孩子所犯的错误，要采取正确的方式来加以对待，从而有效保护其独立能力的发展，促使其形成敢于探索和冒险的性格。

第二章　创新教育背景下体育教学的基本发展状况

体育教学的发展状况受到很多因素的影响，包括教学目标、教学内容、教学方法、教学主体、教学模式等。创新教育作为一个新的理念，也是影响体育教学发展的重要因素。这里主要对创新教育背景下体育教学的发展状况进行探析，所涉及的内容有：体育教学的基本理论、创新教育理念与体育教学之间的关系、创新教育背景下体育教学的发展现状和存在的问题及其未来的发展状况。

第一节　体育教学概述

一、体育教学的概念与内涵分析

（一）体育教学的概念界定

相较于其他学科，体育教学在教学环境上的要求更高，对所需器材和教学场地的要求也更加严苛。由此可见，这是一种由多种构成因素共同组合而成的活动形式。

从实质上来说，体育教学就是学生通过教学活动不断得到发展的过程。具体来说，就是学生在学校教育中，通过教师的组织和指导，不断学习体育相关知识，掌握体育相关的技术、技能，不断增强身心健康，培养良好的思想品德，提高身体活动能力、自然和社会环境适应能力，促进个性发展的一种活动形式。

当前关于体育教学的概念还没有统一说法，将各说法中蕴含的共同之处归纳起来即为："以体育课程为中介的师生双方教与学的双边活动"。

（二）体育教学的内涵分析

通多分析体育教学的概念，可以将其内涵大致理解为以下几个方面：

1. 体育教学是一门学科

体育教学作为一门学科，是由许多因素组合而成的，比如，最基本的体育教学目标、教学内容、教学评价等。其中，体育教学目标是增进学生身心健康，促进学生全面发展。体育教学所强调的重点是对体育运动的知识与技能的学习与掌握。

2. 体育教学是教育的组成部分

体育教学活动的开展，与教师的指导是分不开的，同时，教学内容所涉及的范围也非常广泛，不同学科的知识都或多或少会涉及到，比如主要的生物科学、教育学、心理学、社会学、哲学等，体育教学与德、智、美、劳的教育是相互配合的关系，共同促进学生身心的全面发展。

3. 体育教学是活动

体育教学本身就是一种活动，这种活动具有组合性特点，即将那些有目的、有计划、有组织的体育活动有机组合起来。从更加严谨的角度上来说，可以将体育教学理解为对理论知识的熟知，但是，也不仅仅局限于此，学习运动技能、积累体育感受体验也是这一活动形式的重要方面。

二、体育教学的特点

体育教学作为一种教育形式，有着教育活动的基本特点及其自身的特有特点，具体如下。

（一）传承运动知识的操作性

相较于其他学科来说，体育教学中的知识是较为特殊的，可以将其理解为一种“身体知识”，能够影响到学生的自我认知，但是，其重要性总是得不到相应的重视。“身体知识”是一种正回归人类自身感觉的知识，教育工作者要继续深度挖掘这类知识的重要功能，以真正彰显其重要性。在人类发展历史中，无数知识被发掘创造出来，身体知识理论作为其中的一类知识具有其自身的特殊性，这也体现了人类在知识的探索中越来越注重知识的全面性，注重从不同角度探索知识，不仅探索外部自然知识，也探索内在身体知识,是人类历史的一大进步,直接促进了人类知识体系的完善。

当前,教育部门对体育教育过程中学生的主体性的重视程度较高,因此,学生的个性养成就成为体育教学的主要内容和目标,这种追求人类自我知识的回归将体育教学的特殊性以及体育教学知识传承的特殊目标与意义体现了出来。

(二)师生身体活动的频繁性

在体育教学中,学生通过亲身参与体育实践活动获取"身体知识",没有实践参与,就不可能获得这类知识。学生参与体育实践,需要教师给予准确的指导。在体育实践课上,教师将所教动作示范给学生看,根据动作的难易程度和学生的实际水平选择完整示范或分解示范等方式,引导学生关注连贯的动作、每个动作环节以及一些容易忽视和出错的细节,指导学生完成动作,并给予反馈和评价。在教师示范的过程中,学生要认真观察,了解一个完整的技术是由哪几个动作组成的,以及每个动作要如何准确完成,特别不要错过每个细节之处,要仔细观察,观察后在教师的指导下练习,获得直观的体验。由此可见,学生在掌握体育基础理论知识的基础上,必须亲身参与到体育实践中,身体力行,认真操练,否则无法掌握技术,熟悉技能,也不可能达到强身健体的目标。所以,在体育教学过程中,师生的互动与各自的身体活动有必然的联系,而且不管是教师的身体活动还是学生的身体活动,都比较频繁,二者的互动也很多。体育教学在身体活动的基础上达到教与学的目标,其他学科很少涉及身体活动,且互动也不像体育学科这样频繁。

一般的文化学科在室内组织课堂教学,安静的课堂环境有助于学生掌握文化知识,有助于学生认真思考,教学效果也比较好。但体育学科的教学不同于此,师生的身体活动都是有强度的,只是有的动作强度大,有的动作强度小,师生在身体活动中也会将自己的情绪融入其中,赋予技术动作情绪的表达,即行为反映情绪,情绪通过身体表现出来,这也是体育文化的一个特殊性。充满阳光与活力的体育运动适合青少年学生参与,有助于学生在身体活动中表达积极乐观的情绪。

(三)学生身心合一的统一性

在体育运动过程中,人的很多方面都会得到有效的发展,比如,形态结构、生理机能水平、心理素质等。体育教学的开展,不仅能塑造学生优美的形体,还能将各种体育的相关文化传授给学生,对学生社会适应能力的提高起到促进作用,体现出体育教学对人体改造的多元性与全面性。

体育教学有其特殊的教学情境,不同于文化学科教学中的智育教学情境,体育教学情境的特殊性主要体现在动作直观、生动形象、富含情绪等方面。正因为有特殊的教学情境,体育教学才能积极影响学生的身体健康、心理健康以及社会适应能力。因此,体育教学中存在符合辩证唯物主义的观点,即身心发展的一元性。身体发展与心理发展关系密切,前者是后者的基础,后者对前者具有积极的反作用。

具体来说,体育教学中身心合一的统一性可以从以下几个方面得到体现:

第一,体育教学中学生是处于主体地位的,这就要求体育教学必须与学生的年龄特点和心理特点相符,体育教师也要以此为依据,进行教学方案的设计工作,让学生对体育产生浓厚的兴趣,积极、主动地参与到体育运动中,进而将体育教学的功能更加充分地发挥出来。

第二,体育教师在进行教学组织与选择教学方法时,要考虑多方面的因素,学生个人情况就是必须考虑的因素之一,必须做到所选择的教学方法和教学组织活动与学生的身心规律相符,使学生在一定运动负荷的锻炼与间歇过程中实现体质提高和身心发展。

第三,体育教学在选择教材内容时,需要关注的重点方面是教材对学生身体各部位的素质、各项运动能力所产生的积极影响,以及教材对学生心理健康和社会适应能力培养的影响,除此之外,还要与心理学、体育美学和社会学等方面的要求相符。

(四)教学过程的直观形象性

直观形象性是体育教学非常重要且明显的一个特点,集中体现于教学过程这一教学因素中,下面具体从两个方面来解释这一特征。

第一,体育教师在体育课堂上向学生示范动作之前要先进行语言讲解,语言讲解技术动作不同于讲解一般的理论知识,因为技术动作的完成是动态的,所以讲解要讲求生动形象,而且为了吸引学生认真听讲,教师要把握好语言的艺术性、趣味性,这样的话,尽管动作复杂,但通过教师技巧性的讲解,学生能迅速轻松理解技术动作,这有助于学生直观了解所学技术,并加深记忆,同时也能提升其实践练习的自信心。

第二,体育教师生动形象地讲解技术动作后,就要向学生示范动作,示范方式直接影响学生的学习效果,所以要尽可能选择直观的方式来演示,示范方法越直观,越能抓住学生的眼球,使学生建立的动作表象更清晰,动作意识更深刻,进而比较轻松地掌握动作方法,这有助于提高其练习的准确性和熟练性。

(五)教学内容的审美情感性

体育中包含着非常多的运动项目,这些运动项目能够充分展现各自的美,而体育教学的美,则主要从动作技术练习过程中的形体美、运动美上得到体现。通过长期坚持运动锻炼,学生的四肢更加协调,身体各部位更加健美,身体线条与轮廓更加清晰、优美,这些美在个人的运动中会散发无穷的魅力,这也是体育的魅力。当然,仅仅有这些外在层面的美是远远不够的。一个人要拥有完整的美,就要既注重外在美,又注重内在美,体育对人内在美的塑造主要体现为培养精神美,具体表现在以下几个方面:

第一,遵守规则,尊重对手,与队友和谐相处,与对手公平竞争。

第二,顽强拼搏,坚持不懈,克服困难,持之以恒地为掌握复杂的技术动作或在比赛中取得胜利加倍努力。

第三,主动克服身心障碍,不断挑战自我,努力完成高难度动作。

学生大脑中储备的体育知识随着体育教学实践的开展而越来越丰富,而且学生的运动技能也是在长期的运动实践过程中积累与提升的,知识与技能的持续发展离不开不断的实践和不断的创新,知识储备达到一定程度,运动技能达到一定水平,学生就会自然而然地对体育教学的独特魅力产生深刻的体会与感悟。比如,体育教师在传授知识的过程中,对其进行了艺术的处理,这样能够使学生从中得到美的感受、美的启迪,陶冶情操,净化心灵,促进身心健康、和谐发展。

(六)客观外界条件的制约性

教学效果受主客观因素的影响,也受内外环境因素的影响。有的学科的教学效果主要受主观因素影响,有的主要受客观因素影响;有的主要受内在环境因素影响,有的则主要受外在环境因素影响。就体育教学来说,其受外在环境因素及客观因素的影响非常大,也就是说客观因素和外在环境因素在很大程度上影响体育教学效果。

体育教学主要在户外进行,教学环境开放、复杂,户外的气温、场地器材、地形等因素都对体育教学的开展及最终的效果有不同程度的影响。

三、体育教学的功能

（一）强身健体功能

体育教学，就是针对体育进行教学，所涉及的不仅有体育的理论知识，还有体育的实践活动，这赋予了体育教学显著的强身健体功能。体育运动项目种类繁多，不同项目对人体运动素质产生的具体影响是不同的，因此，在具体应用上也有所差别。比如，田径中的短跑运动项目，需要借助的是爆发力和速度能力，因此，通过短跑运动教学，能对学生的力量与速度素质有很好的发展效果；而田径中的中长跑运动项目，则是需要借助心肺功能和无氧水平来进行的，因此，对学生的耐力素质有较高要求，同样的，通过中长跑运动训练，能对学生的耐力素质有很好的提升作用。

体育教学的开展，对于学生这一教学主体来说，最直观的功能主要体现在其身体功能的提升上，而这一功能的发挥，与体育教学规律这一重要前提有着密切联系，合理运用科学的教法与组织形式，才能取得较好的教学效果。

（二）完善心理功能

体育教学对学生的身体有强健功能，同样的，也会对人体的心理产生重要影响，因为人的身心在某种程度上是统一的。体育教学本身就是教育形式的一种，因此，育人功能是其本质功能之一，这种功能主要通过教师的言传身教来实现，因为教师在教学中的言谈举止无时无刻不对学生产生影响，因此，教师要将其榜样的力量充分发挥出来，使学生能够接受潜移默化的教育影响。

体育教学对学生心理的影响主要包括两个方面。一个是个人心理，从这个角度来看，体育教学能有效调节学生的内心，培养学生良好的胜负欲，使其能正确看待胜利和失败，始终保持乐观向上的心态，不沮丧气馁，又能不甘落后，奋起直追，这对于学生的成长具有积极意义。一个是团体心理，从这一角度来说，体育运动中的很多项目是团队运动，要求参与团队运动的每一个成员处理好个人利益与集体利益的关系，以大局为重，抛开个人杂念，发扬集体主义精神，成就团队荣誉。

（三）促进社会交往功能

体育教学过程中的受众往往是很多学生，因此，体育教学活动某种程度上可以看作是一种集体社交活动。在体育活动中，学生会通过各种方式来进行交流，而在交流的过程中，能够将一些社会形态的东西体现出来，比如体育的道德、规则和规范等。体育教学具有社会属性，要求参与者必须严格遵循其中所赋予的各种规则与准则，否则，就会受到惩罚和制裁，若表现出众，则会得到表扬和奖励。而对此进行判定和执行的人，就是体育教师。这就要求教师必须做到公平公正、实事求是，否则不仅不会对学生产生积极影响，还有可能适得其反。鉴于此，教师一定要注重体育教学过程中学生体育道德规范意识的形成，进而培养学生与未来社会的各种道德规范与理念相适应。

（四）传授运动技术的功能

体育教学与其他学科教学之间的一个显著区别，就在运动实践方面，这是体育教学所特有的教学内容之一。某种程度上，体育运动项目的精髓和精神都是蕴含在运动技术中的，所以，体育教师对学生进行运动技术方面的传授，实际上也是体育运动传承的方式之一。

体育教学中，体育运动所涉及的所有的技术、战术等都是非常重要的实践技能，在安排教学内容时，可以将其放在主要的位置上，这方面的内容甚至可以具体到某单元教学中的单个动作环节。

（五）传承体育文化功能

体育经过不断的发展、演变，才成为现在这种形态，并且形成了具有特殊意义的体育文化。可以说，体育文化也是体育教学过程中的重要教学内容。体育文化的传承与发展，是通过各种途径实现的，比如，体育竞赛、体育的相关科学研究、体育运动项目规则的改进、民族传统体育的挖掘与整理等，体育教学也是其中的一种重要途径。通过体育教学活动的开展，能够让学生对体育文化有一个从浅入深、进而全面深入的了解和理解过程，体育文化也以这种形式，在学生身上进行传承，这就将体育教学传承体育文化的功能体现了出来。

第二节 创新教育理念与体育教学关系解析

创新教育理念与体育教学之间是有着密切关系的，将两者有机结合起来，能够产生非常强大的影响力，对两者的发展和完善都是有积极的作用的。

一、创新教育理念对体育教学的要求

创新教育理念在体育教学中的实施是有一定要求的，这种要求所针对的主要是体育教学的主体及其行为，即教师的教和学生的学。

（一）创新教育理念对体育教师及教法的要求

1. 要求教师对创新教育理念持坚信态度

第一，每个学生都有很多潜能，只要善于挖掘与激发，学生的潜能才能有效发挥出来，对此教师应予以肯定，要坚信这一点。学生的众多潜能中包含创新潜能，这是一个非常重要的潜在能力，挖掘与培养学生的创新潜能，有助于对创新型人才的大力培养。教师要相信，潜能的大小与学生的成绩没有必然的联系，不仅成绩好的学生有创新潜能，成绩差的学生也有，只是有待挖掘，所以对教师来说，挖掘与培养学生的潜能是非常重要的教学任务，应将此重视起来。

第二，对学生创新素质在层次和类型上的差别持坚信态度。教师在对待所有的学生时，没有一种模式是万能的，这就要求其能够了解与尊重学生的不同个性，针对不同的学生有针对性地进行教育，将统一要求与弹性要求结合起来。对于兴趣广泛的学生，教师要对其尊重，并允许其表明自己的态度，在课堂上要善于引导学生开动脑筋，发散思维，鼓励其创新。有些学生的想法看似"稀奇古怪"，实则有其自己的逻辑和态度，教师不能主观否定，要多鼓励，多引导，并主动要求学生在课堂上提出质疑，培养学生的创造性思维和自主学习能力。

第三，学生的创新素质能够通过丰富的教育内容和多元化的教育手段得到培养与提升，教育的这一功能与作用非常重要，教师要在正确认识这一功能的基础上想方设法将这一功能发挥到最大程度，促进学生创造

意识与创造能力的提升。

第四，创新教育的主体是学生，这一点毋庸置疑，教师对此要有正确的认识，并努力提升自己的创新能力，只有有创造意识与创造能力的教师才能更好地对学生的创造性进行培养。学生在自主学习的过程中往往更容易开动脑筋，拓展思维，所以教师要打破教师主动教与学生被动学的传统课堂模式，留出一定的时间让学生自主学习、合作学习、探索学习，使学生将其主观能动性和潜在的能力发挥出来。教师可在课堂上创设一些问题情境，启发学生思考问题，并鼓励学生从不同角度、运用不同方法解决问题，进而提高学生解决现实问题的能力。

2. 要求教师采用和实施的教学方法是创新的

创新的教学方法是在一般教学方法的基础上实现的，因此，两者之间既有一致性，又各自有其特殊性。鉴于此，要求体育教师在系统理论的指导下，以时代发展需求为依据，大力开展体育创新教育，促进学生创新素质的不断提升。

（二）对学生及学习方式的要求

1. 要求学生要树立正确的创新价值观

第一，学生对于创新要有一个客观的认识，创新并不神秘，也并非遥不可及，是每个人都有可能具备的能力。创新的成果并非都是影响力巨大的，现实生活中或日常学习中通过创新取得的成果是非常务实的，创新可存在于很小的事物中。学生学习体育课程，可采取新的方法来解决学习中的问题，或用不同的方式表现一个技术动作，这都是创新，可见创新具有务实性，并非高不可攀。

第二，教师要使学生不再认为创新都是科学家做的事，人人都可以创新。要将学生对创新的自卑感彻底消除掉。

第三，学生有了新的想法，或找到新的方法后，应能够客观评价自己的创新思维或做法是否有逻辑性，是否有价值，评价后及时反思，如若发现新的想法或做法行不通，要及时转换思维，寻求其他新方法，这样的创新思维与行为更具现实意义与实际价值。

第四，日常生活中有很多与创新有关的典型案例，也不乏创新性成果，学生要善于发现这些成果，并抓典型，主动学习，激发自己的创新思维，使自己的创新意识和创新能力得到提高。学生在学习创新案例时，要避免一味模仿，可以适当借鉴，关键是加入自己的想法，把意识转化成行动。

2. 要求学生掌握学习方法并对固有的学习方式进行改变

对于学生来说，他们未来的教育重点就在于学会学习、掌握学习方法。在未来的体育教学中，教师的角色会变得更加丰富多元，除了要扮演好“传授者”这一基本角色，向学生传授体育知识与技能，还要善于启发学生的思维，引导学生创新，因此教师的角色在“传授者”的基础上又增加了两个新角色，即“引导者”“启发者”。教师角色发生变化的同时，学生的角色也发生了相应的变化，主要表现为突破传统的“接受者”角色（对应教师的“传授者”角色），增加了新角色，如“思考者”“筛选者”等。因为角色发生了变化，更加多元丰富，所以学生的学习方法也要打破陈旧，除了要运用好传统学习方法外，还要善于运用新的学习方法，如合作学习法、探究学习法、掌握学习法等。学生采取多元学习方法掌握丰富的知识后，如果教师传授的知识存在不合理性，学生将会更有信心提出质疑。学生除了质疑教师外，也要善于自我反省，发现自己的问题，然后主动改进，不断充实与提升自己。角色多元化的学生更能主动发挥自主性，自主探究问题，在课堂上积极回答问题，并在教师创设的问题情境中认真思考，积极探索，用创新的方法解决问题，向其他同学分享自己的奇思妙想和创新成果。

经过创新取得的每一个成果都是来之不易的，创新的过程具有一定的复杂性，而且学生难免会走错路，走弯路，对此，教师不必过分苛责。走错路和走弯路对学生来说也是不可避免的，学生可将此作为自己的宝贵经验，在犯错误后能及时改正，走弯路后能及时停止脚步，重新开始新的探索，新的思考，并再次付诸行动，走一条正确的路。为了培养创新型学生，必须重视在课堂上抓住机会对学生的创新与求异思维进行启发，使学生自觉思考，主动探索，发散思维，解决问题，这对于学生学习能力的提升也很有意义。

二、创新教育价值在体育教学中的实现

（一）有效整合体育课堂中的人文教育和知识教育

体质差的问题在我国青少年学生群体中普遍存在，体育具有强身健体的功能，因此学校体育教学要将解决学生体质健康水平低下的问题作为一项重要教学目标，通过体育教学大力改善这一问题，全面改善学生的体质健康状况。

教育能够促进人的社会化,这是教育的一个重要目标,也是教育的社会功能的体现,鉴于此,学校要避免仅从学生体质这个单一角度入手来解决问题,如果这样,不仅体质问题得不到解决,反而会引起其他问题,这也是头痛医头、脚痛医脚的主要弊端。体育教学的目标是多元化的,如增强体质、掌握技术,这是主要目标,但很多人将其看作是体育教学的全部,这种理解比较肤浅和狭隘,回归文化本位思想是解决学校体育教学问题的必然要求。

体育人文的内容非常丰富,体育活动中的很多元素都属于体育人文的范畴,如体育意识、体育精神、体育知识、体育技能、体育语言、体育符号、体育行为、体育规则、体育制度,等等。体育教育和人文教育之间存在着非常密切的关系,二者都以育人为目的,在育人方面互为一体。人的全面发展是教育的一个重要理念,该理念要求体育教育与人文教育实现深度融合,此外,二者的融合也是科技、社会和教育发展的必然要求。

传授知识、培养品格等都是教学的主要任务与功能,能否充分发挥这些功能,顺利完成这些教学任务,与教学内容是否广泛有很密切的关系。不断充实教学内容,使教学更具多面性,对实现育人目标非常重要,这就对体育教育与人文教育的结合提出了严格的要求。体育教学具有实践参与性,要求学生亲身参与体育活动,掌握运动的技巧,切身感受与体会运动的魅力,提升力量、速度等身体素质。除此之外,学生参与体育活动还能获得精神上的享受和心灵上的愉悦,这与人文教育具有一定的相通性。

(二)将体育教学中隐性因素潜移默化的影响充分发挥出来

体育教学中的隐性因素有很多,这些隐性因素所产生的作用是潜移默化的,但其作用的显著程度并不亚于其他显性因素的作用,具体可以从以下三个方面着手:

1.“身”教

人的心理活动具有内隐性,有时是无意识的,其中往往蕴藏着学习潜能。有时人们会在无意识的活动中产生灵感,顿时感到豁然开朗,这与其大脑中储备的知识、长期积累的经验有很大的关系,这些知识与经验可以说是灵感的来源。因此,体育教师不仅要做“人类灵魂的工程师”,而且要担当起“塑造人类健美的建筑师”的重任。体育教师本身就是学生的审美对象,体育教师的举手投足都会对学生产生潜移默化的影响,这种影响涉及教育作用,也涉及审美意义。因此,体育教师要担当起价值引导、智慧启迪、思维点拨的神圣职责。

2.“风”教

“风”教中的“风”指的是学风、教风、校风，具体表现为校园舆论、学生行为准则、价值观念、道德规范等，这些都是由学校中的师生共同享有的。学校各学科的教学都在长期实践中形成了自身独特的“风气”，体育学科的教学同样如此，我们可以将学校中的体育“风气”理解为校园体育文化，其所具有的育人功能非常强大，而且也较为独特，学校培养体育人才，离不开校园体育文化的教化。体育教学中，对学生体育兴趣与体育参与积极性的培养非常重要，只有学生对体育感兴趣，才能在体育课上自觉配合，课后自觉参与体育活动，并在日常生活中关注体育相关内容，久而久之，形成良好的体育锻炼习惯，并通过锻炼达到强身健体、提高心理素质、增强意志品质的目的，最终实现全面发展，这就是体育教学中的隐性因素潜移默化影响学生的表现。

（三）使体育教学中“教”“管”结合的育人思想有效落实下来

在体育教学中教是基础，学是根本。教师的主导性和学生的主体性作为体育教学的两个方面，关系密切，相辅相成、相互促进。因此，必须正确认识教师的主导性，从而使学生的主体性得到更好的发挥。

体育教学的突出意义就在于将规则明确下来，对纪律提出严格要求，教导学生应该做什么，不该做什么，以及什么时候适合做什么事，这也是有序开展体育教学活动的基本保证。在体育课堂上，学生遵守纪律，学习知识，在规则允许的范围内完成动作，使个人体验达到新的高峰。

第三节　创新教育背景下体育教学的发展现状与问题

一、体育教学的发展现状

在传统教育理念的背景下，学校体育对体育教学内涵的发展是非常重视的，但是却仅限于此，基本上忽略了其外延的发展，对提高教学质量的关注程度较高，而在结构的优化方面所给予的关注非常少。有很长一段时期，学校体育的发展模式较为封闭，这与计划经济的影响是分不开的，因为缺乏开放式发展模式，所以虽然社会教育与学校教育在不断发展，但学校体育教学却明显落后，且长期没有得到有效的改善。

多年以后,学校体育开始从体育教学的各个方面着手进行转变,来促进体育教学的进一步发展。

(1)体育教学目标方面的转变。学校开始从重视学生体质的增强逐渐转变为重视对人的教育。但学校在处理德育、智育、体育的关系上一直找不到折中的方式,只是强调三者在育人方面具有一定的相通性。其实一直以来学校都将增强学生体质作为育人目标中的首要目标,过分强调通过体育教学培养身体素质强的青少年一代,却忽视了育人目标的其他内容,忽视了人的多元需求,这也导致体育教学内容以有助于增强体质的内容为主,忽视了对其他内容的挖掘与实施。另外,让学生掌握运动技能也是学校体育教学的主要目标,为达到这一目标,学校一味让学生被动接受体育技能,却忽视学生本身的创造性,学校没有针对学生的个性化需求设计灵活的教学内容和不同层次的教学目标,最终影响了体育教学质量,影响了学生的全面发展和自我价值实现。

(2)体育教学思想方面的转变。由于我国的传统教育思想存在时间较长,对体育教学产生的影响也较为深远,这就导致之前的体育教学对"三基"的创收比较重视,却没有投入一定的资源与精力来培养学生的体育能力,而且也没有为培养学生的体育能力有针对性地完善教学体系,包括更新教学思想、创新教学方法、完善教学模式等,这些工作的缺失以及教学要求的不明确最终导致学生缺乏基本的体育能力;另外,在体育教学实践中,一直没有探索出科学有效的方法手段来培养全面发展的青少年学生。从当前的形势来看,对于学校体育教学来说,尤其需要做到的是在体育教学过程中选择和采用有效、科学的锻炼方法。

(3)以培养学生能力为依据转变课程建设重点。体育教学对学生体育能力的培养是通过实施体育课程实现的,实施体育课程,首先要设计课程,即做好课程建设工作。但当前我国体育课程建设中存在重竞技体育项目、轻传统体育项目的问题,且该问题长期存在,课程建设的弊端直接影响了课程实施的效果,片面的课程建设不利于培养学生的终身体育意识及锻炼习惯。

(4)体育课堂教学的限制因素。在体育教学中,体育理论课以及电化教学的应用受到了一定的限制,此外,遇到雨雪天气,体育教学的开展就会因为缺少有效的对策而无法进行或者受到一定的限制,还有,对于不同专业学生是否开设不同的体育课程没有进行认真研究,也没有借鉴专业课的方法成立各个不同的教研组实施分类教学。

(5)体育教师综合素质的影响。当前,我国对体育教师的培养不够重视,尤其是和文化学科教学相比,更显得重视程度弱。不仅如此,体育教师往往也不重视自我提升。这些都是体育教师的知识储备、学历水平不及其他学科教师的主要原因,同时也就能理解为什么不同学科的教师之间在综合素质上存在一定的差距。我国体育教师虽然技术性强,能够很好地完成运动技能的传授工作,但因为普遍缺乏文化知识和科研能力,所以无法培养出全面发展的人才。

二、体育教学中存在的主要问题

我国体育教学存在很多弊端与不足的地方,问题重重,下面就其中几个比较重要的问题展开分析,以便从实际着手来探索解决问题的方法和路径。

(一)教学思想陈旧

体育教学的发展受诸多因素的影响,从宏观层面来看,社会因素和国家发展因素对体育教学的影响非常显著。国家和社会的发展对人才提出了严格的要求,为适应这一点,在很长一段时期内学校也基于此树立体育教学观念,一心将学生培养成社会和国家需要的人才,至于学生真正爱好什么,在体育学习中有何需求,这些并没有得到学校应有的关注与重视。

改革开放以来,学生的主体性渐渐受到学校的重视,体育教学中同样开始关注与强调学生的主体性,意识发生转变后,体育教学思想也发生了相应的转变,国外一些比较先进的教学思想及成功的教学经验被我国一些体育学者和体育教育工作者所借鉴,教学思想的转变一定程度上促进了我国体育教学的改善。虽然体育教学思想与之前相比有了些许进步,但和我国教育的发展水平相比,还是存在明显的滞后性,而且国外注重竞技体育的发展,我国也盲目借鉴,对于普及性强的大众体育项目,则没有予以重视,课内外教学活动的联系也不够紧密,没有构建系统的教学体系。

客观来讲,我国的体育教学思想滞后于整个教育的发展,教学思想的落后必然会影响其本身指导功能的发挥,影响体育教学活动的开展,随之也会产生一些教学问题。学生体育参与的积极性不高、缺乏体育兴趣,一定程度上与落后的体育教学思想有关。陈旧的教学思想也阻碍了体育教学实践的改革与发展,对学校体育的育人目标的落实造成了限制。

(二)教学内容单一

我国从国外引入很多竞技性强的体育项目,其中有些项目备受喜爱和推崇,并成为学校体育教学的主要内容。青少年学生也对国外传入的竞技体育项目颇感兴趣,参与的积极性也比较高。有些学校甚至在体育教学目标的设置中纳入了竞技目标,竞技性的教学内容受到了高度重视。但如果过分强调学生的竞技体育成绩,则体育在增强学生体质方面的功能及体育教学促进学生体质增强的目标就会被忽视,这不利于学生的健康成长与全面发展。

单一的教学内容也容易使学生的思维固化,一提到体育课,就想到竞技性的项目,对娱乐性、传统性的项目了解甚少,这不利于我国传统体育项目及传统体育文化在青少年群体中的传播及在学校的传承。

(三)教学形式落后

体育教学组织形式以集体教学形式为主,且运动技术是集体教学中的主流内容,陈旧而单一的教学组织形式与体育教学的多样性特征不符,也不适应体育教学的发展要求,因此应进行适当的改革,创造新的教学组织形式。高校的体育教学形式相对多元化一些,选修课的形式运用得很普遍,但教学内容还是缺乏创新,有的和必修课的教学内容重复,或者无法吸引学生的兴趣,有些课程甚至无人问津,难以开展下去,这不利于体育教学的长久发展。

(四)教学计划与教学评价作用较小

在体育教学中,教学计划、教学评价都是不可或缺的重要组成部分,二者对体育教学的发展起着非常重要的促进作用,其重要性不可忽视。科学制定教学计划有助于引导教学活动的有序开展与实施,提高教学效率,达成教学目标;实施教学评价有助于直观了解教学效果与教学目标的契合度及存在的差距。

通常情况下,体育教学计划的制定是要按照相应的依据进行的,学生的具体实际就是其中一个重要方面,具体来说,就是要针对学生的具体实际问题,通过教学评价作出详细有效的分析。

体育教学的上述两个组成要素之间存在着十分密切的关系,二者共同发挥作用,促进体育教学活动的高效开展。但在当前的学校体育教学中，教学计划不被重视是一个普遍存在的问题，或者说虽然制定了计划，但不按计划行事，教学工作没有有序开展。此外，教学评价以考试形式为主，过分强调考试成绩，无法真正发挥评价的功能与作用，学生也难以在有效的评价中得到激励与发展。

（五）体育教师的主导地位没有得到有效维持

在体育教学过程中，随着教学思想的不断转变，学生的主体地位得到了极大的提升。但与此同时，这种转变也产生了一些必然影响，其中，体育教师的主导地位被削弱就是一个重要方面，甚至有些人出现了一些偏激的理解，即通过将体育教师的主导地位进一步削弱，来加强学生主观能动性的发挥，这种认为学生的主体性地位与教师的主导性地位之间是矛盾的、此消彼长的关系的观点毋庸置疑是错误的。

学生的认知规律要求在体育教学中尊重学生的主体性，将学生的主体地位重视起来，围绕学生这一中心开展教学工作。但不能一味强调学生的主体性而忽视教师的主导性，学生在体育课堂上主观能动性的发挥也需要教师的指导，教师在控制课堂节奏、引导学生学习以及促进学生全面发展等方面发挥着不可替代的作用，所以要将教师的主导性与学生的主体性同步重视起来，不能单一强调学生的主体地位而轻视教师的主导地位。

现代体育学习方式越来越多元化、先进化，如探究学习、自主学习、合作学习等方式都受到推崇与重用，但学生采用这些学习方式进行体育学习的过程中有时会出现盲目跟风的现象，即在不了解这些学习方法的前提下选择不适合自己的学习方式，最终影响了学习效果。可见，即使有先进的学习方式，学生的学习依然需要教师的引导，也可见教师的主导性何其重要。

第四节　创新教育背景下体育教学的未来发展

一、现代体育教学的未来发展走向

（一）将终身体育作为体育教学发展的指导思想

终身体育，就是人的终身生活中都伴随着体育的参与。这一观念对体育教学的发展也有着重要意义。

1. 终身体育与现代社会发展需要相适应

强健身体是所有社会人向往的重要目标。老年人希望老当益壮、延年益寿；中年人希望身体素质全面发展，身体健康；青少年则希望增强各方面身体机能，促进生长发育。由此可见，终身体育与现代社会发展的需求是相适应的。

2. 树立终身教育观念，形成终身体育能力

从体育教育的角度上来说，树立正确观念，形成必要能力是其首要任务。为了让学生树立起正确的终身体育观念，需要采取一定的措施。比如，通过各种各样的方式和途径让学生全面理解体育的价值，将体育真正视为科学，对此，体育教师主导作用的发挥至关重要，否则，其对学生的指导作用就无法发挥出来。

终身体育能力是体育教学开展的另一个重要目标，对于学生来说也至关重要。具体来说，终身体育能力，包含着多方面的内容，如有丰富的体育锻炼知识、有长期锻炼的良好习惯，当然也包括多项体育锻炼技能。终身体育能力是终身体育得以开展的重要保障和条件。

（二）体育课程目标的有效调整备受重视

1. 高度重视学生终身体育观念的树立

要高度重视学生正确的终身体育观念的树立，某种程度上，学生终身体育能力的培养就是在这一重要前提条件下才有可能实现的，同时，这也有助于学生良好体育习惯的养成。这种观念不仅能有效指导体育教学目标的改革，同时，还能推动新课改标准下的体育教学发展。

2. 体育对人的全面发展与促进作用日益显著

教育包含的内容是多方面的，体育则是重要方面之一，体育教学的根本目标在于促使学生全面发展。一般来说，体育在改善和提高学生身心素质方面所起到的作用是非常显著的。与此同时，还要注重学生智力的开发以及思想教育、审美教育等的实施。

（三）体育教学的内容得到进一步的充实和完善

体育教学目标的实现受很多因素的影响，体育教学内容就是其中之一，同时也是体育教学目标得以顺利实现的有效载体。要想与现代体育

教学发展的需要相适应,就要进一步充实和完善教学内容,使其具备以下特点:

1. 通用性和民族性特点

现代体育教学内容必须保证其规范性和统一性,做到能够满足不同类型学生,这就是所谓的通用性特点。

民族性特点所指的就是具有鲜明地域特色的乡土体育运动项目或民族传统体育运动项目。需要注意的是,这方面教学内容的引入,一定要与学生的特点和兴趣相符,能对学生有足够的吸引力,否则,就失去了教学的意义。

2. 科学性和逻辑性特点

科学性,主要是指体育教学内容的选择要具有合理性,在不同的体育教学阶段所具有的侧重点是与之相适应的。

逻辑性,则是指体育教学内容的内部技能在处理上具有一定的程序化特点,并且与学生身心发展的规律是相适应的。

3. 多样性与趣味性特点

多样性,是指体育教学内容具有丰富性的显著特点,是学生个性化发展的重要前提和保证。

趣味性,一方面是指学生喜欢的、感兴趣的;另一方面,通过引导使学生能发现和理解体育教学中的趣味性和相关价值。

(四)教材内容逐渐贴合学生的特点与实际需求

整体来说,学生这一受众具有个性化特点,但是体育教学的教材和教学内容的内部差异性却是微乎其微的,其中,竞技体育运动项目依然占有绝大部分的比例,包含了一些专业要求高、难度系数大、重复无味的练习。学生这一群体所需要的体育教材应该是具有趣味性、实用性、健身性和娱乐性等特征的,这样才能使学生多方面的需求得到满足,但这些都是目前体育教材所欠缺的东西。

因此,体育教材中的内容应当与学生的根本需求相符合,对那些不能激发出学生兴趣、与生活及未来工作无关的部分内容进行修剪和删除,适当调控教学时数进度,在教学的潜移默化过程中使学生都能较好地树立良好的终身体育意识和习惯。

（五）实施自主体育教学组织管理的必要性增强

学生的主体性地位以及在教学中的主动性往往被忽视，通常，统一的教育模式要求学生必须绝对服从体育教师，但是，这种模式与实际情况的需求相背离。尽管对于教师来说，军事化、一刀切的教学方法比较受青睐，这种教学组织方式有着非常显著的缺点，会抹杀学生好动、活泼的天性，同时，学生的积极性和兴趣也会因此而被大大压制，导致很多学生出现了抵抗的情绪。针对这种情况，如果教师采取传统的继续施压的方式来处理，那么导致的唯一后果，就是学生的逆反心理越来越强。因此，实行自主的体育教学组织管理是十分必要的。从体育教师的角度上来说，正确的做法是，在体育教学过程中积极主动地开展对责任教育的研究，使学生能明确自己该做的事情，在条件允许的范围内，尽可能发挥自己的聪明才智，能够在潜移默化中学习并实现自我管理和自我控制。

（六）按照学生需要和社会需要来建立与之相适应的教学体系

学生在体育教学中处于主体地位，因此，在建立体育教学体系时，要将学生的发展程度和对社会需求的满足程度作为评价的重要标准，应将满足学生的个体发展需要和社会需要作为建设教学体系的前提。

（七）体育教学的多样化特点更加显著

体育教学的多样化特点在很多方面都有所体现，并且显著程度逐渐提高，具体如下：

1. 学生个体体育需要方面

在体育教学实践中，学生具有个性化的特点，决定了学生的需求是不同的，对于同一学生来说，其体育需求也具有多方面性，如健身需求、娱乐需求、提高技能的需求等。因此，在对体育教学的具体事项进行安排和规划时，教师要尽可能使学生各个方面的需求得到满足。

2. 学校体育内容方面

学校体育的内容必须具有多样化的特点，因为只有这样才能与学生的多样化需求相适应。比如，可以通过开设个体健身类运动项目，来满足学生的健身需求；通过开设反映当今时代特征的运动项目，来充分发展学生的个性，实现学生自身价值，满足学生增进社会交流的需求。

二、体育教学创新改革的方法对策

针对体育教学的未来发展走向，要积极进行改革创新，采取科学的方法对策来促进体育教学朝着良好的方向发展，具体可以从以下几个方面着手：

（一）积极树立终身体育理念

学校要在体育理念方面进行积极宣传，使学生能认识到良好的体育理念对其产生的重要影响，这样，不仅能使学生了解体育锻炼的重要性和必要性，还能对体育运动的发展起到推动作用。教师要在体育课堂的教学中培养学生的终身体育观念，使其自觉参加体育活动，在生活学习上更加自律，学会有目的、有计划地锻炼身体。

（二）教学手段上要有所创新和转变

体育教学手段上的创新也是必不可少的，具体可以通过以下三个转变来实现：

1. 传授型逐渐转变为引导型

体育教师处于主动方，对学生进行强制性灌输，只能使学生进行机械式的模仿，这在一定程度上制约甚至阻碍了学生兴趣和能力的培养。因此，在体育教学中，教师要将民主、合作、平等的教风体现出来，积极进行引导，使学生参与到讨论之中，将“要我学”转变为“我要学”。

2. 形式型逐渐转变为实效型

如果教学目的、任务不变，在这样的情景中，就需要从教学形式、教学手段、技术难度、竞赛办法和器材设备的规格等方面来进行相应的改变，以此来达到有效提高课堂效果及质量的目的。

3. 枯燥型逐渐转变为快乐型

体育教师要创造出新颖的组织形式、教学方法，从而对激发学生的浓厚兴趣起到促进作用，使体育教学能够在和谐的氛围之中得以顺利开展。

（三）教学内容的选择要遵循适宜原则

一成不变的体育教材不仅无法满足不同水平学生学习与生活的需

要,还有可能会导致学生丧失学习的积极性,做好体育教材的选择工作是非常重要的,具体可以从以下几个方面加以注意:

首先,教学内容的选择要充分考虑到学生心理健康水平及素质的提升。

其次,教学内容的选择要考虑到社会的实际情况和社会发展的需要。学生在学校所学到的知识和技能是为了能在毕业后在社会上有所用处,因此要根据社会需要来选择教学内容。

最后,教学内容的选择要将现代化教学手段充分利用起来。

(四)建立良好的师生关系,保持良好的师生互动氛围

传统的学校教学中,教师与学生的关系是主动与被动的关系,现代社会,师生互动的情况其实是非常普遍的,教师不仅是良师,同时也扮演着益友的角色。正确处理好学生和教师的关系,对于课堂效率的提高是非常有帮助的。教师应该关注学生多方面的发展,调动每一个学生的积极性和主动性,引导学生真正爱上体育。

(五)对体育教学的组织管理进行有效改善

体育教学中不切实际的、忽视学生个体差异的一刀切的教学组织方法严重地扼杀了学生好动的天性,尽管如此,这种方法却为许多教师盲目青睐与推崇。这就要求在体育教学的组织管理模式方面实行学生自主管理的模式。课上给予学生更多的活动时间和空间,使他们养成良好的自我控制和管理习惯,从而使过去在教学过程中存在的过紧的束缚问题得到妥善解决。

(六)将线上与线下教学结合起来,充分利用新媒体教学

随着科学技术迅速发展,网上学习已是非常普遍的存在了,这种上课形式也已经走入了学校中。相比传统课堂学习,网课以视频的形式呈现在学生课堂学习中,要求学生定期签到学习视频内容并进行考核。但是体育毕竟是以动作运动为主,线下教学也是不可或缺的。因此,在这样的学习背景下,就可以将线上学习与线下学习结合起来,使两者能同步进行,相互补充,对于教学效果的提升和教学改革的不断推进都有所裨益。

（七）加强基础保障方面的投入，加大管理力度

近年来，各大高校在招生方面都进一步加大了力度，学校的日常开销增大，导致平时不受重视的体育方面的经费进一步受到影响，出现严重不足的情况，这就需要进一步增强物质资源的投入。首先要加大投入体育经费的力度，同时，还要进一步加强对体育教学现有物资的管理和使用。

第三章 创新教育背景下体育教学方法的发展创新

体育教学方法是体育教学得以实施的重要手段,如果没有体育教学方法,体育教学就如同没有车轮的火车,寸步难行,更不用说进一步的发展了。另外,体育教学方法虽能保证体育教学的实施,但是,最终教学效果如何,还与所采取的体育教学方法的适宜程度有着密切关系。因此,在迅速发展的今天,在创新教育的背景下,体育教学方法也要有所发展和创新,这样才能与体育教学的发展相适应,与社会发展和需要相适应。本章主要对体育教学方法的基本理论、选择与应用以及创新进行分析和阐述。

第一节 体育教学方法概述

一、教学方法与体育教学方法的概念

(一)教学方法

首先要将教学方法这一概念明确下来,才能对此进行进一步的分析、了解、认识。

具体来说,教学方法,实际上就是一种行为或操作体系,从广义上来说,教师的教和学生的学这两个层面的具体方法都属于教学方法的范畴。

鉴于此,可以将教学方法的概念界定为:师生为实现课堂教学目标和完成教学任务而采用的所有方法。

(二)体育教学方法

体育教学方法,顾名思义,就是在体育教学中所用到的教学方法。但是,体育教学方法的具体概念还没有形成统一,现将各方观点的共同之处

提取出来加以归纳，可以将体育教学方法定义为：在一定的体育教学思想指导下的教学方式、方法以及组织形式等的总和、总体。[①]

二、体育教学方法的分类

（一）依据体育学科特性的分类

以体育学科的特性为依据，体育教学方法可分为两种类型，一种是“教法”（以教师为主），另一种是“学法”（以学生为主），如图 3–1 所示。

有学者将学法与练习法结合起来，将体育教学方法分为教法与学练法，如图 3–2 所示。运动技能的形成过程包括建立技术表象、实施与矫正技术、巩固技能三个阶段，图 3–2 也直观说明了各阶段适合采取的不同教法与学练法。

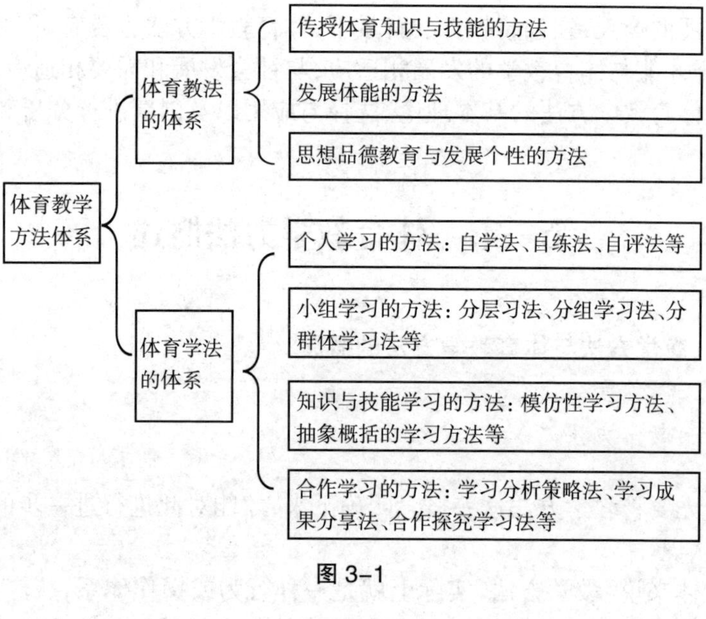

图 3–1

① 龚正伟：《体育教学论》，北京体育大学出版社，2004 年。

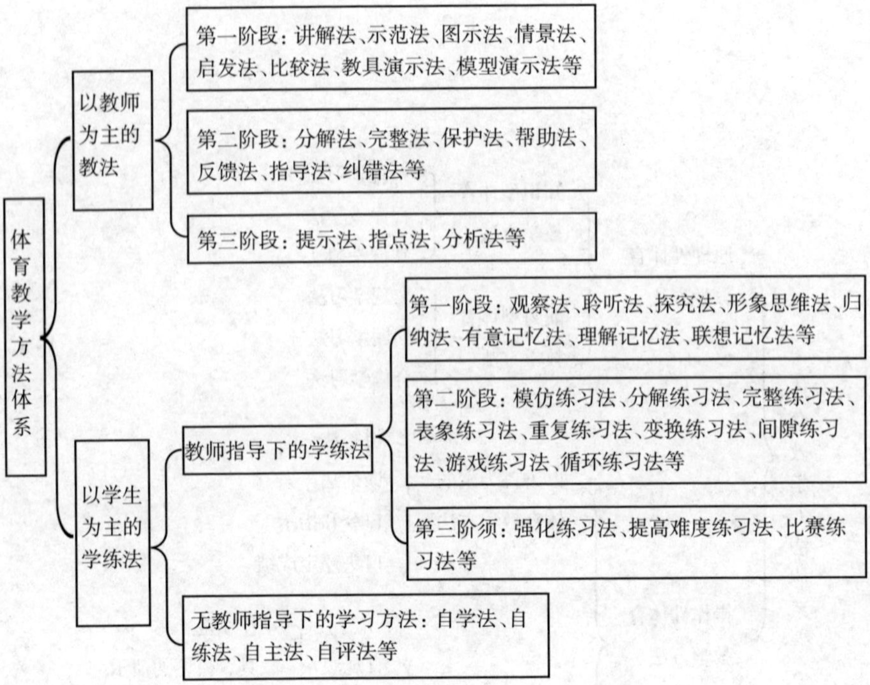

图 3–2

（二）依据体育教学指导思想的分类

根据体育教学的指导思想，可以将体育教学方法划分为原理性体育教学方法（综合性教法）和操作性体育教学方法（具体教法），如图 3–3 所示。

（三）依据体育与健康课程标准目标的分类

根据体育教学改革的特点及体育与健康课程标准目标，可以将体育教学方法体系划分为图 3–4 中所示的几种类型。

实施体育教学方法的过程中涉及体育教学手段这个重要概念，指的是体育教学方法得以实施的工具保障，如教室、黑板、教学用具、媒体等。一般可将体育教学手段划分为图 3–5 所示的两大类型，每个大类中又包含许多小类。

- 体育教学方法体系
  - 原理性体育教学方法
    - 知识型体育教学方法
      - 系统学习法
      - 程序教学法
      - 掌握学习法
    - 能力型体育教学方法
      - 发现学习法
      - 问题学习法
      - 合作学习法
  - 操作性体育教学方法
    - 以语言为主的体育教学方法
      - 讲解法
      - 谈话法
      - 口令和指示
      - 口头评定成绩
    - 以语言为辅的体育教学方法
      - 直观法
        - 动作示范
        - 教具、模型的演示
        - 电影和电视录像
      - 练习法
        - 按动作技术的结构
          - 完整练习法
          - 分解练习法
        - 按休息时间的长短
          - 集中练习法
          - 分段练习法
        - 按条件的变化情况
          - 重复练习法
          - 变换练习法
        - 按组织方式的不同
          - 游戏练习法
          - 比赛练习法

图 3-3

- 体育教学方法体系
  - 体育健康知识和运动技术理论教学方法体系：讲解法、谈话法、问答法、讨论法、比较法、归纳法等
  - 运动技术教学方法体系
    - 泛化阶段教学法：情景置疑法、启发法、发现法、直观法、示范法、多媒体法、模拟法、辅助练习法、暗示法、比较法、分解法、预防错误动作法
    - 提高阶段教学法：纠正错误法、部分完整练习法等
    - 技能巩固阶段教学法：重复练习法、变换条件法、完整练习法、自练法、过渡练习法、强化法、比赛法、循环练习法等
  - 发展学生体能方法体系：负重法、持续法、间歇法、游戏法、综合法、比赛法
  - 激励与评价运动参与方法体系
    - 激励法
      - 兴趣激励法：成功教学法、愉快教学法、需要满足法、教学引趣法等
      - 动机激励法：目标设置法、创新情境法、积极反馈法、归因教育法、价值寻求法等
    - 教育法：说服法、鼓励法、榜样法、评比法、表扬法、批评法等
    - 评价法：积极评价法、鼓励评价法、对比评价法、信息反馈法、自我评价法等
  - 发展学生心理方法体系（包括社会适应能力）：个别与集体指导法、个性培养法、自学法、自练法、差别教学法、分组轮换法、合作学习法、分层教学法等

图 3–4

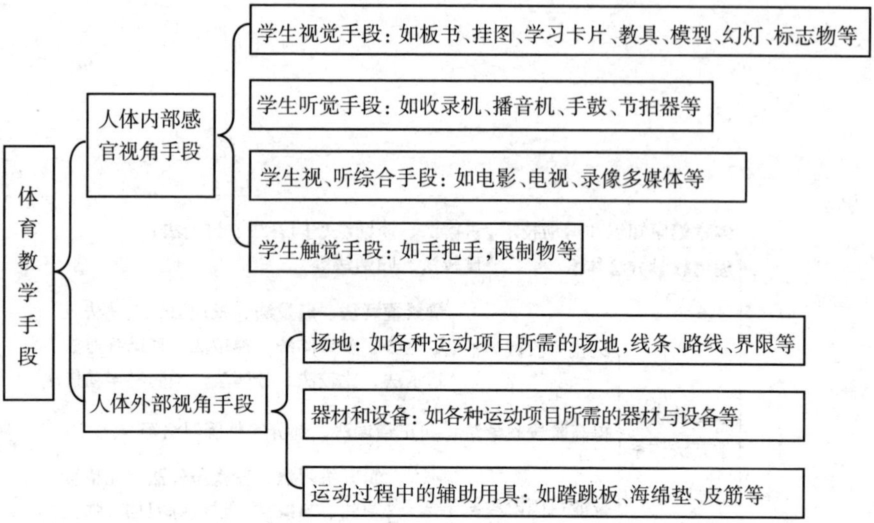

图 3–5

第二节　体育教学方法的选择与应用

一、体育教学方法的选择

在体育教学过程中选择适宜的体育教学方法需要按照相应的要求和依据进行，这样才能保证所选择的体育教学方法的科学性与合理性。

（一）选择体育教学方法的基本要求

选择体育教学方法要注意以下几点要求：

（1）与教学规律原则相符。

（2）与教学内容特点相符。

（3）与学生学习特点相符。

（4）与教师本身条件相符。

（5）与学校教学实际相符。

（6）具有科学性、艺术性和综合性。

（二）选择体育教学方法的主要依据

在选择体育教学方法时，为了保证科学性与合理性，不仅要遵照基本要求，还要参考相应的一些依据，具体如下：

1. 体育教学目标

体育教学的目标具有多层次性，如图 3–6 所示，在体育教学中要努力实现不同层次的目标。如在篮球教学中，投篮技术教学要实现的目标如图 3–7 所示。为实现不同层次的目标，需要选择不同的教学方法。

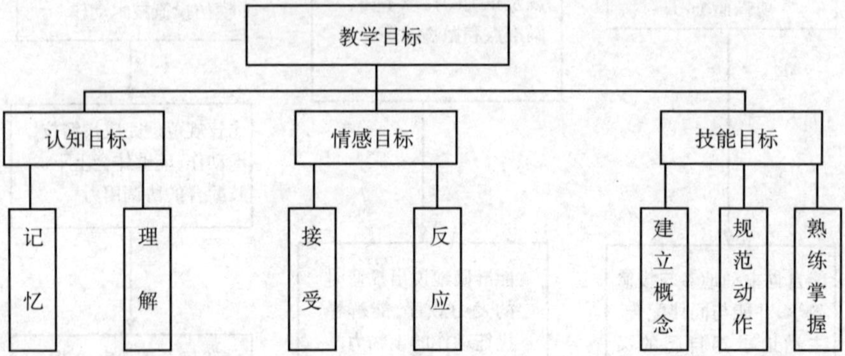

图 3–6

2. 教材内容特点

体育教学内容和体育教学方法是体育教学体系中必不可少且密切联系的两个要素，对于不同性质的体育教学内容应采取相应的教学方法。

3. 教学对象特点

体育教学要围绕学生这一中心展开，所以要考虑不同成长阶段、不同性别、不同兴趣爱好、不同需求的学生的实际情况，采取合适的方法进行教学，更好地培养学生。

4. 教师自身条件

体育教师发挥着重要的主导作用，要结合自身条件选择自己擅长的教学方法，这样才能将教学方法的作用发挥到极致。如果教师所选的方法是自己不熟悉的，那么在实施过程中可能会遇到很多问题，影响课堂教学的顺利进行，而且也会使学生怀疑教师的专业性。体育教师应不断提升自己，既熟悉传统教学方法，又能熟练掌握现代教学方法，而且还要能根据实际情况创造新的教学方法，以便针对不同教学内容及教学对象灵活选择教学方法。

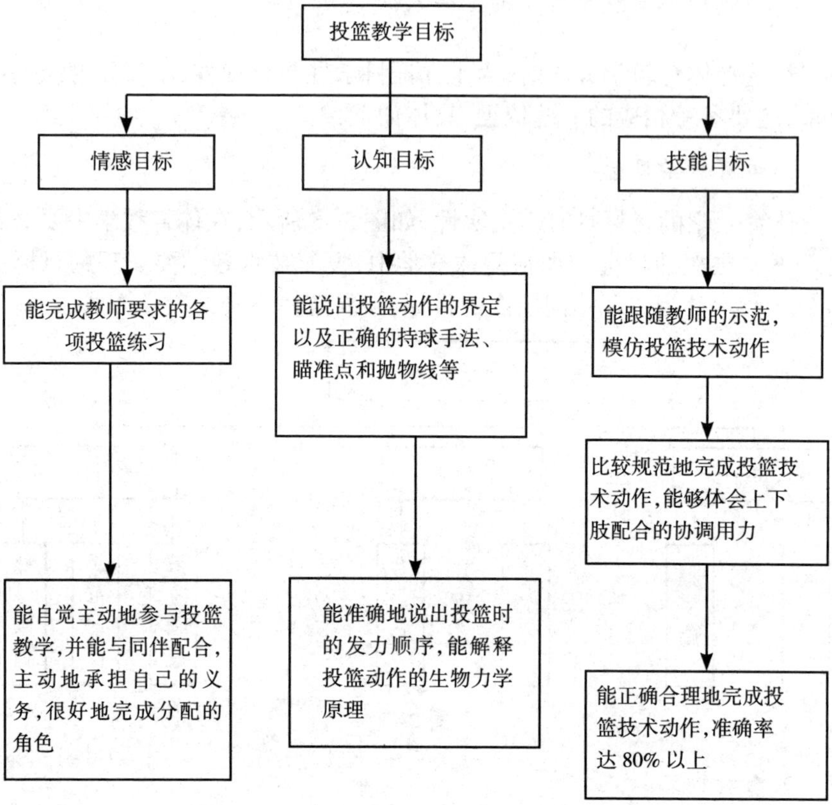

图 3–7

5. 教学环境与条件

体育教学受教学环境的影响颇为明显。这里的教学环境主要指外部环境，这与体育教学主要在户外进行有关。户外环境复杂多变，对体育教学的开展有很大的影响。要提高体育教学质量，必须加强对户外教学环境的改善，以免恶劣天气或不良地形对体育教学的顺利开展造成制约。体育教师也应根据外部教学环境与条件的变化来灵活安排教学，选择适宜的教学方法，将不良环境因素的影响降到最低，尽可能保证户外教学取得好的效果。

二、体育教学方法的应用

体育教学方法是随着体育教学的演变与发展而不断发展的，因此，体育教学方法有传统意义与现代意义之分，不同的体育教学方法的应用所起到的作用不同。

(一)传统体育教学方法的应用

1. 语言法

(1)讲解法

讲解法,就是指教师给学生进行相应的动作要领、方法和规则要求等方面的说明,从而对学生进行积极指导,使其能更好地学习和掌握运动技能。

在体育教学中应用讲解法,为了保证效果,需要做到以下几点:

第一,要将讲解目的明确下来。

第二,要保证讲解的内容必须是正确的。

第三,讲解的过程要保证生动形象、简明扼要。

第四,要准确把握讲解的时机。

(2)口令与指示

体育教学的具体开展过程中,往往需要借助多种口令和指示来进行,如“立正”“跑”“转体”等。这些语言简短有力,能有效指导学生进行相应的技术动作的学练。

在体育教学中应用口令和指示法,需要做到以下几点:

第一,在运用这一方法时,一定要准确把握指示的时机和节奏,从而保证学生动作的正确性与协调性。

第二,在运用口令和进行指示时,声音要洪亮有力。

2. 直观法

(1)动作示范

通过动作示范法的应用,能够使学生了解技术动作的形象、结构和要领。

在体育教学中应用动作示范方法,需要做到以下几点:

第一,要将示范的目的明确下来。

第二,示范的动作要保证正确,避免对学生形成误导。

第三,要注意示范的角度和难度。

(2)直观教具与模型演示

直观教具与模型演示,通常是针对那些高难度的动作而采用的方法,用到的工具主要有图表、照片和模型等,是体育教学中常见的辅助教学法。在体育教学中,通常会将直观教具与模型演示和讲解法有效结合起来使用,这样达到的效果更好。

3. 完整法

完整教学法,就是从动作的整体出发进行教学和练习的一种教学方法。

在体育教学中应用完整法,需要做到以下几点:

第一,要对整个动作的要素进行分析,从整体上进行把握,确保动作的完整和流畅性。

第二,对于技术难度较大的技术动作,应适当降低其难度。

第三,适当改变外部环境条件,借助外力条件完成完整动作。

4. 分解法

分解法是指将完整的动作划分为几个部分,逐步使学生掌握完整的动作技术。

在体育教学过程中应用分解法,需要做到以下几点:

第一,对动作技术的特点进行仔细分析。

第二,注重时间、空间等方面的有序性和统一性。

第三,关注各个环节之间的联系。

第四,注重各个环节之间的动作的衔接。

第五,将分解法和完整法结合起来使用。

5. 程序教学法

程序教学法又称"小步子教学法",将其运用到体育教学中时,教师先要求学生按照预先设计好的小步子来学习,及时评价并反馈学生的学习结果,然后根据学生的学习结果决定下一步该怎么做。如果学生这一步的学习达到了标准,则可进入下一步学习;否则要重新学习这一步,这有助于激励学生进步和提高学习效率。

程序教学法在体育教学实践中的应用程序如图 3-8 所示。

6. 游戏法

游戏法,就是通过游戏的方式来完成相应的教学任务的方法。在体育教学中应用游戏法,需要做到以下几点:

第一,确定游戏规则和游戏要求。

第二,学生必须遵守游戏规则。

第三,教师进行公正、客观的评判。

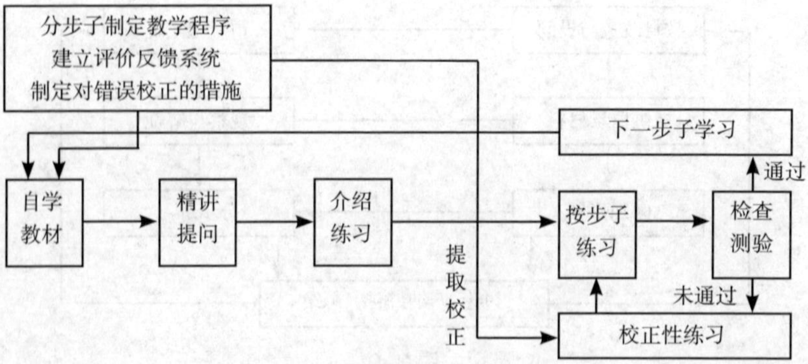

图 3–8

7. 竞赛法

竞赛法是组织学生进行比赛的一种教学方法，其主要目的在于检验教学效果和提高学生的技术水平。

在体育教学中应用竞赛法，需要做到以下几点：

第一，合理组织比赛，比赛双方实力均衡。

第二，学生在比赛中熟练运用所学技术。

第三，重视比赛的安全性。

（二）现代体育教学方法的应用

1. 发现式教学法

发现式教学法作为一种具有现代意义的教学方法，能将教师的主导作用充分发挥出来，不断强化学生的创造性思维。有学者将其定义为：从青少年学生的好奇、好动等心理特点出发，以发展学生的创造性思维为目标，以解决问题为中心，以机构化的教材为内容，使学生通过再发现进行学习的方法。①

在体育教学中运用指导发现教学法的基本程序如图 3–9 所示。

2. 探究教学法

探究教学法，就是在体育教学过程中，教师将其指导作用充分发挥出来，积极引导学生去自己发现问题、分析问题并解决问题，使学生在不断探索、研究的过程中有所收获的教学方法。

① 潘绍伟，于可红：《学校体育学》（第二版），高等教育出版社，2008 年。

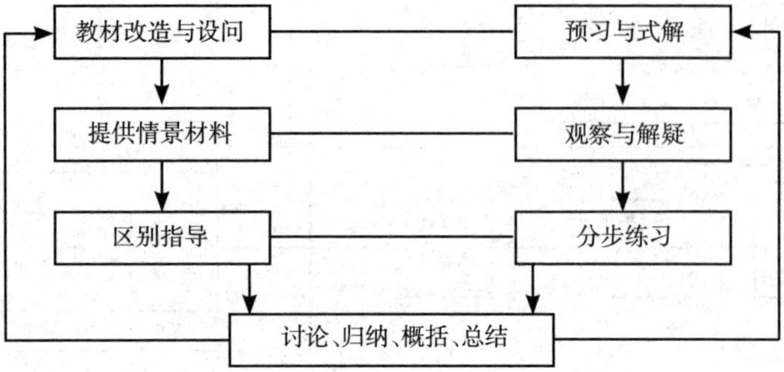

图 3-9

在体育教学中应用探究教学法,需要做到以下几点:

第一,教师在课堂上给学生提供交流的机会。

第二,教师有针对性地进行问题的选择与设计,探究要讲究实效,避免形式化、绝对化、片面化。①

3. 自主学习法

自主学习法,就是指学生能够在充分考虑到自身条件和实际需求的基础上,在教师的引导下,自主选择相应的教学内容,并通过独立操作来进行学习的方法。

在体育教学中应用自主学习法,需要做到以下几点:

第一,教师要进行积极的指导。

第二,教师对学生的自学进行监督。

4. 合作学习法

合作学习法是对学生进行相应的分组,学生为了完成共同的学习任务,承担明确的责任分工的互助性学习形式和方法。

在体育教学中应用合作学习法,需要做到以下几点:

第一,以教学内容为依据将教学目标确定下来。

第二,确定各小组研究的课题,通过积极的引导,使学生自己进行小组分工。

第三,对学生的学习过程进行监督,保证小组学习的顺利进行。

① 刚红光:“探究式教学法”体育教学中的应用,现代企业教育,2011(22)。

第三节　体育教学方法创新的必要性

体育教学方法创新的必要性，主要从当前体育教学方法存在明显缺陷方面得到体现。总体来看，目前体育教学活动开展中所采用方法的问题和不足主要有两个方面：

一、体育教学方法单一

一般来说，教师在实际的教学活动开展中，采用的教学流程通常为：讲解—演示—模仿练习—纠错—抽查，换言之，就是教师先对课程教学的内容进行集中讲解，然后对运动项目进行演示，明确运动项目的技术要领，接着由学生进行动作的模仿式练习，教师则对学生练习中出现的错误进行纠正，对多数学生容易出现的错误进行集中式的讲解，最后挑选若干学生进行动作演示。显然，这种方式中存在的一个最为显著的问题就是对学生学习的主观能动性的忽视，从而进一步导致学生过多地依赖教师的讲解、演示和纠错，最终，体育运动的常态化学习无法实现。在这样的情况下，如果能进行体育教学方法的创新，就能使体育教学方法更加丰富充实，之前存在的单一问题就会迎刃而解。

二、教学方法创新动力欠缺

学校教学中，学校对体育教学开展的重视度普遍较低，造成教师在体育教学方法创新方面存在动力不足的问题。同时，由于学校在体育教学方面的技术投入和资金投入都相对偏低，教师在教学方法方面的深造和集中性培训学习也较为欠缺，这就在很大程度上阻碍了教学方法的创新。例如，尽管微课教学法的应用能够激发学生体育学习的积极性，但由于学校缺少基本的微课视频录制条件，从而导致教师教学方法创新与尝试难以真正落地实施。[①] 在这样的情况下，体育教学方法的创新就成为一种必然需求。

---

① 全炳男：职业教育中的体育教学方法创新探讨，农家参谋，2019（24）。

第四节　体育教学方法创新的困惑与未来展望

一、体育教学方法实施过程中存在的困惑

在体育教学中实施体育教学方法，主要操作者是体育教师和学生这两个教学主体。和其他学科的教师相比，一些体育教师的学历水平相对较低，储备的文化知识也比较少，知识面较为狭窄，而且缺乏一定的艺术修养，自我反思的意识薄弱，平常上完课也不注重总结和自我评价，不注重研究创造新的教学方法和如何对现有的教学方法进行改革，这就导致教学千篇一律，新的教学方法的实施流于表面，与学生缺乏有深度的互动，这些因教学观念落后和教师教学素养不高而导致的问题很难在短时间内得到有效的解决。

至今仍然有一部分学生认为体育课不重要，只是娱乐性的课程而已，上体育课就是为了放松身体，释放压力，为上文化课奠定好的身心基础，所以开设体育课或上体育课不是必要的，不会影响自己的学业和将来的发展。有些学生甚至认为体育课是累赘，上体育课只会浪费自己学习文化知识的时间，因此轻视体育课，在体育课上表现得很被动，学习态度很不端正。学生之所以有这些错误的想法，与传统落后的教学思想的影响有直接的关系。具体来说，体育教学方法在改革与实施过程中存在以下几个困惑：

（一）非智力因素的转变需要较长时间

体育教学方法的形成与发展离不开一定教学理念与教学思维的引导，而且各式各样的教学方法在实施过程中必然能够体现出相应的教育观念、思维方式，这是促进教学方法实施与发展的重要因素，这些因素是典型的非智力因素，要优化这些因素，需要较长的一个过程，但现实是，体育教师的教学观念因为受到各种现实条件的制约而无法在短时间内发生改变，这就导致体育教学方法的实施达不到预期的效果。而且即使呼吁改革教学方法，也存在改革不深入、没有实质意义等问题。

（二）移植教学方法应用不到位

一些教育教学方法在各学科的教学中都是可以通用的，不同学科的

教学方法相互之间也是可以借鉴的，但一定要结合各学科的特性来灵活运用，否则就无法真正发挥教学方法的作用，达不到预期的教学效果。教育学、心理学及运动学中有很多教学方法对于体育学科也是适用的，将这些方法与体育学科充分结合，便形成了体育教学方法，这些体育教学方法就属于移植教学方法的范畴。教师在运用这些教学方法时，一定要弄清楚其各自的功能作用，尽可能将教学方法的价值最大程度地发挥出来。一些体育教师无法正确使用移植的教学方法，而且一些教师对教学方法的理解存在偏差，如认为学生自主学习就是让学生自由学习，鼓励教学就是盲目表扬学生，等等，理解上的偏差必然会导致这些教学方法的实施受到阻碍，实施效果达不到预期。

（三）体育教学方法的影响因素复杂且不易改变

体育教学方法在体育教学实践中的实施受到诸多因素的共同影响，不同因素对不同教学方法的实施的影响程度不同，要实施好教学方法，就要改变消极的影响因素，发挥积极影响因素的作用，但有些因素不容易改变，或者说改变某些因素需要较长的时间，而且单单依靠教师与学生的力量远远不够，如考试制度就不是教师与学生所能改变的，教学理念与教学思想更是需要经过长期的探索和实践的检验才能变得更先进、完善。

（四）先进教学理念没有深入渗透在体育教学方法的实施中

体育教学方法的实施必须坚持科学教学理念的指导，而且随着教学理念的变化，在实施教学方法的过程中侧重点也要发生相应的转变，充分体现新的教学理念，如“重情感”教学理念、“重能力培养”教学理念、“重过程”教学理念、“重学生的学”教学理念、“重创造”教学理念等，理念的转变及其在教学方法中的渗透需要体育教学工作者及学生主体的共同努力。

二、体育教学方法发展创新的未来展望

体育教学体系中的教学方法因素是一个极其重要、不可缺少的因素，在整个教学体系中占据重要地位，发挥着举足轻重的作用，它会影响教学任务的完成和教学目标的实现，影响最终的教学效果，影响教学体系中其他各要素的改革发展，影响教学体系的完整性与整体优化。要改革体育教学，推动体育教学的发展，必须先加强对体育教学方法的改革与创新，多元且新颖的体育教学方法能够增加体育课程的趣味性，使体育课程教

学更具活力,充满生机活力的体育课程更能吸引学生主动学习。虽然现阶段体育教学方法在教学实践中的实施还存在一些明显的问题,但纵观体育教学方法的发展史,它是不断进步、不断完善的,这个大的趋势是乐观的,值得肯定的。未来体育教学方法依然会不断向前发展,不断进步完善,其发展趋势主要表现在以下几方面:

(一)体育教学方法发展的现代化趋势

随着科技的发展进步,其应用越来越广泛,在教育领域的渗透越来越深入,现代化教育技术越来越丰富,将科技引进体育学科教学中,大大推动了体育教学的发展与进步。鉴于体育学科的特殊性,多媒体教学方法在体育教学中的运用十分普遍,有很多先进的多媒体信息技术及相关的现代化教学手段运用于体育课堂上,充分体现了现代体育教学方法的先进性、时代性。现代化教学方法与教学手段的实施大大提高了体育教学的效率。

(二)体育教学方法发展的心理学化趋势

在体育教学过程中,学生的知识越来越丰富,技能水平越来越高,学习能力不断提升,这其中都伴随着心理上的变化,学生在体育学习过程不断进步的过程也是其心理素质不断提高的过程。在体育教学中实施体育教学方法,要注意观察学生的个性心理及心理活动的变化,并为学生心理层面的积极变化创造良好的教学条件,从而将学生的学习兴趣与积极性激发出来,使学生真正从内心深处接受体育课程,喜欢体育运动,以积极的心理和端正的态度参与到体育课堂教学中。

此外,激励教学法、放松教学法等体育教学方法以及其他心理学教学方法在体育课堂上的实施也体现了现代体育教育工作者对学生心理的重视,这是体育教学方法心理学化发展趋势的重要体现。

(三)体育教学方法发展的个性化趋势

学生在体育教学中的主体地位是毋庸置疑的,居于主体地位的学生直接影响体育教学效果,这种影响有时甚至超过教师以及其他教学因素对教学效果的影响,因此不仅要从思想上充分认识到学生的主体地位和学生主体的重要性,还要在教学实践中真正突出学生的主体地位,尊重学生,采取与学生个性需求相适应的教学方法来实施教学内容,满足不同学生的个性化需求,完善学生的个性心理,促进学生的全面发展。

第五节 创新教育理念下体育教学方法创新的应对策略

一、创新教育理念下体育教学方法创新的对策

（一）要提高对创新教学方法观念的重视

任何活动的开展都必须先明确一个中心，围绕这个中心来开展具体的活动，从而把握活动的大方向，实现活动的最终目的。体育教学活动的开展同样需要先明确教学中心，而在体育教学中居于主体地位、发挥主体性作用的学生正是这里所说的教学中心，教师必须从这个中心着手来开展一切教学活动，安排各个教学环节，体育教学方法的设计、选择与实施同样要以体育学科的特点及学生的特征、需求为依据而进行。要对最佳教学方法加以选择，就要确定两个基本出发点，分别是学科本体和学习者学习规律，基于此进而构思理想的教学过程，如图 3-10 所示。①

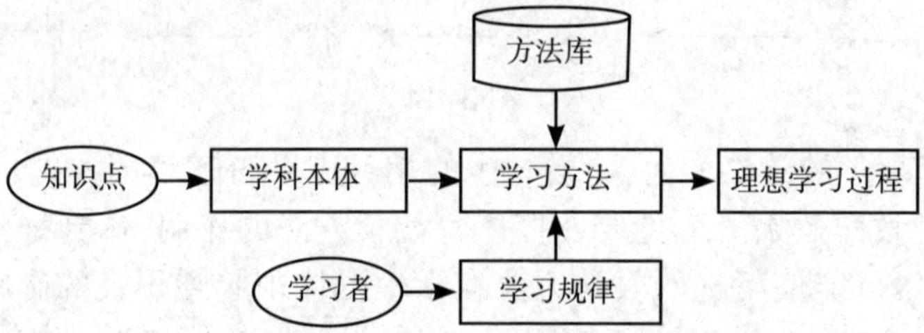

图 3-10

具体来说，在体育教学活动的实施过程中，体育教师要先明确要教的内容和通过实施这些内容所要达到的目的，然后根据内容的特点、学生的特点以及要达到的目标来对教学过程进行安排，合理设计每个教学环节，在各环节将相对应的恰当的教学方法予以实施，保证各个环节教学工作都能有序开展，且都能取得好的效果。在整个教学过程中教师会创设一些教学情境，不同的教学法适用于不同的情境，教师要明确哪些是主要教学法，哪些是辅助性的教学法，将主要教法和辅助教法结合起来，灵活运用，以帮助学生在不同的情境中从容应对和解决问题。

此外，体育教师设计与应用教学方法时，还要考虑将现代社会中一些

① 钟绍春，王伟：关于信息技术促进教学方法创新的思考，中国电化教育，2013（02）。

新的科技因素融入其中，并基于当前的教学资源、教学环境以及教学条件落实现代化教学方法。只有不断创新，不断为教学方法添加新鲜因素，才能提升学生的学习积极性，培养学生的创新能力。这都是现代化体育教学改革的要求。

（二）依据教学要素对体育教学方法进行整体的合理编排

体育教学体系中的教学方法既有宏观的概念，也有微观的概念。从宏观意义上来看，各种教学方式手段、教学组织形式以及教学艺术都属于教学方法的范畴。在体育教学中教师应该采取什么样的形式来组织教学，应该选用哪些具体的方式手段来教学，应该突出怎样的教学艺术，等等，都是需要教师考虑的主要问题，解决这些问题，需要教师深度分析教学内容、学生的特点，同时还要考虑自身条件，这些因素直接影响教学方法的选用和实施效果。

体育教学方法与效果的关系如图 3–11 所示。

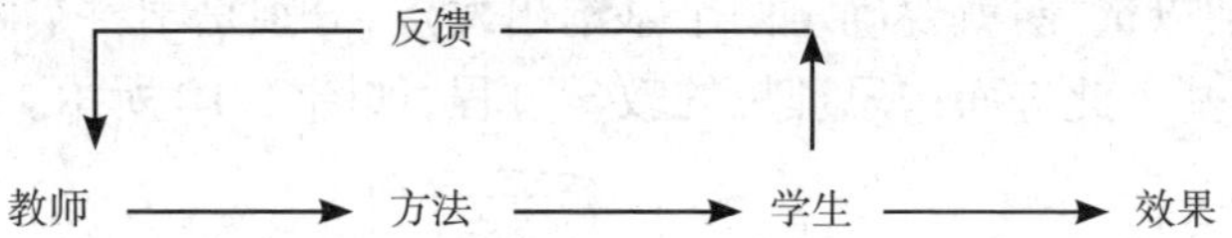

图 3–11

体育教学的效果如何，要看学生的学习成果如何，学生的学习成果直接反映了教学效果。可见要发挥体育教学方法的作用，达到好的教学效果，就要尽可能使所选的教学方法在学生群体中起到积极的影响。教师实施教学方法，教学方法又作用于学生，从而将教师与学生密切联系起来，教学方法起到了重要的桥梁作用。由教学方法联系起来的教师与学生都是体育教学活动的主要参与者和实践者，体育教学效果一定程度上是由这两个主体所决定的。如果教师缺乏专业素养，学生缺乏学习热情和创造性，那么教学效果就会大打折扣，只有双方都以良好的状态进入到教学情境中，并相互协调配合，才有可能使教学效果达到预期。

（三）依据实际情况来对体育教学方法进行扩展、改进

如何将丰富多彩的体育教学方法的功能充分发挥出来，从而提高教学质量，这是体育教师在体育教学中考虑的一个重要问题。体育教学方法的实施效果受到很多主客观因素的影响，其中客观方面的影响因素中实际教学条件是一个不可忽视的因素，场地器材的数量、规格以及其他

教学资源等教学条件都对体育教学方法的实施效果起到举足轻重的影响作用。

不同地区的学校体育教学现状存在一定的差异，也就是说体育教学现状存在地区差异，这与各地的经济条件、教学资源、体育传统等因素都有直接的关系，如经济条件差的地区教学条件就比较落后，表现为缺乏体育场地器材等，经济条件好的地区教学条件优越，能够为体育教学的顺利开展提供良好的保障。为了使体育教学方法在各地区的教学中得到充分的运用，取得较好的实施效果，各地都应集中资源优化教学条件，这是完善体育教学方法和提高教学方法实施效果的重要路径，经过优化后的教学条件和经过完善后的教学方法，更能满足体育教学的需要，促进教学效果的提升，更能有效增强学生体质，培养学生的创新品质。

将体育教学方法的功能延伸，将其应用范围扩大，是对体育教学方法进行扩展的两个主要内涵。要实现有效的扩展，就要在教学组织形式上下功夫，优化改革体育教学组织形式，如突破传统的按人数平均划分学习小组的分组方法，将学生的兴趣爱好、学习水平、运动基础等作为分组的主要依据，扩展教学组织形式，使不同兴趣爱好、不同学习能力的学生都能在新颖的课堂教学中获得更好的发展与长足的进步。

体育教师改进教学方法，应保留原有教学方法中有价值的因素，改革陈旧落后的因素，并在原来的基础上增加新的因素，创造新的教学方法，不断充实与完善体育教学方法体系，以便在体育教学实践中选出适宜的教学方法来推进教学工作的开展。除了改进教学方法外，还要加强对教学工具的改良，引进先进的教学手段，提高课堂教学效率。

（四）对新的教学技术的应用加以重视

科学技术是第一生产力，科技的进步促进了社会各领域各行业的发展，教育的发展同样离不开先进科技的推动。当前，先进科学技术在教育领域的应用非常普遍，科技推动教育发展的实效有目共睹，因此要继续发挥科技的优势，继续利用科技手段来提高与完善教育技术，使体育教学彰显出时代性、先进性、创新性。体育教学中运用较多的教学技术当属多媒体技术，教师要多引进学生喜闻乐见的多媒体手段，提高学生的学习兴趣，激发学生的学习积极性，从而营造良好的课堂教学氛围，提升课堂教学效率。

（五）通过优选、组合体育教学方法保证教学效果

体育课是按照完整的教学程序进行授课的，因此，教学过程具有完整

性和独立性的显著特点。体育教学过程包含的因素有很多,体育教学方法只是其中的一个因素而已,但是,这并不是说其作用就很微小,对于教学目标的完成、教学任务的实现,体育教学方法是最直接的途径和方式。体育教学效果取决于各个要素的通力协作,突出的是过程与结果的关联。从教学效果考虑,需合理选择、优化组合体育教学方法,具体可参考图3-12所示的模式。

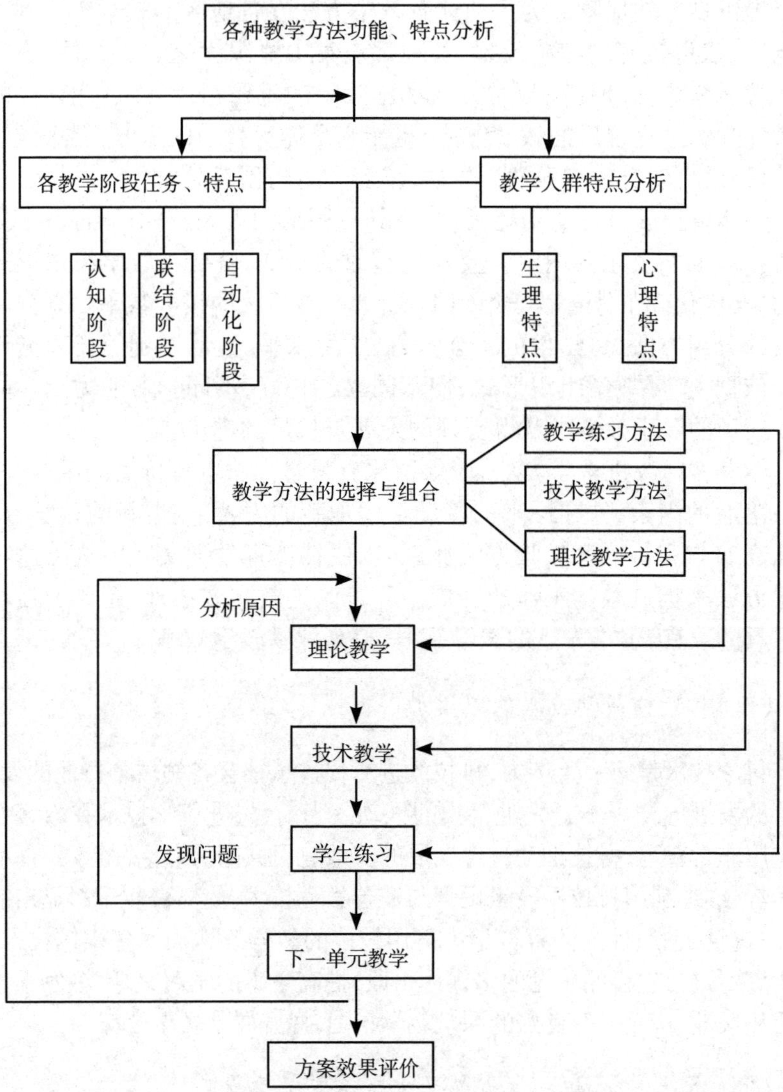

图 3-12

二、创新体育教学法的选择与应用

在创新教育理念的影响下所出现的创新的体育教学法主要有以下几种，每种都有其各自的特点和作用，在体育教学过程中要以此为依据，进行科学的选择和应用，从而使教学效果最佳。

(一)群体激励教学法

群体激励教学法，就是通过集体思维的共同学习，相互激励，引发众多反馈，产生多种解决问题的设想的一种教学方法。

在体育教学过程中运用该方法的具体流程为：教师先将要探讨的问题提出来，然后让学生开动脑筋，通过实践去探究，寻找正确的答案。群体激励教学法能够使传统应试教育的一些弊端得到改善和弥补，能有效促进学生创造力和创新意识的建立与发展。

(二)移植教学法

体育教学中使用的方法有些是专门针对体育学科设计的专项教学方法，有的是从其他教学领域或其他学科中借鉴而来，根据体育学科的特点和体育教学的需要进行针对性的处理后，运用到体育教学实践中的方法，即移植教学方法，其在体育教学中的运用体现了一般教育理论的普适性。甚至有些体育教学方法是在借鉴边缘学科的知识与经验的基础上加工创造的。不仅在体育教学中可以从其他学科或教育领域中借鉴一些先进的方法，在其他学科的教学中也可以借鉴一些体育教学方法，有些方法在很多学科的教学中都是普遍适用的，只是要注意根据各个学科的特点及现实教学条件进行合理的加工、改造，而不能盲目借鉴，否则教学方法再科学、再先进，也难以发挥出本身的功能，无法达到提高教学效果的目的，甚至会弄巧成拙，对教学活动的顺利开展造成一定的阻碍，使师生面临原本不必要的教学困惑和麻烦。

运用移植教学方法对体育教师的知识水平、思维方式、教学技能、创新能力等提出了较高的要求，只有知识面广、思维灵活、教学技能娴熟、教学经验丰富的体育教师才能更好地从教育学、心理学及运动训练学等领域中汲取新鲜的元素，设计体育教学方法，并将移植而来的教学方法灵活运用于课堂教学中，发挥各种教学方法的作用，而如果教师知识储备少，思维僵化，教学技能不熟练，缺乏教学经验，那么他可能只会浅显地借鉴其他学科的教学方法，或者不加改造、移花接木，或者在加工改造中胡编乱造，这就违背了移植教学的初衷，影响了体育教学的质量。

（三）难度增减教学法

难度增减教学法，顾名思义，就是通过难度的增加和减少来进行教学的方法。需要注意的是，难度增减的一个重要前提是运动技术动作的结构和性质是保持不变的。这种教学法在现实体育教学中使用的频率是比较高的。

一般来说，体育教学的开展是遵循先易后难、循序渐进的原则进行的。难度增减法，能够保证教学进度按照难度逐渐递增的顺序顺利开展，同时，学生也能因此增加信心，不会因太难产生对教学内容的恐惧和抵触情绪，学习效果也会较为理想。

（四）逆向思维教学法

从逆向思维出发，将问题从反方向引出来的教学方法就是所谓的逆向思维教学法。我们往往习惯用正向思维思考问题，但并不是所有的问题都适合用惯性思维去解决，有时用反向思维解决问题反而效果更好，会使人茅塞顿开。在体育教学中，学生要尝试突破惯性思维，按反向程序去学习一些技术动作，有些技术动作就适合用反向思维学习，比正向思维学习的效果还要明显。用反向思维学习较为复杂的技术动作时，将难度较大的动作环节作为首先要掌握的因素而去不断地练习，熟练后再练习难度较小的动作环节，这样往往能取得意想不到的学习效果，能够大大提高动作技术的熟练性，提高运动成绩。

在体育教学中运用逆向思维，不仅体现在学生用逆向思维学习知识与技能，还体现在教师从反向思维出发思考教学中存在的问题，如不要一味抱怨学生学不会，而是反省自己是否在教学中存在问题与不足，学生是否因为“教”本身存在问题而无法有效学习，只有不断反思，不断进步，才能更好地教学生。

（五）情景教学法

情景教学法，就是在学习动作前，先用语言或场景把学生带入一定情景，让学生设身处地强化练习的一种方法。在体育教学中，采用情景教学法所用到的具体实施手段主要有以生活展现情景，以实物演示情景，以录像、画片再现情景，以音乐、语言渲染情景，以展示、表演、示范体会情景等。

通常来说，情景创设需要体育教师“煞费苦心”，而启发、激励学生身临其境地练习更是需要教学艺术。在体育教学过程中应用这种方法，不仅能将学生练习的积极性充分激发出来，也能提高教师创设情景、组织教学方法的能力。尤其是对低年级的小学生来说，情景教学法能激起孩子的无限遐想，使其感受到自己就是主人公，练习起来自然卖力。

（六）分层教学法

分层教学法指在体育教学中对学生进行分层，根据不同层次学生的特点组建合作小组，然后设计不同层次的教学目标，对教学内容、教学方法进行分层实施，以推动体育教学的有序进行。体育教学中分层教学法实施的基本思路如图 3-13 所示。

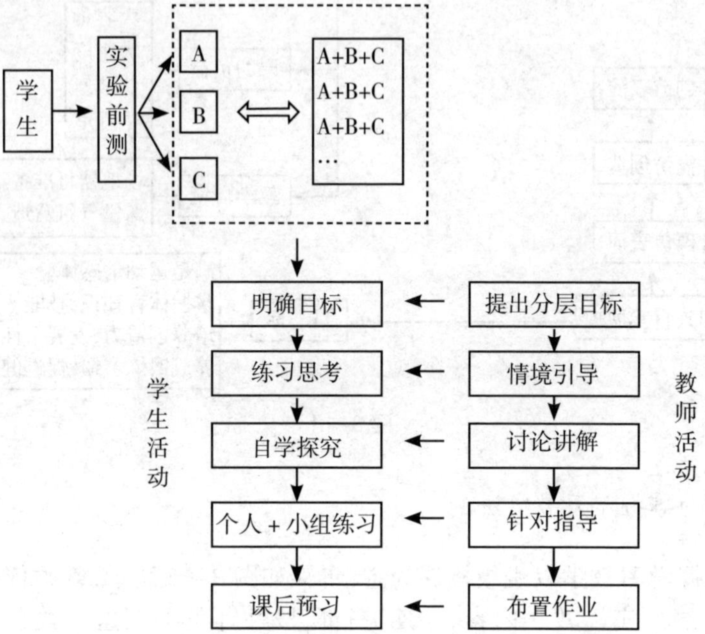

图 3-13

（七）即兴展现教学方法

即兴展现教学方法强调师生互动、自我展现，要求将学生的主体地位充分重视起来，对全面发展的学生进行培养。在体育教学中运用该方法，要注意创设和谐的课堂氛围，在良好的课堂情境中对学生的创新能力进行培养。这一教学法在体育教学实践中具体可参考图 3-14 来予以操作和实施。

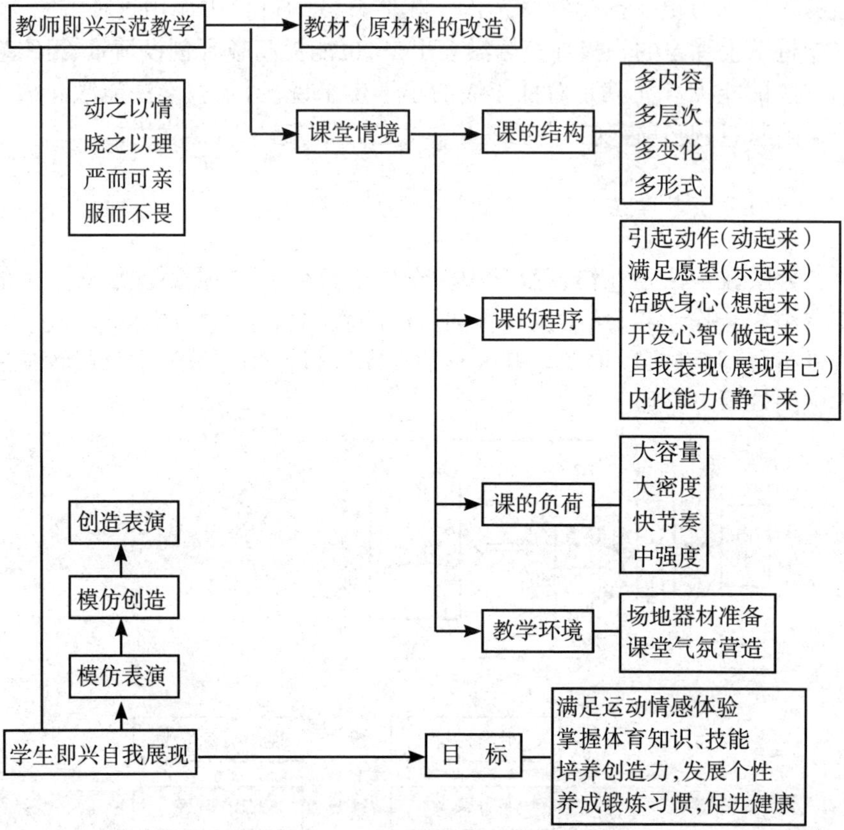

图 3-14

(八)掌握学习教学法

掌握学习教学以班级授课为主,步骤如图 3-15 所示,教师依据教学大纲分层次实施教学内容,定期进行阶段性评价。在这一教学方法的实施中,要对学生的个性特征及个性化需求予以了解,以有效提高教学质量。

掌握学习教学法在体育教学过程中的具体操作程序如图 3-16 所示。

在掌握学习视角下组织体育教学,要注意以下几点:

第一,呈示掌握目标,交代学习任务。

第二,教师指导学生实现目标。

第三,进行形成性检测和评价。

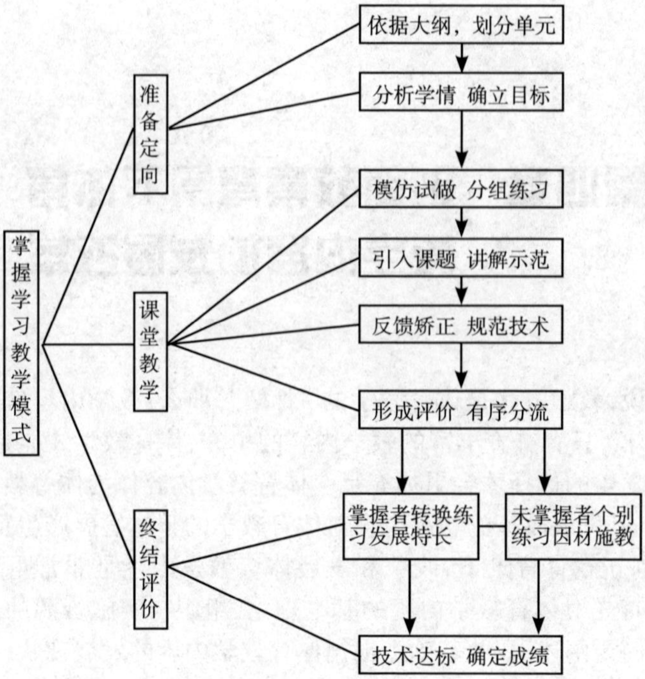
掌握学习教学模式
准备定向
课堂教学
终结评价
依据大纲，划分单元
分析学情 确立目标
模仿试做 分组练习
引入课题 讲解示范
反馈矫正 规范技术
形成评价 有序分流
掌握者转换练习发展特长
未掌握者个别练习因材施教
技术达标 确定成绩

图 3-15

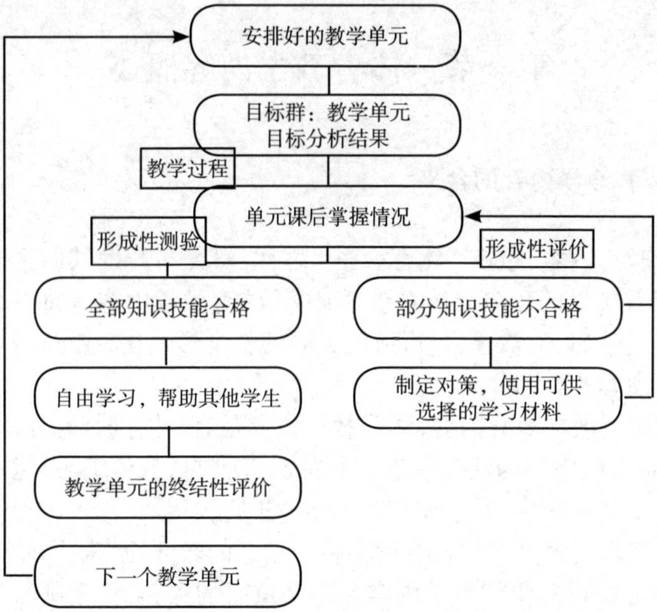
安排好的教学单元
目标群：教学单元目标分析结果
教学过程
单元课后掌握情况
形成性测验
形成性评价
全部知识技能合格
部分知识技能不合格
自由学习，帮助其他学生
制定对策，使用可供选择的学习材料
教学单元的终结性评价
下一个教学单元

图 3-16

第四章　创新教育背景下体育教学内容的发展改革

如果说,教学方法是体育教学的“骨架”,那么,教学内容就是体育教学的“血肉”,只有有着丰富的教学内容的填充,体育教学才能是丰满的,其提供给学生的选择才会更加充足。体育教学内容作为体育教学的重要组成部分,其发展改革的状况也会对体育教学的整体发展产生重要影响,因此,在创新教育背景下,改革和发展体育教学内容是非常重要且必要的。本章首先对体育教学内容的基本理论、组织与实施资源的挖掘与选择进行了简要阐述,在此基础上根据体育教学内容的发展现状,提出了相应的改革创新策略。

第一节　体育教学内容概述

一、体育教学内容的含义

体育教学内容,也有“体育教材”之称,研究与开发其的主要目的是实现体育教学目的和完成体育教学任务,体育教学内容是将体育教学的相关内容经过加工、整合后,再借助不同的教学形式在教学过程中展示出来的所有内容的总称。

相较于一般的教育内容,体育教学内容是有一定的特殊性的,具体来说,它是对大肌肉群的活动状态进行的教育,包括身体练习、运动技术学习和教学比赛等形式,通过体育教学条件进行传授。

体育教学内容是在体育教学实践中展开的教师的“教”与学生的“学”的实践依据材料。体育教学内容是一个重要的中介,将教师与学生有机连接到一起,对体育教学方法和教学手段起到制约作用,同时,也会对体育教学目标和课程目标的实现产生直接影响。

体育教学内容是教育内容的一个重要组成部分,与其他教育内容之间有所差别,这种差别主要在形式上得到体现。体育教学内容首先必须是与体育运动相关的,这是基础性的要求,具体的,又可以依据这些体育运动相关内容的特点、类型等来加以分析和区分,这就将体育教学内容进一步细分,为后面体育教学内容的开发、选择以及利用等奠定基础,也一定程度上反映出了体育教学内容的复杂性和多边性。

二、体育教学内容的分类

体育教学内容可以根据不同的依据和标准来进行不同的分类,具体如下:

(一)按身体运动技能分类

体育教学以及体育运动的参与者都是人,因此,从根本的角度来说,这种分类方式是基础性的,也是最为常见的。

以身体运动的各项技能为标准来对体育教学内容进行分类有一个显著优势,就是运动项目不会对类型划分产生影响,且在教材的组合运用上较为便利,因此,这种分类方法常用于学校低年级体育教学内容的划分上。同时,这一分类方法对于学生在教学中各种动作技能的发挥和运动能力的提升也是有利的。

不过,这种分类方法并不是完美的,也存在着一定的缺点,主要体现在具体的运动项目之间没有紧密贴合,出现了相互脱离的现象,这就不利于某一运动项目的专业培养,针对性和独特性较为欠缺,也无法使年级较高的学生对竞技体育的追求得到较好的满足,运动的动机有所缺乏(图4-1)。

(二)按体育运动项目分类

体育教学内容,就是由各种各样的体育运动项目构成的,因此,这种分类方法也是非常常见的,通常会按照运动比赛的名称和内容进行分类(表4-1)。这种分类方法的优势在于,能够将体育教学的目的明确下来,即发展和提升学生的身体素质。但同时,这种分类方法也有缺点,即容易否定一些中间性的项目和一些没有正式比赛或比赛不规范的体育项目。体育教学内容中包含的体育运动项目,绝大部分具有竞技性特点,会通过比赛的形式来进行训练,并以此来考察训练效果,对规则、技能等有较高的要求，这就需要对这方面的教学内容进行大幅度的改动，而这样做又会导致改动后的体育教学内容的差异化较大，甚至变得似是而非，对于教学的正常开展是不利的，学生学习的科学性也较为欠缺。因此，在采用这一分类方法时，要对此加以考虑。

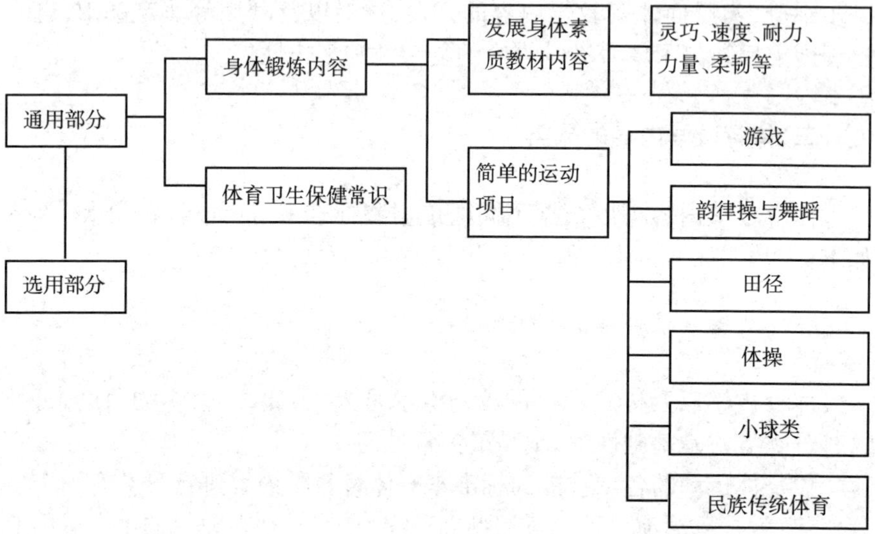

图 4-1

表 4-1　根据运动项目进行分类的体育教学内容

根据运动项目进行分类	
田径	跳高、短跑、跨栏
体操	鞍马、跳马、双杠、单杠
发展身体素质练习	力量素质、速度素质、耐力素质、灵敏素质、柔韧素质
球类	篮球、足球、排球
韵律体操和舞蹈	体育舞蹈
民族传统体育	秋千、毽球

（三）按体育教学目的分类

这种分类方法是比较常见的，能够达到多种身体练习的目的，使教学内容的目的更加明确，在选择教学方法时，也有明确的针对性，可以突破以竞赛为目的的教学内容编排体系，保证学生可以学习到竞技运动的知识和技能。需要注意的是，这种分类方法能够有效避免内容重叠、逻辑上的问题等，还可以提高对教学的指导性（图 4-2）。

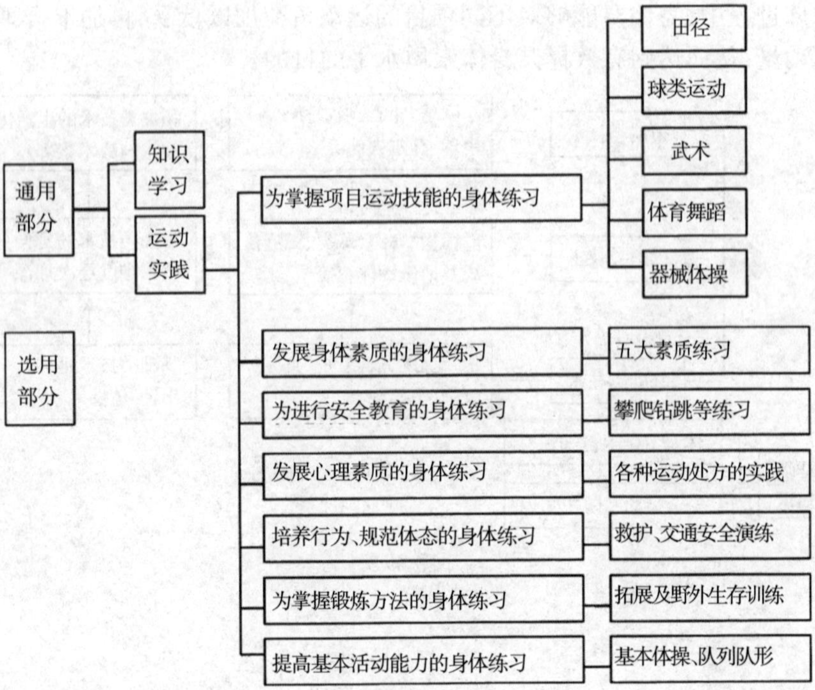

图 4-2

（四）按个人体育能力分类

这种分类方法是以现代课程改革的基本理念为依据，以学校体育学科课程目标定位为基础而提出来的。按照这一分类方法，体育教学内容被分为基础类技术内容、提高类技术内容以及拓展类技术内容三种类型（图 4-3）。

三、体育教学内容的特点

体育教学内容和其他体育教学的构成要素一样，都具有自身的显著特点，具体如下：

（一）健身性

能够被纳入体育教学内容中的，都是能够有效锻炼学生身体素质的运动项目，因此，这就赋予了体育教学内容以健身性特点。体育运动项目对学生的健身作用，通常是以大肌肉群运动的形式实现的，因此，学生在锻炼过程中,身体要能够对不同项目的运动负荷加以承受,再加上合理的运动量,从而达到有效提升身体素质水平的目的。

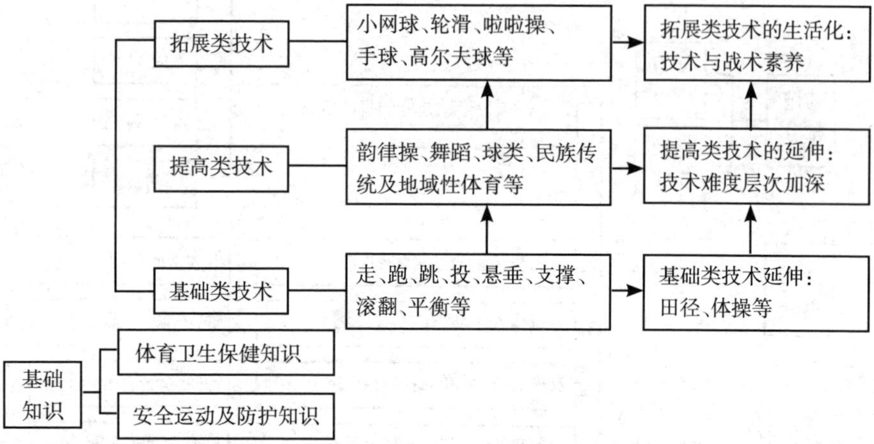

图 4-3

(二)实践性

实践性是体育教学内容最鲜明的特点之一,体育教学内容的绝大部分是身体练习,体育教学与体育活动之间有着非常密切的关系,受教育者必须开展以大肌肉群运动为特点的运动内容,只有这样才能学好体育教学的内容,仅仅依靠说、看、听、想的教育方式是无法实现体育教学目的的。

当然,体育教学的内容中不只包含身体练习,还包括其他一些内容,比如体育知识和道德的教育培养,这两个方面也是必须通过运动学习和实践来体验的。

(三)社交性

体育教学中所涉及的体育运动大多是集体性运动项目,这就需要学生集体参加,合作共同完成,另外,体育教学内容相较于其他教学内容来说,在实践性、社会性方面的特点更加显著,需要有一定的人际交流才能保证教学活动的顺利实现。因此,在这种情境下进行学习和参与到竞赛活动中,能使学生之间、学生与教师之间的交流和沟通得到促进,对他们的社交能力的提升也有好处。

体育教学活动作为一个重要中介,将教师与学生两者连接起来,促使两者的沟通互动加强,同学之间的交流配合也得以增进,以小组进行的体育活动内容使组内成员分工明确,体育学习中的各种角色变化远远多于其他学科的学习。

（四）娱乐性

体育教学内容包含很多方面,主要的是身体活动,而身体活动大部分是人的休闲性运动,本身就具有一定的娱乐性和休闲性,这也就赋予了体育教学内容一定的娱乐性特点。

体育教学不断发展完善的过程中,会逐渐引入一些新的教学内容,而这些新的运动项目,能激发学生的好奇心和兴趣,并且使学生能够在学习和运动竞赛过程中体会到新鲜感和学会项目的成就感,在这种良好心态的推动下,学生能够在体育教学内容的学习中逐渐培养出竞争和协同的精神,对运动环境、场地、比赛规则、比赛形式等进行再加工,对运动乐趣的体验也会更加显著,这与体育教育内容娱乐性动机和体验追求有着密切联系。另外,体育教学内容的娱乐性特点也会影响到最终的教学效果。

（五）空间性

体育教学内容的空间性特点也是较为显著的,究其原因,主要是由于体育运动项目的开展对空间有一定的要求,主要体现在场地上。比如,有的项目以场地命名,如田径、沙滩排球等。这些体育教学内容如果没有场地的支撑,就无法开展实践活动,对于体育教学的意义就微乎其微了。因此,体育教学内容受到场地的限制,对场地器材的依赖性较大,场地、器材、规则成为体育教学内容的重要组成部分。

四、体育教学内容的层次

关于体育教学内容的层次划分,有多种方法,常见的有两种。一种是从宏观和微观上进行区分。其中,宏观层面进一步细分,又分为了上位层次（国家课程和教学内容）、中位层次（地方课程和教学内容）和下位层次（学校课程和教学内容）。微观层面则可以细分为四个层次,即第一层次：体育课程标准所示的学习内容；第二层次：能力目标分析的体育教学内容,是对第一层次的进一步细分；第三层次：教学中需要具体运用到的硬件与软件等物质设施；第四层次：具体的练习方法手段。

这里我们主要分析另一种层次划分，其将体育教学内容直接分为四个层次，具有更加显著的直观性和可操作性（图 4–4）。

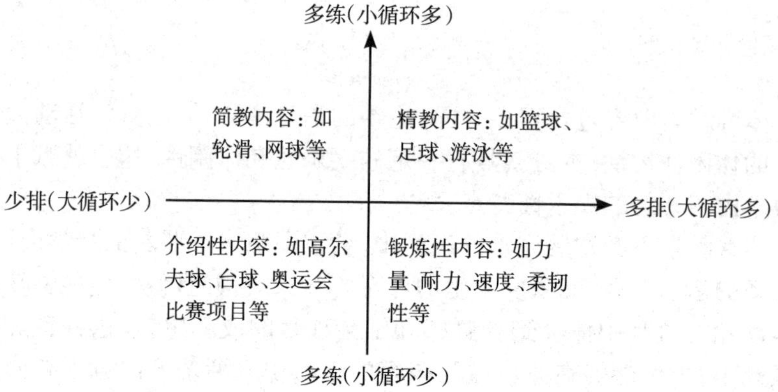

图 4–4

从上图中可以看出，以“练”和“排”的频率为标准，可以将体育教学内容分为四个不同的层次，具体如下：

（一）简教内容

针对不同年级的学生，采用的体育教学内容是不同的，具体要以教学大纲和教学要求为准。简教内容，就是对教学内容进行大体的了解即可，不会对各种细枝末节都追求细节上的准确性，也不会对深层次的内容进行挖掘，可以将其归纳到基础知识的范畴中。

简教内容的传授方式通常为小单元教学，或作为补充内容穿插于其他的教学内容讲解中。这一层次的教学内容通常具有显著的健身性和娱乐性。

（二）精教内容

精教内容也是体育教学中不可或缺的重要内容之一。精教内容就是精讲应侧重的知识点，通常，这部分内容是以教的重点、学的难点、答的疑点等形式存在的。精教内容采用的传授方式主要为大单元教学。

要注意的是，这一层次的教学内容，在体育教学内容的整体中，所占的比例是比较小的，一堂课可能只有一两个重点，过多的精教内容，会加大学生学习的难度，不利于教学效果的取得。因此，一定要与其他层次的教学内容相配合使用。

（三）介绍性内容

介绍性内容，顾名思义，就是只停留在简单的介绍层面的教学内容。在体育教学中，介绍性内容通常会在某个年级中出现，传授方式以大单元教学为主。

介绍性内容也是属于基础性知识的范畴的，因此，在教授这一层次的内容时，要讲求"准确"性，还要注意不要重复。

（四）锻炼性内容

锻炼性内容通常会和介绍性内容一样，在不同的年级中出现，常用的传授方式为小单元教学，其中包含了知识性教学内容、体验性教学内容。

在了解了以上四个层次体育教学内容之后，为了保证教学内容的运用效果，需要对这些教学内容进行科学合理的安排。目前，有关学者对此提出了相应的安排建议（表4-2），可以结合实际教学需要，加以参考。

表4-2 不同层次体育教学内容的安排（每学年有效学时按60计算）

教学内容	简教类	精教类	锻炼类	介绍类
在各年级排列	少排	多排	多排	少排
单元规模	大单元	超大单元	超小单元	小单元
单位教学内容学时数	7～10学时	15～30学时	10分钟/学时	1～2学时
全年安排教学内容数	2～3项	1～2项	全面锻炼和方法	3～4类介绍内容
全年所用学时数	20学时	30学时	5学时	5学时

五、体育教学内容的结构

（一）三大体育教学内容体系

1. 德国、瑞典体操体系

（1）德国体操体系

关于德国体操体系，通过对其内容进行分析，可以将其大致分为不同的体系，主要有以下两种：

① 杨氏国民体操体系

杨氏国民体操体系的创始人是费里德里希 · 路德维格 · 杨，通过对该体系的内容进行分析，可以将其分为三个方面，即队列训练、器械体操和竞技运动（图 4–5）。

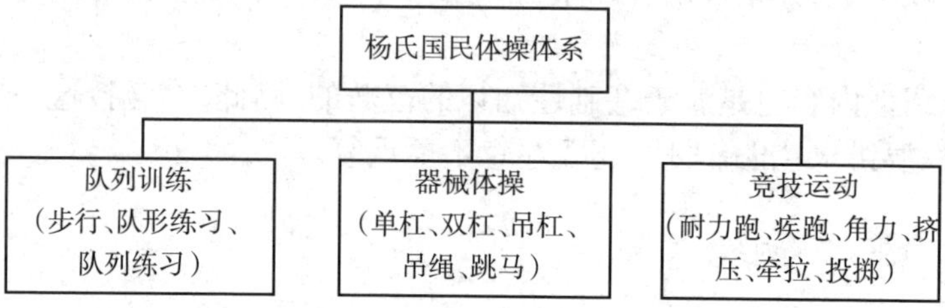

图 4–5

这三类内容还具有显著的功能，可以归纳为以下三个方面：

第一，队列训练方面的内容，能对学生的协同作战能力起到培养作用。

第二，器械体操方面的内容，能对学生克服障碍的能力进行培养。

第三，竞技运动方面的内容，能对学生坚强的意志品质加以培养。

② 施皮斯体操体系

施皮斯体操体系的创始人是阿道夫 · 施皮斯，通过对这一体系的内容进行分析，可以将其分为三个方面，即秩序运动、徒手体操和器械体操（图 4–6）。

杨氏国民体操体系的优势在这一体系中也有所体现，相对于杨氏国民体操体系来说，施皮斯体操体系与学校教育的目标的相符程度更高一些。

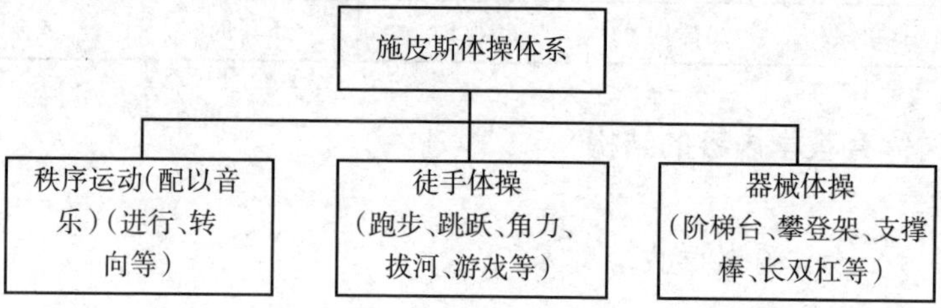

图 4–6

（2）瑞典体操体系

瑞典体操体系在 19 世纪由佩尔 · 亨里克 · 林创始的，其发展基础是德国体操体系，主要包括的内容有四个方面，即教育体操、健美体操、医疗体操和兵式体操（表 4–3）。

在创立该体系时,对人体生命活力的重视被作为重要的指导思想,同时,生理学原理和解剖学原理也被应用于其中。这也促使瑞典体操体系在创立后不久就在欧美流行开来。

表 4-3 瑞典体操体系

分类	内容
教育体操	体操凳 体操梯 肋木 吊绳 斜绳 水平绳
健美体操	韵律体操 艺术体操 舞蹈
医疗体操	协同动作 主动动作 被动动作
兵式体操	器械练习 击剑 持枪等

2. 英国绅士体育、户外运动体系

英国的这一体育教学体系中,主要包含绅士体育和户外运动两个方面的内容。

(1)绅士体育

绅士体育是在西方宗教改革及文艺复兴之后产生的,并且在英国逐渐成为体育形式的一个典型,这一体育形式中,不仅有西方先进的教育思想成分,还体现出资产阶级求实精神及西方人文主义精神。

绅士体育的提出,与社会发展是相适应的,不仅对国家历史的实现有帮助,还能满足绅士的幸福需求。洛克提出,未来绅士的培养是必须通过教育实现的,因此,对人民进行全面教育就成为一种必然,而在众多的教育形式中,体育教育是处于首要位置的。

通过分析,可以将绅士体育的内容大致归纳为下列几个方面:

第一,击剑、游泳、舞蹈、骑马等内容,这些运动项目能起到优雅风度与坚强勇敢品质的功能。

第二,网球、板球、射箭、保龄球等内容,这些运动项目具有一定的娱乐性特点,能起到培养智力的作用。

第三，赛跑、赛马、拳击等内容，这些运动项目具有显著的竞技性特点。

（2）户外运动

英国的生产力在西方国家的近代发展中处于遥遥领先的地位，英国生产力水平的进一步提高及财富的积累，为绅士运动更加广阔的发展奠定了坚实的基础，也就是在这一时期，户外运动也借助这一态势逐渐发展并流行起来。

户外运动中包含的项目种类也非常多，这些项目种类又包含了很多具体的运动项目：

第一，在户外进行的球类运动，主要有足球、网球、高尔夫球、橄榄球、曲棍球等。

第二，在户外进行的田径运动，跑、跳、投等都有项目属于这一范畴。

第三，在户外进行的娱乐与游戏运动，这些运动项目具有显著的休闲性特点，如划船、登山、钓鱼、滑冰、游泳、滑雪等。

由此可见，户外运动有着非常丰富的内容，能够为参与者提供更多的选择，因此能满足各种年龄段、各种爱好的不同人群的需求，这就进一步推动户外运动的传播和推广。

户外运动和英国绅士体育一起，被引入到学校体育教学中，是在18世纪末完成的，同时，为了使这两项新的内容能够与学校体育有更好的适应与结合，也更好地为学生所接受，还对这两项内容进行了一定程度的加工与改造，加工改造后的户外运动与绅士体育成为学校体育教学中的重要教学内容。

随着户外运动与英国绅士体育在学校中的广泛开展，这两类运动的发展速度也因此越来越快，这也一定程度推动了英国社会的发展。19世纪50年代初，西方体育才逐渐开始传入我国。

3. 我国民族传统体育体系

我国的民族传统体育体系包含的内容也是非常丰富的，主要分为两种类型，即民族传统武术与养生体育，民间游戏、娱乐体育。这是我国所特有的体育形式，得益于我国的地域广博和文化形态的多样化。

（1）民族传统武术与养生体育

“角抵”的产生对后来中华武术的发源与发展都产生了重要影响，另外，武术在发展的同时，也逐渐衍生出了一些相关项目，比如拳术、手搏、角力、摔跤等，发展至今，武术已经形成了一个综合的系统，可以依据不同的层次、种类等，对其包含的内容进行各种划分。一般的，武术系统的子系统有徒手武术和器械武术这两个方面。

（2）民间游戏、娱乐体育

民间游戏和娱乐体育的产生，与民俗群众活动有密切关系，某种意义上来说，民俗群众活动是民间游戏的重要起源。我国民族众多，各个民族都形成了具有本民族特色的娱乐体育和民间游戏，这些体育形式在农闲之余和节日期间都会举行，起到活跃气氛、放松身心的作用。

发展至近代，民间游戏取得了一定的发展，但是，其在学校中的发展却差强人意，很少有这方面的内容被纳入到学校体育教学中，这对于民间游戏的发展是非常不利的。所以，民间游戏的相关内容，即便已经被引入学校体育教学中的，也会随着学校体育教育的不断改革及学生价值追求的变化，因与体育教学发展的需要不符而从体育教学的内容中被剔除出来。

民族传统体育中武术体系的具体内容如表 4–4 所示。

表 4–4　民族传统武术体系

<table>
<tr><th colspan="2">分类</th><th>内容</th></tr>
<tr><td rowspan="4">徒手类</td><td>掌类</td><td>罗汉推手
太极推手
八卦掌
连环绵掌等</td></tr>
<tr><td>拳类</td><td>太极拳
形意拳
长拳
南拳
洪拳
螳螂拳
通背拳
六合拳等</td></tr>
<tr><td>腿类</td><td>戳脚
弹腿等</td></tr>
<tr><td>养生类</td><td>易筋经
五禽戏
八段锦
导引术等</td></tr>
<tr><td>器械类</td><td></td><td>短器械
长器械
软器械
双器械
暗器等</td></tr>
</table>

（二）体育教学内容立体结构

上面所剖析的三大体系，共同组合起来所形成的立体结构，就是当前我国体育教学内容。

在体育教学内容的三维立体空间内，这三大体系作为重要的支撑点，各自发挥着自身的作用，缺少其中一个，体育教学内容这一稳固结构就会崩塌（图 4–7）。

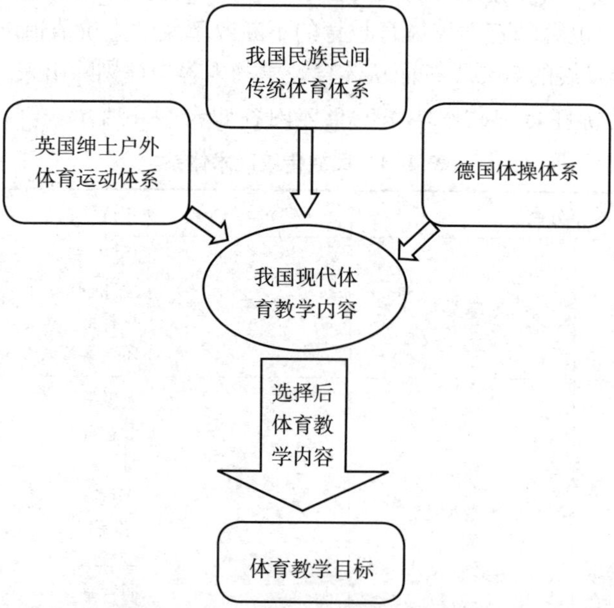

图 4–7

1. 里层

三大体育教学内容体系之间有着非常密切的联系，互相补充、融合，缺一不可，能够在和谐的状态下得到共同发展。其功能与价值取向能够将上述这种密切关系充分体现出来（图 4–8）。

2. 外层

目前，在我国体育教学内容体系中，三大体育内容体系均有一席之地，各自发挥着各自的作用。

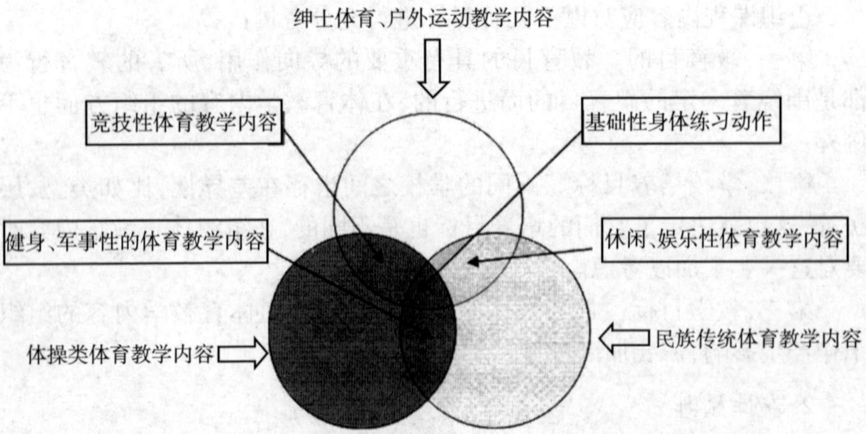

图 4-8

第二节 体育教学内容的组织与实施

一、体育教学内容的组织

体育教学内容的组织是具体实施的基础，可以说，科学、合理的体育教学内容组织工作，经过有效实施，是能够取得理想的教学效果的；相反，如果体育教学内容在组织方面就已经出现了问题，存在着不科学、不合理的方面，那么，实施就毫无意义，甚至还会制约体育教学的整体发展，因此可以说，体育教学内容的组织对于体育教学的发展来说是非常重要的。

（一）体育教学内容组织的原则

体育教学内容组织工作的科学性与合理性需受到多重因素的保证才能实现，其中，首先一点，就是在开展体育教学内容的组织工作时，必须遵循下面几个原则：

1. 目的性原则

目的性原则，就是指体育教学内容的组织工作的开展是在一定目的的指引下进行的。不同的体育教学目的的指引下，体育教学内容的组织工作有所差别，这些差别主要体现在内容顺序、内容比重及内容难易程度等方面。

组织课程内容应对以下几种目标进行充分考量：

第一，教育目的。教育目的具有重要的导向作用，所有的教育行为都是围绕着一定的教育目的而进行的，在体育教学内容的组织方面也不例外。

第二，学校培养目标。不同的学校之间也存在差异性，比如类型、层次等，这也就决定了它们的培养目标也是不同的，在组织体育教学内容时要对这一要素加以考虑。

第三，教学目标。最为具体的教学目标也会对体育教学内容的组织工作产生影响，需要加以考量。

2. 弹性原则

弹性原则，就是体育教学内容在组织过程中，既要按照统一要求进行，同时又不要太死板，要灵活多变。可以说，弹性原则是统一性与灵活多变性的有机结合。

（1）统一性

统一性，指的是指导思想上的统一。这是基本的前提条件，如果没有这一特性，那么就不存在弹性原则了，就贬称随意原则了。

（2）灵活多变性

在坚持指导思想统一的基础上，体育教学内容的组织也要注意灵活多变，切忌死板教条。具体来说，就是首先要参照国家教学指导纲要，然后与当地的客观情况及学校的现实条件等相结合起来开展体育教学内容的组织工作，因地制宜，并且逐渐形成显著的地方特色和学校特色。

3. 关联性原则

关联性原则，指的是在对不同级别学校的体育教学内容进行组织时，一定要注意各方面之间的关联性，做好有效的沟通与衔接。

（1）沟通

沟通指的是不同类型学校的课程要一贯。具体来说，就是要在体现出各类学校的特点的同时，也让这些内容在同一层次上得以保证。

（2）衔接

衔接，就是将各级学校的体育教学内容连接起来。

（二）体育教学内容体系的组织构架

体育教学内容是非常丰富且繁杂的，为了更好地理解和掌握这些内容，需要对其进行深入分析，并且将其中的各种逻辑线弄清楚，从不同层次上将这些逻辑线串联或者并联起来，由此，便得出了学校体育教学内容体系的基本组织框架，见图 4-9。

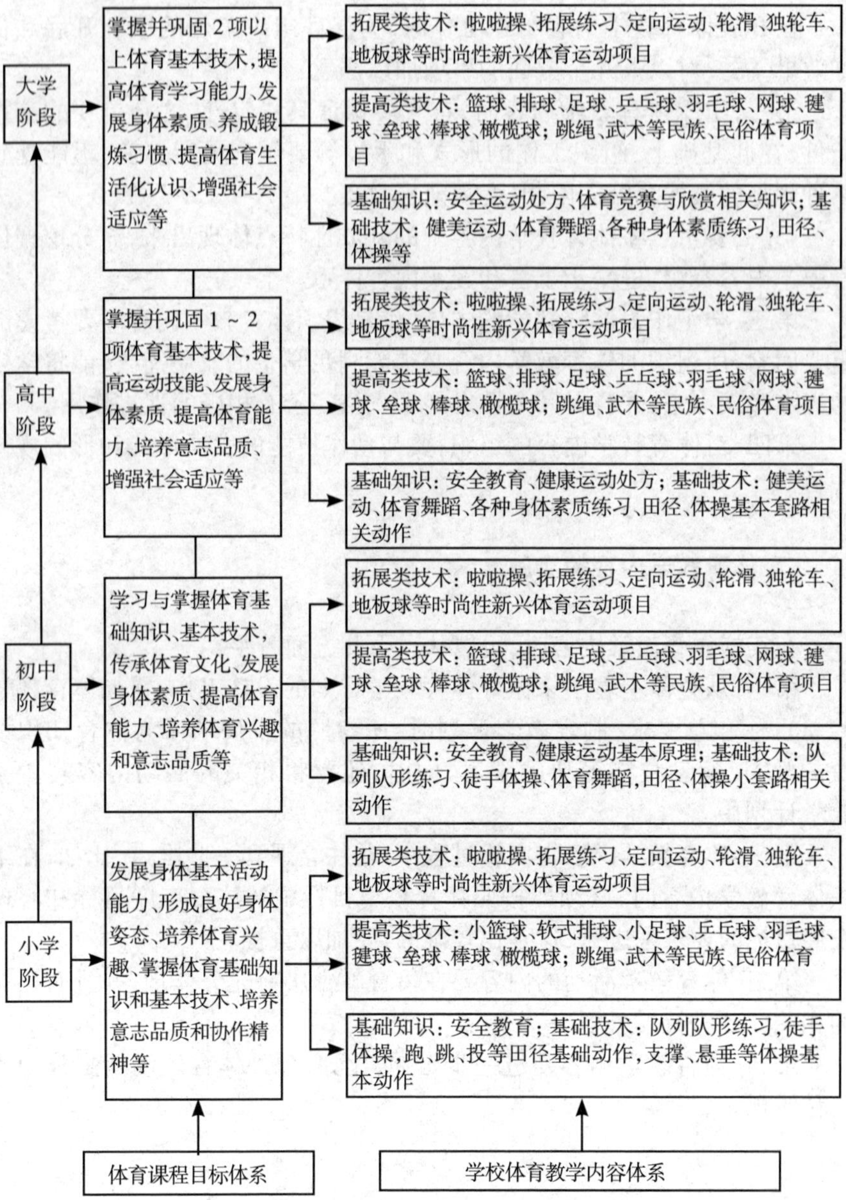

图 4-9

(三)体育教学内容组织的注意事项

在开展体育教学内容组织工作时,为保证组织工作的顺利开展和良好效果,需要对以下几个方面的事项加以注意:

第一,组织体育教学内容时,首先要保证其稳定性,这是首要的前提条件,在此基础上,组织工作的形式和手段等要做到灵活多变,不能受到某种固定的模式套路的限制,变得死板教条。

第二,要重点将体育教学内容中的开放性特点体现出来,充分挖掘体育教学内容资源,进一步丰富和充实内容体系。

第三,学生作为体育教学的主体,也是组织体育教学内容时要考虑的重要因素,所组织的体育教学内容必须能满足学生的发展需要,能将学生的兴趣激发出来,并且对其个性发展和人格完善有积极的促进作用。

第四,对体育教学内容的组织,要与动作技能的发展形式和形成规律相符。

二、体育教学内容的实施

在实施体育教学内容时,可以从以下几方面着手:

第一,从整体上着手来做好体育教学计划的设计工作,贯彻体育教学的总目标和总要求,制定教学计划时,所参照的发展顺序为体育知识模块的学习、运动技能模块的学习,同时,还要将相关的活动内容安置于教学计划中。

第二,体育教学内容在实施过程中,往往会遇到一些难点,比如,在组织体育教学内容时,必须要按照体育教学目标中的体育态度目标和心理发展目标的要求来进行,这是比较难的,要加以重视。

第三,体育教学活动的内容要在体育教学中有充分体现,并且对存在的相关问题进行妥善解决。

第四,体育教学内容要进一步延伸,比如,课外体育活动就是延伸的一种体现。

第三节 体育教学内容资源的开发与选择

一、体育教学内容资源的开发与利用

体育教学内容资源非常丰富，主要包括原有的竞技运动项目，新兴运动项目，民族、民间传统体育等。但是，为了能为学生和体育教学提供更多的选择，还需要进行进一步的开发，并对所开发的资源进行充分、合理的利用。

（一）竞技运动项目的开发与利用

1. 竞技运动项目改造的主要内容

第一，简化和异化比赛规则。简化，就是对规则进行精简，不必要的规则可以删除掉，便于学生更好地投入其中；异化，则是指对规则的修改与创新。

第二，充分挖掘和开发运动项目内容功能的多元化。不同的运动项目的功能也是不同的，对于某一项运动来说，其功能除了已经显现出来的外，还能通过进一步的挖掘进一步丰富其功能性。

2. 竞技运动项目的改造方法

对竞技体育运动项目进行改造，用到的方法主要有以下几个：

第一，通过简化技术结构来有效降低运动的难度，在有效增强学生体质、保证健康水平的基础上，尽可能减小学生的身体和心理负担。

第二，适当调整竞技体育运动项目的场地和器材的规格，同时，适当并合理修改比赛规则，使之与学生的实际需求更加贴合，促使学生积极参与到竞技体育运动中。

第三，在能满足学生运动锻炼需求的基础上，有效降低运动负荷，保证运动的安全性。

第四，有效发展和完善教材内容。要对传统教材中的竞技运动进行深入剖析，有效调整其特点，挖掘多元化功能，促进教材的进一步优化，使其更加贴近学生学习需求。

（二）新兴运动类项目的开发和利用

由于传统的体育教学内容普遍存在着“难、繁、偏、旧”的缺点，与现

代体育教学的要求以及学生的需求不符,起到的教学效果也大打折扣,因此,需要在有效传承优良传统的基础上,大胆改革,开拓创新,与时俱进,引入一些新兴的运动项目。

所谓新兴运动项目,主要是指健美运动、攀岩、现代舞、网球、牵珑球、软式排球、软式足球、沙滩排球、壁球、保龄球、旱冰、滑板、定向运动、远足、野营、郊游等在国际上较为流行,但是在我国的开展却比较鲜见的项目。将这些新兴运动项目纳入到学校体育教学之中,能有效充实和丰富体育教学内容,增大学生的选择范围,对有效激发学生的兴趣和参与积极性是有帮助的。

(三)民族、民间体育类项目资源的开发与利用

我国作为一个多民族国家,民族体育文化历史悠久。民族、民间体育是中华民族传统文化的一个重要表现形式,因此,将其列入体育教学内容中,不仅能充实体育教学内容,对中华民族传统文化的传承和民族传统体育的发展都是有显著意义的。

按照新课程的标准,民族传统体育主要是指各个民族中民族文化色彩浓厚的体育活动,比如,射箭、荡千秋、摔跤、射弩、跳山羊、滚铁环、踢毽子、抽陀螺等;民间体育则指的是在某一地区或某些地区开展的体育活动,如踏青郊游、舞狮、赛龙舟和登高等。这些都可以成为体育教学内容的重要补充,但是要经过科学的挑选和整理才能实现。在设计和实施民族、民间体育类教学内容时,一定要参照学生的特点进行,否则就失去了引入体育教学内容的意义。

对民族、民间体育类项目资源进行开发和利用,是一项具有开创性的工作,需要对以下几个方面加以注意:

(1)要做好相关体育项目的收集、挖掘、整理等准备工作。

(2)对于运动项目用到的器械,要针对学校的实际情况和学生的特点,进行适当改造,同时,对活动形式也要进行适当改进,保证其实施的安全性与可行性。

(3)对体育教师进行民族传统体育方面的培训工作,使其在文化、理论和实践技能方面都有较高水平。

(4)认真总结工作中出现的问题,通过积极交流,找到妥善解决问题的方法和措施。

开发民族、民间传统体育资源,在有效丰富体育教学内容的同时,也能增进学生对我国民族、民间传统文化的了解,增强学生的民族自豪感。

二、体育教学内容的选择

体育教学内容资源在经过不断的挖掘和开发之后，越发丰富多样，这就给体育教学内容的选择工作带来了较大的困难。具体来说，选择体育教学内容，要按照一定的标准、原则和特定步骤进行，具体如下：

（一）体育教学内容选择标准

在选择体育教学内容时，要以体育教学目标为依据来进行。这是因为体育教学目标的多元性和体育运动的可替代性，会在一定程度上增加体育教学内容选择和组织的难度。总的来说，所选择的体育教学内容，必须要保证其科学性和有效性，还要与学生和社会的实际情况相符，与学校整体教育目的保持一致（图 4–10）。

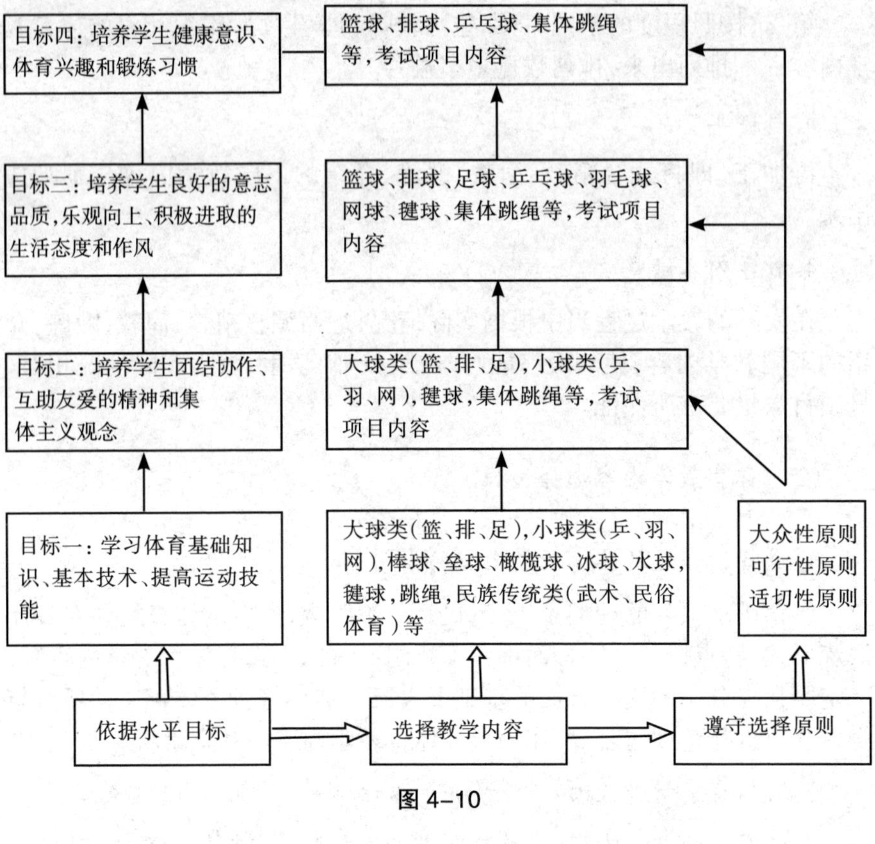

图 4–10

（二）体育教学内容选用的具体方法

1. 学习领会

第一，对体育课程标准和教科书的要求与规定以及四类体育教学内容的划分理论进行学习，并对其中的精神加以领会。

第二，将所有已经从体育素材中选出的可供选择进入体育教学的内容的意义罗列出来。

2. 调查

（1）调查对象

主要是指教师和学生。

（2）调查内容

第一，教师和学生的实际情况。

第二，按照程度的不同，将那些与教师和学生实际情况相符的体育教学内容一一排列出来，排列数量多多益善。

3. 再加工

再加工，即将适合精教、简教、锻炼、介绍的不同教学内容分别筛选出来。

4. 教学内容修整

在实际的教学过程当中根据实际情况，适当调整精教、简教、锻炼、介绍的不同教学内容，使其最终能与本校、教师、学生、教学实际情况相符，且项目数量要有所保证。

（三）体育教学内容选择过程

1. 选择出合适的体育教学内容的素材

体育运动项目的种类多，数量更是数不胜数，所有的体育运动在身体锻炼形式、特点以及功能方面都各不相同。因此，在选择体育教学内容时，一定要在充分了解这些方面的基础上进行。然后将各个体育运动项目与身体练习进行整理与合并，作为形成体育教学内容的基本素材。

2. 对体育素材进行细致分析，并加以评估

在选择体育教学内容时，首先要做的就是认真分析体育素材，然后对此进行科学评估。以评估的结果为依据，重点关注那些能够有效增进学

生健康，培养学生良好的思想品质的内容。同时，还要将那些不符合教育要求、不利于学生身心健康发展的体育素材剔除掉。

3. 选择合适的体育运动项目

由于体育运动项目在特点和功能上的差异性，其选择要参照一定依据进行。大多数体育运动项目都是可以成为学校体育教学内容的基本素材的，但是由于学校体育教学时间有限，不可能选入过多的体育运动项目与身体练习到学校体育教学内容中。一般来说，那些比较典型、实用的体育运动项目和身体练习通常会成为体育教学内容的理想选择。

4. 进一步分析已经选择的体育教学内容

对已经选择的体育教学内容进行进一步的分析，主要是为了对其可行性加以评估。这主要是因为体育教学内容会受到地域、气候条件等的影响，同一个体育教学内容在不同地方的适应性与可行性是不一样的。因此，体育教学内容的选择一定要对场地器材的可行性进行充分考虑。同时还要保证所选择的教学内容，能够在不同地区、不同学校实施时，具有一定的弹性。

关于体育教学内容的可行性，主要体现在以下几个方面：

（1）学生可行性

对体育教学内容进行选择，首先要考虑适切性（图 4-11），体育教学内容一定要保证学生可行性及与体育课程目标的适应性。

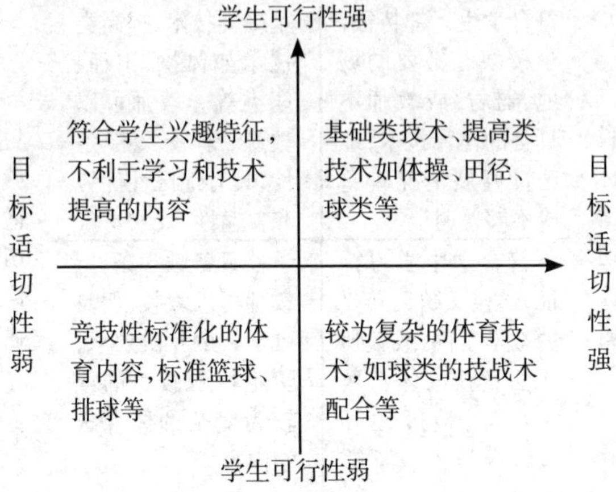

图 4-11

（2）学校可行性

对所选择的体育教学内容的可行性要考量的另一个方面就是学校，在具体进行选择时，学校的教学环境、教学条件以及体育教师的专业素养与执教能力等都是会产生影响的重要因素。此外，所选的内容也要与学生的学习能力相适应(图 4–12)。

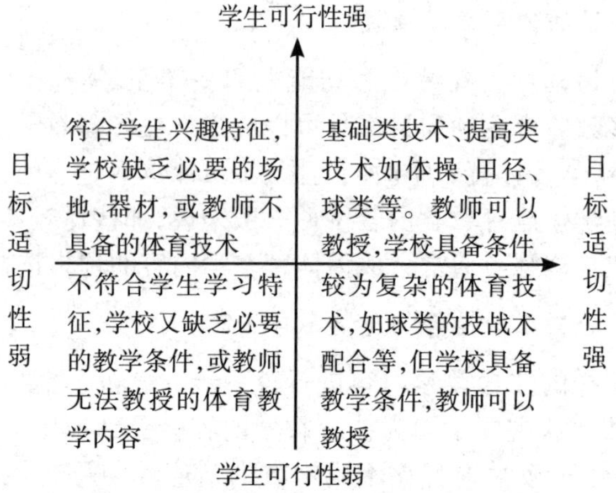

图 4–12

(3)大众可行性

体育教学的一个重要目的是对学生终身体育的培养，因此，这也成为选择体育教学内容的一个重要依据。还要充分意识到体育教学的一个重要目标就是培养学生的终身体育锻炼能力，因此要选择大众流行的体育项目，而且要与学生的生活实际贴近(图 4–13)。

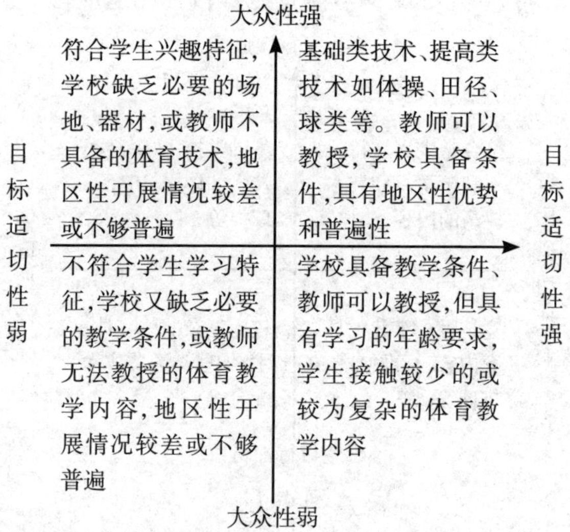

图 4–13

选择的体育教学内容的科学性与合理性，会对体育教学设计的科学性产生直接影响，同时整个学校体育教学效果也会因此而发生变化。因此，一定要重视体育教学内容的科学合理选择，从而保证体育教学的效果是理想的。

（四）选用体育教学内容要考虑的因素

在选择体育教学内容时，要考虑的参考标准主要涉及目标性、科学性、可行性、趣味性与实用性、社会性等方面，以此为依据，可以制定出一个易于操作的教学内容选优的工作程序，这个程序的内容和顺序与上述依据的内容和顺序是对应的。表 4–5 是选用体育教学内容需要考虑的主要因素和操作步骤。

表 4–5　选用体育教学内容的案例

项目例	目标性	科学性	可行性	趣味性与实用性	社会性	选择结果
拳击	×					不选
前空翻	√	×				不选
保龄球	√	√	×			不选
铅球	√	√	√	×		不选
滑冰	√	√	√	√	×	不选
少林拳	√	√	√	√	√	选择
篮球	√	√	√	√	√	选择

通过对上述表格内容的分析、归纳，可以总结出以下几个方面的结论：

（1）目标性是体育教学内容选用的首位标准。

（2）科学性是体育教学内容选用的第二标准。体育健身效果和安全是至关重要的。

（3）可行性是体育教学内容选用的第三标准。这是因为如果缺乏可行性，那么体育教学内容的实际意义便不存在了。

（4）趣味性与实用性是体育教学内容选用的第四标准。如果缺乏实用价值，学生体质增强、健康增进等目标就很难实现，而如果缺乏趣味性，学生参与教学的积极性就会受到影响，所以要将“实用性和趣味性相结合”放在比较重要的位置。

（5）篮球和武术在目标性、科学性、可行性、趣味性与实用性、社会性等方面都具有非常显著的价值,因此,能够成为体育教学内容选用的最佳选择。

三、体育教材化

体育教材化,就是在体育教学目的的指引下,与学生发展的需要相结合,并且在充分考虑体育教学条件的情况下,对体育的素材进行加工,使其成为体育教学内容的过程。[①]

(一)体育教材化的意义

第一,体育教材化,对于体育教学内容的选择有着积极作用,其在选择上与体育教学目标和学生发展需要都是相符的,因此能够避免选择的盲目性和无序性。

第二,体育教材化通过加工,能够使体育的素材与体育教学的需要更加相符,从而使体育素材与体育教学内容之间的差异得到有效的消除。

第三,通过体育教材化将适宜的体育教学内容选择出来之后,还要通过各种操作,使其整体性和系统性得到进一步提升,以此保证体育教学内容应有效果的发挥。

第四,体育教材化使体育教学内容与教学情景和学生之间的关系更加贴合,同时,使体育教学内容更能成为体育教学的生动载体。

(二)体育教材化的层次划分

一般来说,体育教材化的层次有两个方面,具体如下:

1. 编制体育课程标准和编写教科书

这一层次的工作主要是由国家和地方教育行政部门组织专家负责的。具体来说,这个层次包含的工作内容主要有:将所需要的素材从各种身体活动的练习中筛选出来,并做好教材的分类、加工、排列等工作。

2. 把教材变成学生的一部分“学习内容”

这一层次的工作主要由学校的体育教研组或体育教师负责,包含的内容有:将体育课程标准、教科书的要求和规定作为主要参照依据,同时结合学生的具体情况和教学条件,把具有普遍意义的教材变成只针对某

① 毛振明:《高等学校教材:体育教学论》,高等教育出版社,2005年。

一部分群体的教材，赋予其个性化特点。

这两个层次之间的关系如图 4-14 所示。

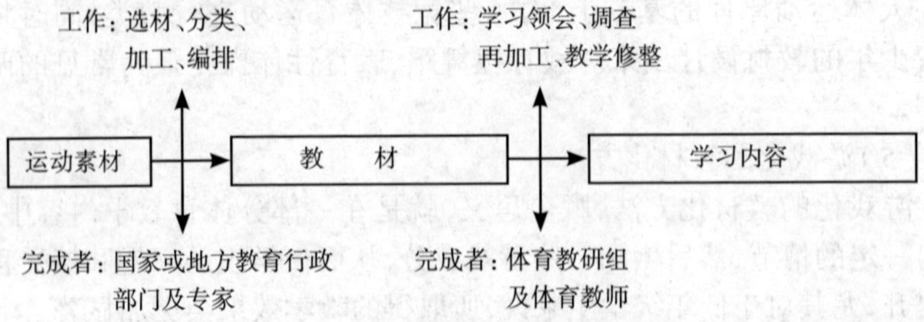

图 4-14

（三）体育教材化的工作内容

一般来说，体育教材化的工作内容主要有四个方面，其中，前两个方面已经在前文中进行了阐述，这里重点对后面两个方面的内容加以分析。

1. 体育教学内容的改造与加工

能够在体育实践中加以应用的教学内容，并不是选择出适宜的内容就可以了，还需要进行一定的加工和改造。具体来说，这一加工和改造的过程中会用到很多种教材化方法，下面就对应用频率较高的几种加以阐述。

（1）简化的教材化方法

简化的教材化方法在体育教学中的应用频率是最高的，具体来说，就是将那些正规且繁琐的竞技运动项目的各个方面都进行简单化，以达到在不影响基本要求的情况下，便于这些运动项目在体育教学中的顺利开展。在体育教学中应用这一方法，能使运动中所涉及的各个方面之间的适应程度更高，教学的具体操作也会更加容易、简便。

（2）文化化的教材化方法

文化化的教材化方法，就是将竞技运动中的文化要素提取出来，并加以强化，从而使学生能够在教学中更加充分地体验到运动文化的情调和氛围。通常，这种方法是作为技能的辅助教学内容被加以运用的，适用于理解能力和体验能力较高的高年级学生。

（3）变形的教材化方法

变形的教材化方法，就是对原有的体育教学内容结构进行大幅度的调整，将其改造成一种新的运动形式，从而使其更好地满足学生和教学需求。

（4）动作教育的教材化方法

这一方法对于低年级的体育基本活动能力的教学是较为适用的，能够在人体运动原理的基础上，对一些竞技体育运动进行归类，同时将针对青少年的教材设计出来。教育性舞蹈、教育性体操是最为常见的两种类型。

（5）游戏化的教材化方法

游戏化的教材化方法，顾名思义，就是在一部分体育教学内容中，摘取出一定的情节，然后增加一些游戏成分，从而使学生的兴趣和接受程度都提升，尤其对于低年级学生来说，所取得的教学效果会更加显著。

2. 体育教学内容媒介化工作

这是体育教材化的最后一部分工作内容，具体是指将选出、编集、加工和改造后的体育教学内容，通过各种方式和途径，使其变成载在某种媒体上的教材形式。

体育教学内容媒介化动作的形式是多种多样的，下面介绍应用频率较高的两种。

（1）多媒体课件

多媒体课件，就是教师根据体育教学的需要，以演示的形式对体育教学内容进行编辑和展示。多媒体课件能成为当前体育教师常用的工具之一，主要是由于其在速度调整、观看细节、多次重复演放以及视觉听觉的艺术效果等方面具有高出传统教学方法的显著优势。

（2）体育学习卡片

体育教材化的另一种媒体化形式，就是体育学习卡片，其在体育教学中是作为一种辅助性的形式存在和使用的。

体育学习卡片的运动形式会随着其作用和运用目的的不同而发生相应的转变。体育学习卡片的作用归纳起来主要有：向学生提供学习信息；促进学生对问题的思考能力的提升；为学生的互相交流提供帮助；帮助学生做好自我评价，促进师生交流；促进学生自学。

第四节 体育教学内容发展现状与改革创新

一、体育教学内容的总体发展现状

体育教学内容伴随着体育教学的产生与发展，至今已经取得了一定的发展成效，同时也体现出了一些不足，从总体上来说，其发展状况可以大致归纳为以下几点：

(1)从数量上来说，体育教学内容的项目呈现出逐渐精简的发展态势，难度不断提升，体育运动中所涉及的技术含量越来越高，这就对体育教师提出了更高的要求，高专业水平和高素质成为普遍要求。

(2)从包含的因素上来说，体育教学内容中所涉及的娱乐因素的分量越来越少，同时，练习程度呈增加趋势。

(3)从内容成分上来说，竞技体育的发展势头非常强劲，在整个世界中的发展都非常理想，同时也积极走向学校，取代了传统的体育教学内容，成为体育教学内容的主体部分。

二、体育教学内容发展过程中存在的问题

(一)体育教学内容繁杂

通过调查发现，我国目前的体育教学内容存在繁多且较为杂乱的基本问题，尽管这些教学内容的主要目的在于促进学生全面发展，但是在具体的操作性和可行性上都较为欠缺，最终导致教学效果并没有预期的那么理想。

(二)体育教学知识不够全面

体育教学中，应该包含全面的知识内容，理论知识与实践知识都要包含其中，对于此，体育教学指导大纲有明确的规定。通常，体育理论知识主要有：奥运知识、体育道德风尚、体育人文精神、体育化欣赏、体育健康等。但是，当前很多学校的体育教学在理论知识方面还没有形成体系，并且有些知识还没有被纳入到体育教学内容中，比如体育健康知识，这就导致体育教学内容在知识面上缺乏全面性。这也使学生对体育教学知识的

认识也做不到全面，从而导致学生通过现代媒介了解的体育知识与课堂教学内容形成反差，使其在学习体育知识的兴趣与信心方面有所缺失。因此，在选择学校体育教学内容时，那些能够使学生清楚地了解体育基本理论、体育概念与本质的内容要作为重点选择对象。

现有的体育理论知识体系的完善程度还比较低，无法与社会发展的要求相适应。学生虽然在体育教学过程中一心学习体育技能，但在为何学习、对自己有什么意义方面却知之甚少，这就导致其自觉参与到体育教学的其他活动中的积极性与主动性降低。

（三）体育教材内容偏向形式

体育教材内容涉及的范围比较广，其中，主要内容之一是传习运动技艺，但如果对这方面过分强调，而忽视了理论知识的学习，就会使教师在对教材进行选择时产生误导，导致所选择的教材的内容也是片面的，对运动的外在表现形式过分注重，这些内容在应用之后所取得的教学效果是大打折扣的，对于学生终身体育锻炼能力的培养是会产生不利影响的。

（四）体育教学内容体系过于陈旧和单一

一直以来，我国的学校体育教学注重的是整个内容体系的完整性，也正是由于对完整性的过于重视，使得体育教学内容的其他特性被忽视，比如时代性与前瞻性，这就导致之前那些陈旧的体育教学内容体系，已经不能与现代社会的发展、学校体育教学需求以及学生特点相适应了，是需要进行改革和创新的。

当前，越来越多的具有健身和娱乐成分的体育教学内容被重视和凸显出来，并且占据了主要的地位，这一点与社会实际是相符的，但是，一些传统的教学思想对此产生了一定的限制作用，制约了教学内容的改变性和开放性特点的显现，再加上体育教师在教学实践中重新选择教学内容基本不可能实现，进而使得学生喜欢的、渴望参加的内容似乎不能成为学校课堂的教学内容。

三、体育教学内容的发展趋势

（一）将终身体育目标要求纳入考虑范围

学校体育，对于学生终身体育观念的建立和形成能起到重要的促进作用。学生在学校体育教学过程中所需要用到的知识、技能以及态度，都会在很大程度上决定着终身体育目标能否达成。这也促使体育教学内容中一定要具备较为显著的健身性、运动文化传递性与娱乐性特点。因此，终身体育目标成为重要的考虑因素之一。

（二）学生价值主体受重视程度提升

学生在体育教学中处于主体地位，因此，体育教学内容的选择与应用，也必然要针对学生的特点和需求进行，这一因素是非常重要的。同时，体育教学内容的选择是需要经过一定的程序才能实现的，有一定的过程性。传统的体育教学大纲中，往往更注重教师的教，而忽视学生的学的重要性。随着体育教学改革的进行，越来越多的人开始重视学生对体育教学内容的价值取向，因此，在选择和应用体育教学内容方面提升对学生主体价值的重视程度是一种必然。

（三）教学主体发展的全面性备受重视

当前，体育教学的目标不仅是促进学生身心健康，还要保证其各方面素质发展的全面性。

新的教学改革大纲出台之后，素质教育成为学校教育的主旋律，因此，促进学生素质的全面发展和提升是学校近阶段的主要责任。鉴于此，在选择与确定体育教学内容时，一定要注意与素质教育的要求必须是相符的。

（四）民族特色项目逐渐被纳入到教学内容中

当前，学校体育教学内容中，绝大部分是具有现代意义的运动项目，这些运动项目通常具有显著的趣味性和新奇性特点，但是，我国具有民族特色的民族传统体育运动也是我国体育运动的重要内容之一，不乏民族性、文化性等显著特点，对于学生爱国精神的培育是非常有帮助的，这就要求将更多适宜的民族特色项目纳入到体育教学内容中，进一步充实和丰富体育教学内容。

四、体育教学内容的改革创新措施

针对目前体育教学内容的发展状况以及存在的问题，充分结合其未来的发展趋势，特从以下几个方面着手来对此进行改革创新，以促进体育教学内容的更加完善。

（一）将健康教育适当加入教学内容

学校体育教学的开展，一个根本性目的就是增强学生体质，提升学生身心健康水平，因此，健康教育是体育教学的重要内容，是不可或缺的。当前，学校的体育教学内容中，所涉及的主要知识以体育的相关理论知识和体育运动项目的技能知识等为主，健康教育的相关内容涉及非常少，应适当增加这部分内容，以提升学校、教师以及学生对健康的重视和树立正确的健康观。

（二）通过调整满足学生需求

由于学生是不断变化的主体，其对体育教学的需求也是不断变化着的，因此，为满足学生不断变化着的需求，体育教学内容也要不断进行相应调整，使其能一直较好地满足学生需求。比如，可以增加健美、舞蹈、轮滑等一些有趣的体育运动项目，将那些竞技性过强而趣味性较差的项目逐渐替换掉，使体育教学与学生的生活实际更贴近。

（三）重视体育教学过程的监控与评价

学生对于体育教学内容，有一些是喜欢的，有一些则是不喜欢的，这与教学内容本身有关，同时，教学方法枯燥呆板、教学环境沉闷消极等也是导致这一问题的主要原因。所以，学校必须严格监控体育教学过程中的诸因素，客观评价各教学要素，使上述问题尽可能得到规避。

（四）增加体育教学内容的弹性

对以往规定过于死板的体育教学内容加以逐步改变，不断扩大体育教学内容的弹性，促使选择和设计出的体育教学内容能够帮助地方和学校体育教师具有更多的灵活性。

（五）科学合理地开发体育教材

学校可以在充分了解本地区的实际情况的基础上，与之相结合，在体育学科的具体特点以及体育项目等基础上进行校本教材与教学内容的开发，在体育课堂教学、体育大课间、课外锻炼等方面也应大展身手，国家、地方与学校都应该大力提倡有效合理利用各种教学资源。

第五章　创新教育背景下体育教学模式的发展优化

体育教学模式，也是体育教学的重要组成部分，在体育教学中是不可替代的，作用显著。可以说，体育教学模式的发展状况会影响到体育教学的整体发展。在创新教育的背景下，体育教学模式也要有所发展和创新，才能与现代体育教学的发展相适应。本章首先对体育教学模式的基本理论、常见的几种体育教学模式进行阐述，在此基础上，归纳总结出体育教学模式的未来发展走向，并以此为依据，提出了体育教学模式优化创新的策略。由此，能对创新教育背景下体育教学模式的发展状况有全面的了解和认识。

第一节　体育教学模式概述

一、体育教学模式的概念

（一）不同学者对体育教学模式的定义

关于体育教学模式的概念，我国诸多专家与学者都提出了各自的观点。较为具有代表性的有以下几种：

方建新、俞小珍认为体育教学模式为："体育教学模式是在一定的体育教学思想指导下，具有一定典型意义而相对稳定的课堂教学结构。它是一种可遵循的标准样式和标准结构。"

杨楠在体育教学模式方面的观点为："体现某种教学思想或规律的体育活动的策略和方式，它包括相对稳定的教学群体和教材、相对独特的教学过程和相应的教学方法体系。"

毛振明对体育教学模式的理解为："按照一定的体育教学理论或教

学思想设计，具有相应结构和功能的体育教学理论或教学活动模型。”

（二）体育教学模式概念的界定

由于体育教学模式的概念还没有统一，因此，这里将上述观点进行分析、归纳和总结，最终将体育教学模式的概念界定为“具有特定的体育教学思想，为完成体育教学单元目标而设计的相对稳定的教学程序”。

完整的体育教学模式的结构图如图 5-1 所示。

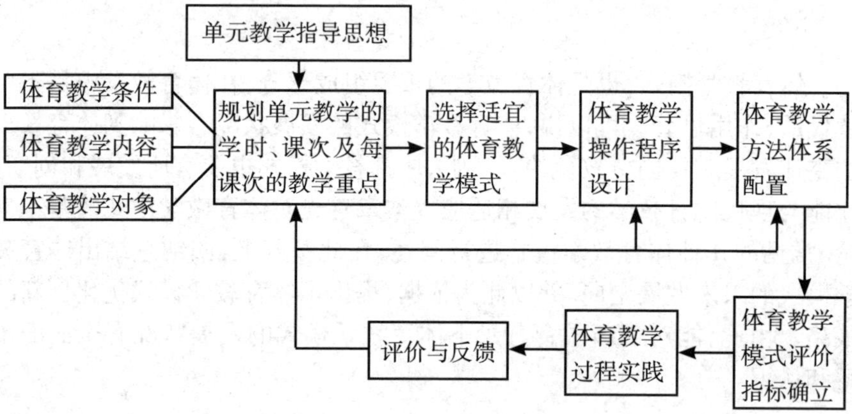

图 5-1

二、体育教学模式的构成要素

体育教学模式的构成要素有很多，这些要素之间相互联系、相互影响，单个构成要素会对其他构成要素以及体育教学模式的整体产生相应的影响。体育教学模式的构成要素中，较为主要的有以下几个：

（一）体育教学思想

体育教学模式的众多构成要素中，体育教学思想处于重要的思想基础的地位。具体来说，即体育教学模式的成功构建，是在一定的理论知识的科学指导下进行的。同时，在不同理论的指导下所构建的体育教学模式也存在着较大的差异。

（二）体育教学目标

体育教学目标在体育教学模式中也是非常重要的，其意义主要体现在体育教学质量的提高方面，通常情况下，一个合理、准确的教学目标能引领体育教学正确的发展方向。科学构建体育教学模式、在体育课堂上合理选用教学模式以及着手对教学模式的改革创新，目的都是顺利推进教学计划，实现预期的教学目标，达到良好的教学效果。倘若教学目标不明确或者教学目标不现实，那么体育教学模式的构建与实施将毫无意义，而且也没有必要进行教学模式的革新。如果缺少体育教学目标，那么体育教学模式也就没有存在的价值和必要性了。体育教学模式的效果如何，主要看学生通过体育学习得到的收获有什么变化，体育教师会预先设想这种变化，也就是心中会有一个基本的目标，然后在课堂教学中通过实施体育教学模式来达到心中的目标，使学生通过每节体育课的学习都能有所收获，掌握知识，提高技能，增强体质。[①] 体育课堂教学的组织实施不是盲目的，每节课都有一个基本的主题，教师要围绕这个主题组织课堂教学，该主题的具体表现形式是课堂教学目标。在体育教学模式中居于核心地位的教学目标因素必然会对其他非核心因素产生巨大的影响。

（三）操作程序

无论什么类型学科的教学活动，都需要按照各自的操作程序进行，具体来说，就是按照科学合理的步骤进行，这样能使教学活动顺利开展，使教学效果得到有效保证。在体育教学过程中，教师会合理安排与衔接好每个教学环节，各环节的教学工作不仅在时间上是连贯的，而且内在逻辑也是清晰的，这就体现了体育教学模式操作程序的合理性。在体育教学中采用不同的教学模式，需按不同的步骤和程序来开展具体的教学工作，要注意不同教学模式对应的操作程序的区别。这里要强调一点，虽然每个教学模式的实施程序基本稳定，但也不能完全不顾教学实际而生搬硬套，要结合实际灵活调整个别环节，否则将无法发挥教学模式的作用。

（四）实现条件

采用任何一种体育教学模式，都必须通过具体的教学方法和手段来予以落实，在教学模式的操作过程中，各环节都会用到一种或多种教学方法与手段，这样才能保证教学模式的真正落实，而这些具体的教学策略、方法与手段就是体育教学模式的实现条件，它们也是推进操作程序的具体路径。体育教学模式的操作程序为体育教师选用教学方法提供了方向，

---

① 龚坚：《现代体育教学论》，西南师范大学出版社，2009年。

避免了体育教师面对丰富多彩的体育教学方法而不知如何筛选或盲目筛选的现象。

体育教学模式的实现条件包含以下内容：

第一，物力条件，具体指体育教学的基础设施。

第二，人力条件，具体指体育教学的两大主体，一是教师，二是学生。

第三，动力条件，具体指体育教学内容、体育教学空间、体育教学时间。

（五）评价方式

体育教学模式的构建、实施、革新都是为实现预期的体育教学目标而服务的，体育教学目标分多个层次，不同的教学模式可实现不同的教学目标，选择何种教学模式来进行体育课堂教学，要视体育教学目标的层次、类型及具体内容而定，选择不同的教学模式，就要按不同的教学程序来开展各环节的教学工作，且要创造不同的教学条件。为判断体育教学模式的有效性，需加强对各模式的科学评价，以了解通过采用教学模式而达到的教学效果与预期教学目标之间有哪些差距。在体育教学模式评价工作的开展中，确认评价标准和选择评价方法是非常重要的两项工作，评价标准与方法的设定与选择要视具体的体育教学模式而定，不能将一套评价标准或一种评价方法用于对各种体育教学模式的评价，否则体育教学模式的评价结果将会失去可信性，无法说服他人。

三、体育教学模式的基本特征

（一）整体性特征

在体育教学过程中，体育教学模式所涵盖的内容与体育教学论体系的基本内容是基本相同的，主要包括以下两大方面的内容：

第一，明确规定体育教学主客体及其他教学因素在体育教学体系中所处的地位及发挥的作用。

第二，说明哪些因素对体育教学活动的实施及最终效果有影响，阐释这些影响因素的基本理论及其对教学效果的具体影响，其中比较重要的影响因素有教学物质环境、教学时空环境、师生关系等内隐性的教学因素。

鉴于体育教学模式的内容与体育教学论体系的内容存在密切的关系，所以学术界也常常用“体育微型教学论”来解释体育教学模式。

体育教学模式具有整体性特征，该特征要求体育教师在充分考虑以下几个要点的基础上灵活选择最适宜的体育教学模式,以确保体育教学的系统性。

第一,体育教学模式的实施效果受体育教师自身教学素养、学生学习特征及课堂教学内容等多方面因素的影响,要全面把握这些影响因素,整体优化这些因素,发挥积极因素的促进作用,消除消极因素的不利影响。

第二,体育课堂教学效果的影响因素有主次之分,上面所说的教师自身素养、学生学习特征以及教学内容等因素属于主要因素,除此之外还有一些影响相对较小的次要因素,如气候、教学空间、授课形式等,这些虽然是次要因素,但也不能忽视它们在体育教学模式实施中产生的影响,体育教师必须综合把握这些因素,并了解主次因素的内在联系及各要素之间的逻辑关系,从而在优化主要因素的基础上同时优化各项次要因素,确保主次因素的衔接性、配合性,在整体上为体育教学模式的实践操作提供保障。

需要说明的是,不能将体育教学模式的整体性特征理解为各种因素、多个环节的简单相加,这些因素之间、各环节之间的内在关系值得深思与探究,要促进各要素的优化组合,有序推进各个环节,使前面工作环节的落实能够为后面环节的实践操作提供便利,实现各环节的有效衔接。

(二)针对性特征

体育教学模式的建立并不是随意而为的,而是针对一定的事物进行的,所针对的内容主要有以下几点:

第一,某个具体的体育教学问题。

第二,丰富多彩的体育教学内容。

第三,个性明显的体育教学对象。

第四,复杂多样的体育教学环境。

体育教学模式的针对性特征说明没有一种体育教学模式是万能的,是可以适用于所有体育教学的,即使将某种教学模式用于所有体育课,并按照操作程序一一实践,教学效果很有可能与预期的目标有差距。不同的体育教学模式都有自己的独特性,有自己的优势和不足的地方,有适合自己发挥价值的空间,有自己适用的对象和时空范围,只有根据教学实际灵活选择最合适的教学模式,该模式才能真正在自己的专业领域最大程度地发挥自己的优势,实现自己的真正价值。

传统体育教学模式中,学生被动学习,甚至是被强制学习,学生的主体性和主体地位不受重视,主观性得不到发挥,课堂体验很差,更不可能快乐地投入到体育学习中,最终教学效果与预期的教学目标相差甚远。学生在体育课上有不愉快的课堂体验,必然影响体育教学的顺利进行,影响教学目标在预期时间内的实现,为解决这一问题,快乐体育教学模式应运而生。但不是所有的体育课都适合采用快乐体育教学模式来调动课堂气氛,强化学生的快乐体验,这一模式的适用范围是有限的。如果教学内容较为简单,则适合采用该教学模式,而如果要教的内容难度大,较为复杂,采用该方法反而会弄巧成拙,使学生无法把握重点,影响教学效果。即使是最普通的体育教学模式,也并非可以用在任何教学内容的实施中,并促进任何教学目标的顺利实现。

(三)优效性特征

构建体育教学模式必须遵循一定的理论基础,并要求贯彻一些原则,遵守基本的要求,可见完善模式构建理论对推进模式构建的实践操作具有非常重要的指导意义。除了要完善相关理论知识外,还要将每一种模式都运用到实践中来检验模式的科学性、有效性,及时发现模式的问题,然后再在科学理论的指导下优化与完善教学模式,只有不断实践,不断完善,才能更好地发挥各种模式的作用,通过实施最优化的教学模式,提高体育教学效率,减少教学资源的浪费。

(四)可操作性特征

可操作性是体育教学模式的基本特征之一,其具体包含以下两个方面的含义:

第一,体育教师可根据教学内容、教学环境、教学对象的特点及其他教学实际情况、教学因素而选择合适的体育教学模式运用到课堂教学中,可见体育教学模式是具体可操作的,而非抽象不可操作。构建体育教学模式以基本的教学理论为指导,将教学理论转化为可操作的程序,然后在具体教学活动中转变为一个个可具体操作的实践环节,从而推动教学活动的顺利进行。体育教学模式的实践性很强,可以说是体育教学实践的一个缩影。体育教学模式的操作环节是环环相扣的,相邻环节之间的逻辑性非常强,整个模式结构严谨,思维缜密,有效实施各个环节,将操作程序落实到位,可大大增强体育教学的逻辑性,有条不紊地促进体育教学的发展。

第二,体育教学具有特殊性,影响因素多样化、复杂化,教学活动实践性强,为了避免不受精确控制的众多复杂教学因素对教学活动造成消极影响，有必要构建具有稳定性的教学模式，通过实施教学模式中稳定性强的各个教学环节来落实教学工作，达到预期的教学目标。

（五）简洁概括性特征

体育教学模式的操作程序是由一个个紧密衔接的教学环节组成的，它与体育教学活动并不是重复的，或者说不能将体育教学模式看成是体育教学实践活动的“复写”。体育教学模式和体育教学活动相比更加简洁明了，概括性很强，而且它仅仅保留了体育教学活动的主要因素，省去了次要因素，操作起来更为简便。

体育教学模式可以反映体育教学活动，而且其从理论与实践两个层面上的反映都具有简明系统性特征，可以看作是体育教学理论的浓缩和体育教学实践的精简形式。开展体育教学活动，要先明确有哪些具体的操作环节，可以将这些环节联系起来构建教学模式，从而简单明了地开展体育教学活动。

下面具体从三个方面来阐释体育教学模式的简洁概括性特征，从而进一步理解体育教学模式与体育教学活动的关系。

首先是表现形式的概括性，如线条表现形式、图表表现形式、符号表现形式等，也即用较少的笔墨，少许的线条、符号或图表就能够将整个教学模式大致反映出来。

其次是表现内容的概括性，如将体育教学活动的主要理论或实践环节提炼出来，浓缩成一个新的系统程序，然后用新的程序去落实教学内容。

最后是表现种类的概括性，不同层次的教学目标可通过不同的教学模式来实现，某一层次教学目标对应的教学模式可能不只一种，以此为依据可将能够促进同一层次教学目标实现的教学模式划分为一种类型，从而运用此类教学模式来更好地实现特定层次的体育教学目标。这也便于体育教师快速筛选出适宜的体育教学模式，通过有序实施模式的程序来达到预期的课堂教学目标，也有助于提高体育教师的工作效率，提高体育课堂教学效率，避免浪费课堂时间和体育教学资源，使学生能够在时间有限的体育课上学习和掌握更多的体育知识与技能。

四、体育教学模式的分类

（一）按体育教学本质特征的分类

体育教学活动的本质特征是“运动技术的学练”，依据这一特征，并结合“二分法”原理，可以将体育教学模式划分为如图 5-2 所示的两大类型。

- 体育教学模式的分类
  - 运动技能类教学模式
    - 传统运动技能教学模式：运动技术程序式教学模式
    - 启发式体育教学模式：在学习运动技术前置疑问，创造有意义学习
    - 领会式教学模式：先尝试比赛，体会学习运动技术的意义，后进行运动技术学习
    - 选择性式教学模式：让学生参与运动技术的选择和深入学习
    - 小群体教学模式：利用集体中学生间的互动更好地学习技术
    - 成功体育教学模式：设置不同的技术难度要求，使学生有针对性地选择运动技术
  - 非运动技能类教学模式（介绍或尝试类教学模式）
    - 快乐体育教学模式
    - 体育锻炼类教学模式
    - 情景式教学模式
    - 发展学生主动性教学模式
    - （在运动技能要求较低的情况下初步尝试与体验运动情感）

图 5-2

（二）按体育教学要素的分类

按照体育教学的不同要素，可以将体育教学模式划分为多种不同的类型，这方面具有代表性的学者及分类情况见表 5-1。

表 5-1　体育教学模式分类

学者	分类依据	类型
胡庆山	教育理论	发现学习教学模式
		掌握学习教学模式
		俱乐部型教学模式

续表

学者	分类依据	类型
	教学目标	以掌握“三基”为主的教学模式
		以激发学生运动兴趣为主的教学模式
		以培养学生运动能力为主的教学模式
		以丰富学生情感体验为主的教学模式
	教学方法	运用现代教学技术的学习模式
		传授—接受教学模式
		自主学习模式
		策略学习模式
		情景教学模式
		交互式教学模式
	教学组织形式	集体学习模式
		合作学习模式
		个别化学习模式
		课内课外一体化教学模式
		俱乐部型教学模式
邹师	教育理论	现代教育理论模式
		心理学理论模式
		系统科学理论模式
		社会学理论模式
		素质教育理论模式
	教学目标	掌握技能教学模式
		提高素质教学模式
		激发学生学习兴趣的教学模式
		培养学生学习能力的教学模式
		自我健身体验乐趣教学模式
	教学方法	运用现代教学技术的学习模式
		自主学习模式
		策略学习模式
		交互式学习模式

续表

学者	分类依据	类型
		讨论式教学模式
		情景式教学模式
	教学组织形式	技术辅导教学模式
		集体学习模式
		个别化学习模式
		合作式学习模式
		课内外一体化教学模式
		俱乐部式教学模式
	课的类型	理论课学习模式
		素质课学习模式
		新授课学习模式
		复习课学习模式
		考试课学习模式

（三）按体育教学多元目标的分类

根据体育教学具有不同功能这一重要依据，可以将体育教学目标分为身体健康目标、心理健康目标、社会适应能力目标、运动参与目标以及运动技能目标这五个方面。基于这五大目标，可以将体育教学模式划分为三种类型，具体见图 5-3。

五、体育教学模式的功能

（一）简化功能

体育教学活动所具有的特殊性和复杂性特征是非常显著的，这就要求人们的思辨和文字的处理方式要合理，同时还需要借助其他一些简单明了的手段，这样才能使理想的处理效果得到保证。

体育教学模式首先在结构上是完整的，机制上是系统的，可操作性也是非常强的。相较于抽象的理论来说，体育教学模式在具体化、简化方面的特征也是较为显著的，与教学实际的贴合程度更高。同时，体育教学模式还能为体育教师提供基本操作框架，使教师在具体的教学程序方面有更加明确和清晰的认识,因此较容易被教师理解、选用、操作与认可,受到教师的支持和欢迎。

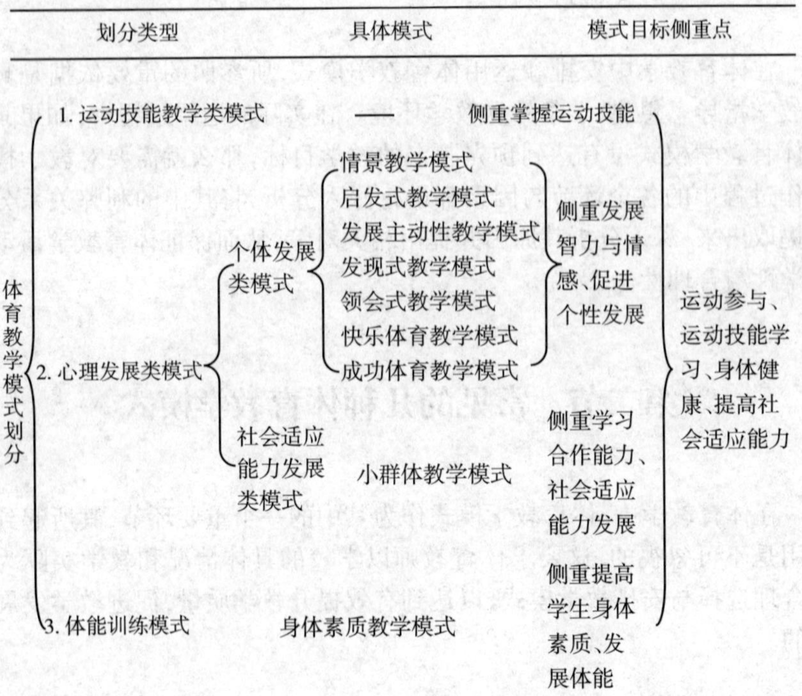

图 5–3

(二)预测功能

体育教学模式在体育教学中实施所应该具备的重要基础和前提条件为体育教学活动中的内在规律与逻辑关系,这对于准确地对体育教学进程和结果作出判断会产生积极影响。

通常,体育教学模式的预测功能体现在以下两方面:

第一,未达到预期的教学目标,则实际与预测存在差距,需要调整教学活动。

第二,达到预期的教学目标,则实际与预测相吻合,证明理论与实践相统一。

(三)解释功能

体育教学模式的解释与启发功能也是较为显著的,具体来说,就是将较为复杂的现象，通过解释，使其变得通俗易懂、简单明了。

(四)调节与反馈功能

在体育教学中安排和运用体育教学模式，所参照的重要依据是具体的教学指导思想、教学条件和教学环境。在实际的运用过程中，如果某一种体育教学模式没有达到预先制定的教学目标，那么就需要对教学模式操作过程中的各个环节与因素都进行深入分析，将其中的利弊关系分析并提取出来，深入分析其原因并提出相关对策，从而保证体育教学活动的科学性与合理性。

第二节　常见的几种体育教学模式

在体育教学中，体育教学模式作为其中的一个重要环节，其所起到的作用是不可忽视的，这要求体育教师以学校的具体情况和教学实际为依据合理选择与安排教学模式，以达到有效提升教学质量，促进教学发展的目的。

一、传统体育教学模式

(一)传统体育教学模式的概念

传统体育教学模式，具体来说，就是教师在运动技能教育观的指导下，从运动技能形成规律出发设计体育教学程序的一种教学模式。

(二)传统体育教学模式的实操环节

将运动技能传授模式运用到体育教学中，所参照的简易教学程序如图 5-4 所示。

体育教学模式随着体育教学一同发展、创新的过程中，也带动了运动技能传授模式的改革、发展，较为典型的有“师生合作式”“教师辅助式”等，它们在体育教学中应用的教学程序分别如图 5-5 和图 5-6 所示。

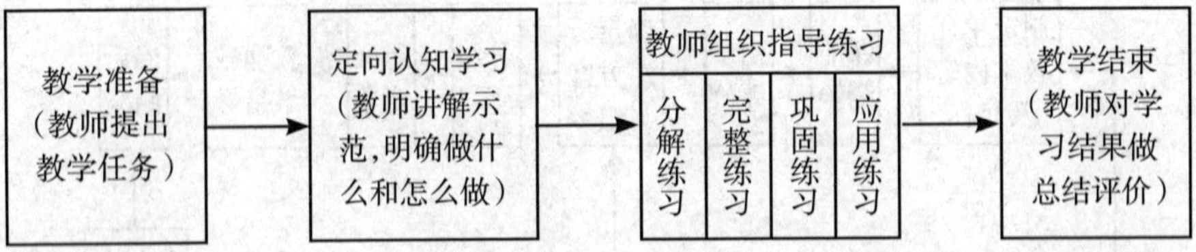

图 5-4

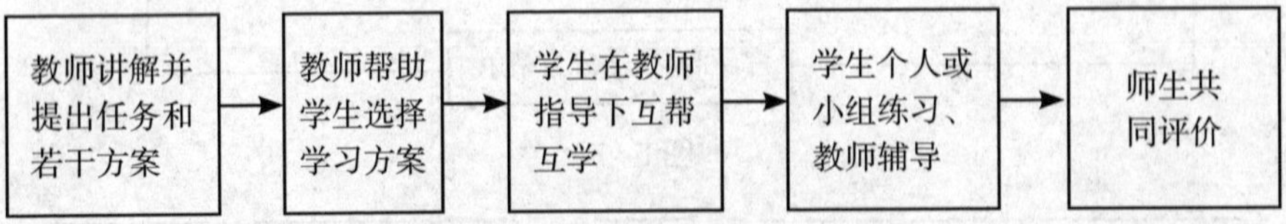

图 5-5

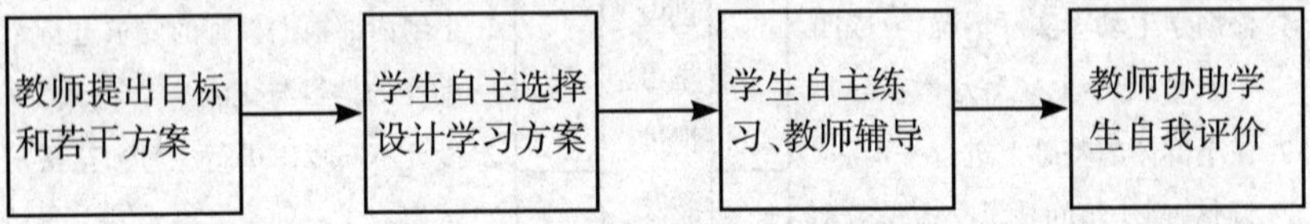

图 5-6

二、小群体体育教学模式

（一）小群体体育教学模式的概念

小群体体育教学模式，简单来说，就是以小群体的形式来进行教学。具体来说，学习小群体的划分依据主要为某些共性和特殊性的联系，这种模式使学生在“互动、互助、互争”的学习活动中获得知识与技能、树立集体主义精神、陶冶性情及完善人格。

（二）小群体体育教学模式的实操环节

小群体体育教学模式的操作程序如图 5-7 所示。

这一教学模式在体能教学中的应用较为广泛。以“鱼跃前滚翻”动作的教学为例，教师在教学过程中对学生的协作能力进行培养时，采用这一教学模式，往往能取得理想的教学成效。具体实践操作的流程如图 5-8 所示。

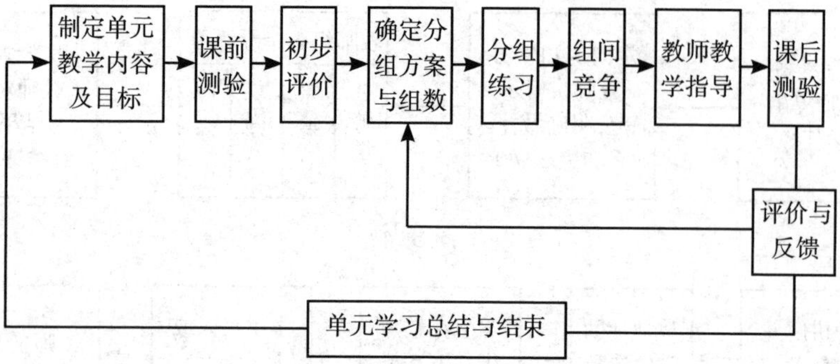

图 5–7

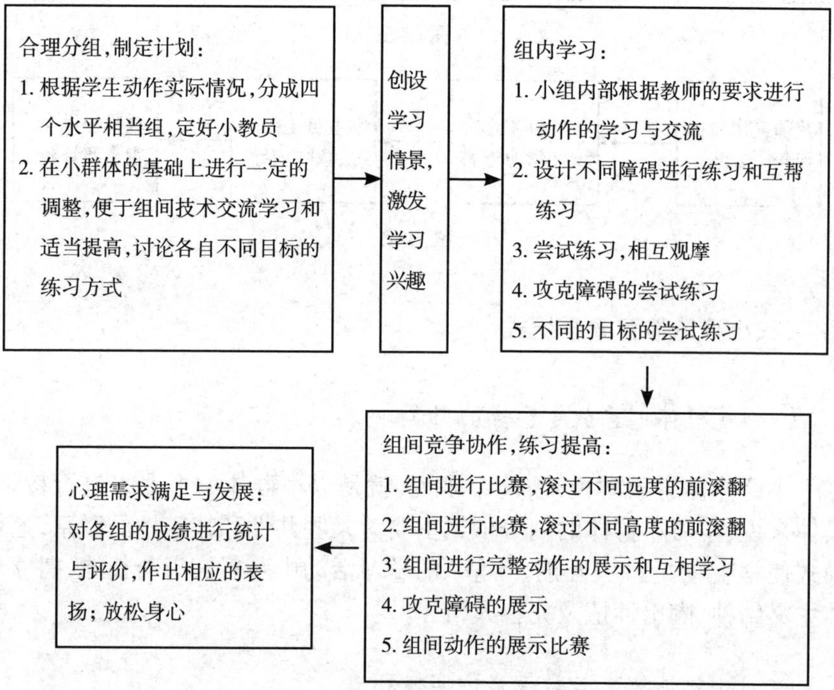

图 5–8

三、主动性体育教学模式

(一)主动性体育教学的概念

发展学生主动性的体育教学模式,实际上就是一种促进学生自主性和积极性的教学模式,这种教学模式需要教师创造一定的条件才能实现。

（二）主动性体育教学模式的实操环节

主动性体育教学模式的基本操作程序如图 5-9 所示。

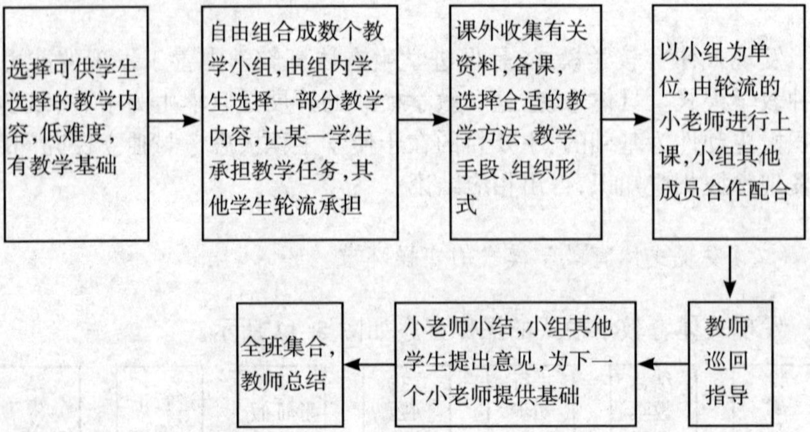

图 5-9

例如，在田径跳远课上进行“蹲踞式跳远”教学时，可采用该模式对学生学习的主动性进行培养，运用发展学生主动性教学模式的具体实践操作流程如图 5-10 所示。

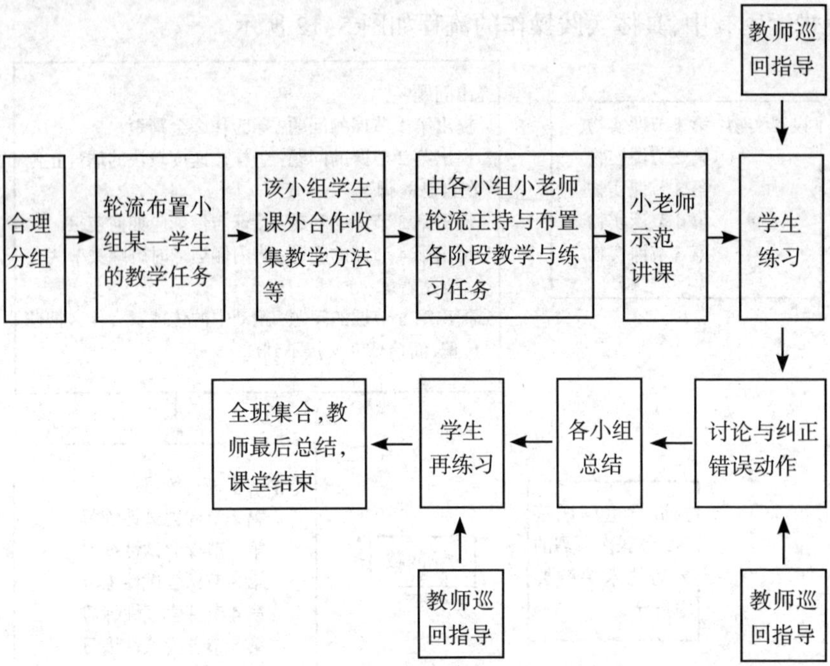

图 5-10

四、发现式体育教学模式

（一）发现式体育模式的概念

发现式体育教学模式，是促进学生在体育教学中善于发现的能力的一种教学模式。具体来说，这一教学模式的开展是以学生为中心、以学生的积极主动性为基础的，主要目的在于使学生积极思考与独立探究问题，并发现掌握相应知识，得出相应结论。

（二）发现式体育教学模式的实操环节

发现式体育教学模式的操作程序如图 5-11 所示。

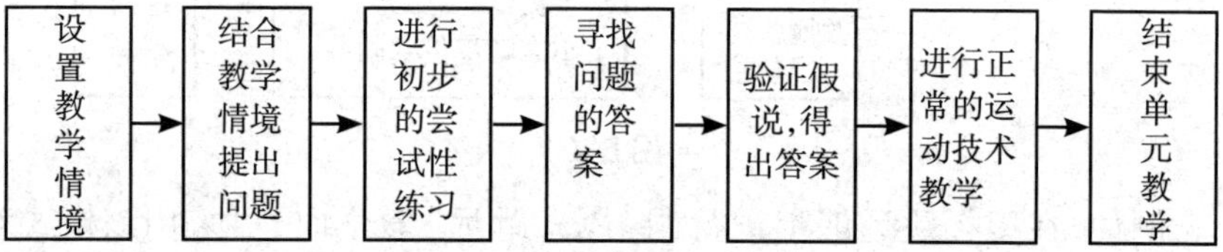

图 5-11

例如，在足球课教学中传授“行进间脚内侧传接球”技术时，可将该模式运用其中，具体实践操作的流程如图 5-12 所示。

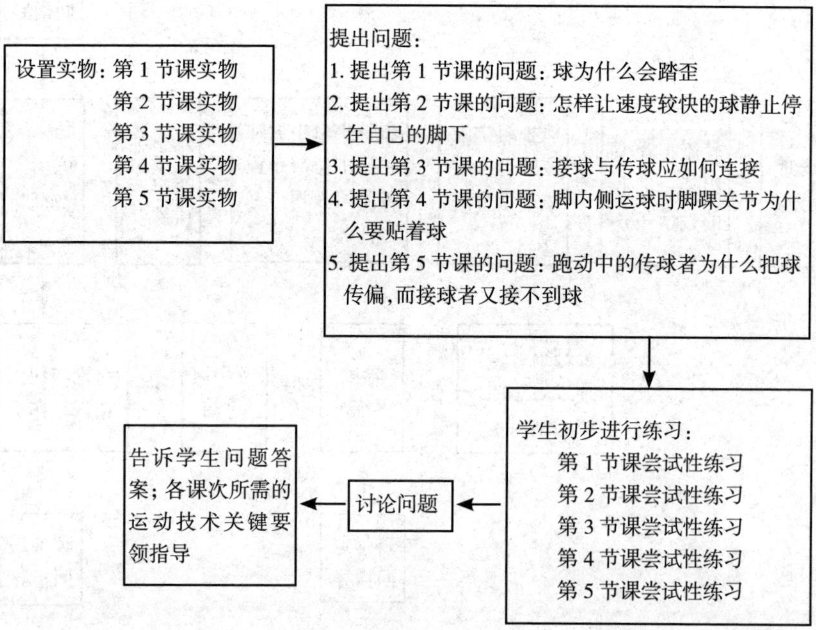

图 5-12

再如，在“跨栏跑”教学中为了对学生的探索意识与能力进行培养，可采用该教学模式，具体实践操作的流程如图 5-13 所示。

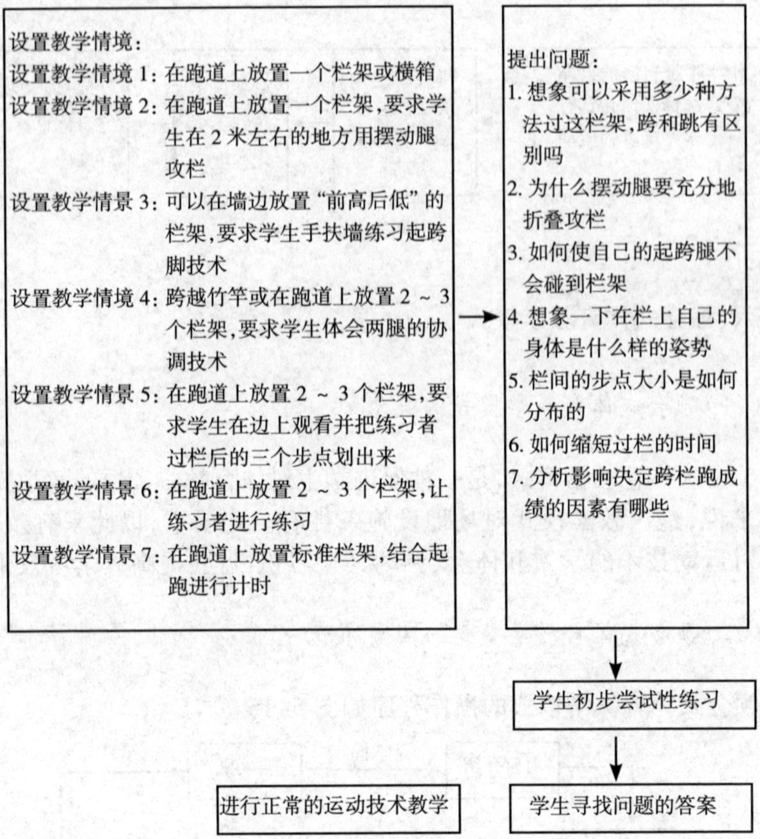

图 5-13

五、选择式体育教学模式

（一）选择式体育教学模式的概念

体育教学中让学生自主选择学习内容、安排学习进度、查找参考资料等，从而培养学生的学习积极性，提高学生主动学习意识与能力的教学模式，就是选择式体育教学模式。

（二）选择式体育教学模式的实操环节

选择式体育教学模式的操作程序如图 5-14 所示。

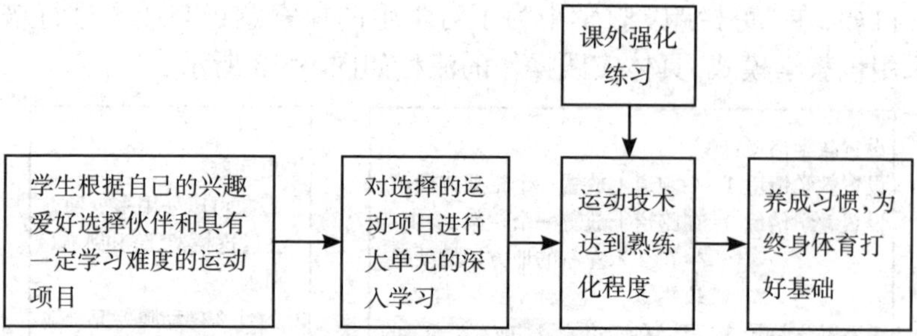

图 5-14

六、领会式体育教学模式

（一）领会式体育教学模式的概念

领会式体育教学模式，是一种促进学生对体育学习领悟的教学模式，具体来说，这一教学模式对场地设施条件有一定要求，以此来有效保证学生对运动技术的学习和体会，调动其学习积极性，提高其学习效果。

（二）领会式体育教学模式的实操环节

领会式体育教学模式的操作程序如图 5-15。

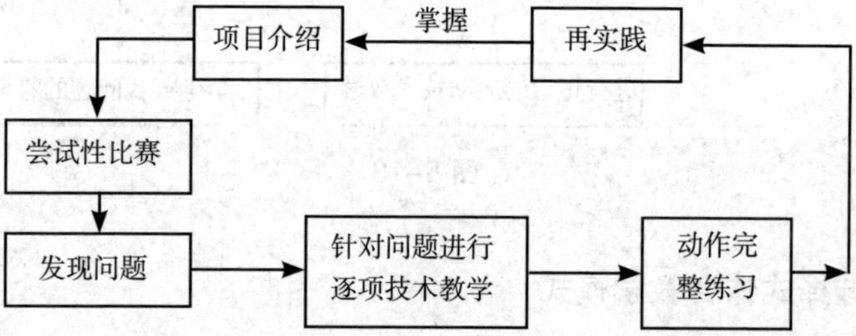

图 5-15

例如，在篮球课上传授“行进间运球上篮”技术时，可实施该模式，具体实践操作的流程如图 5-16 所示。

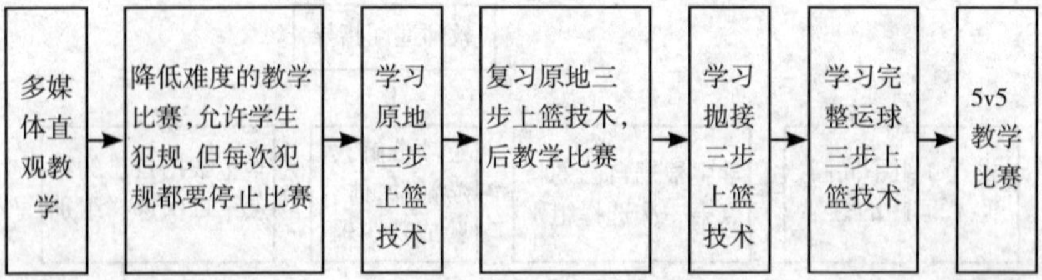

图 5-16

七、成功式体育教学模式

（一）成功式体育教学模式的概念

成功式体育教学模式，是指让学生通过体验成功进行学习而采用的一种教学模式，具体来说，这种教学模式的运用，首先需要教师发挥出积极的指导作用，引导学生自己去设计适合自己学习能力的学习目标，并且帮助学生通过努力学习来达成目标，这对于学生树立自信，体验成功，进而完成更高层次的目标是非常有帮助的。

（二）成功式体育教学模式的实操环节

成功式体育教学模式在体育教学实践中的具体操作程序如图 5-17 所示。

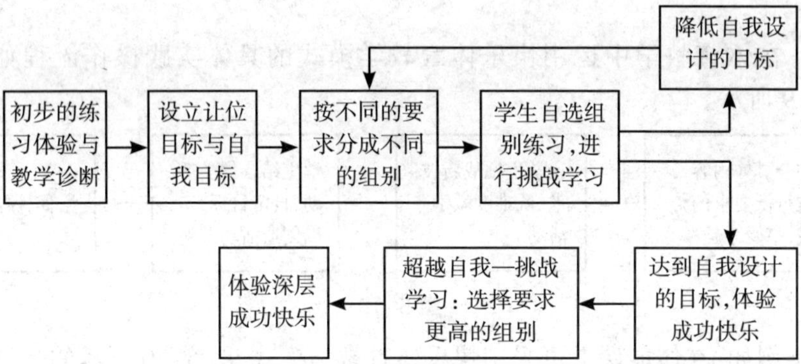

图 5-17

例如，在“田径跨栏跑”教学中为提高教学效果，可采用该模式，操作流程如图 5-18 所示。

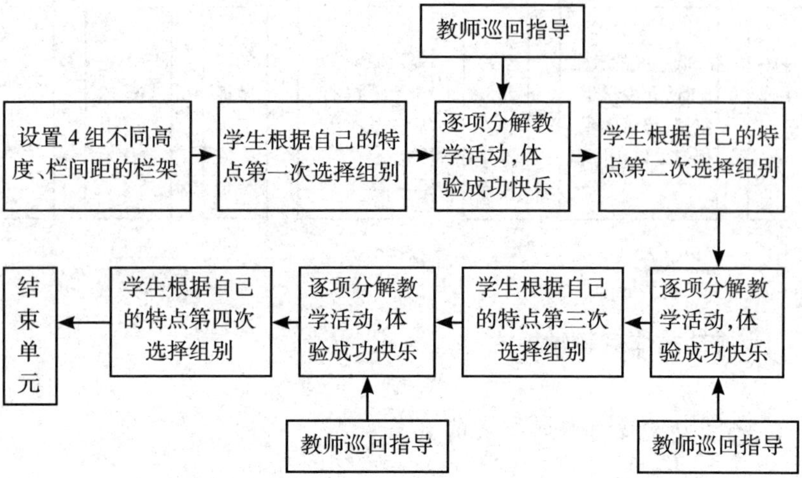

图 5-18

八、快乐体育教学模式

(一)快乐体育教学模式的概念

快乐体育教学模式,就是让学生在快乐的氛围中进行体育学习,这种教学模式的基本手段为采用合适的教学方法,促进学生体能增强。

(二)快乐体育教学模式的实操环节

在体育教学中运用快乐体育教学模式的具体实践操作流程如图5-19所示。

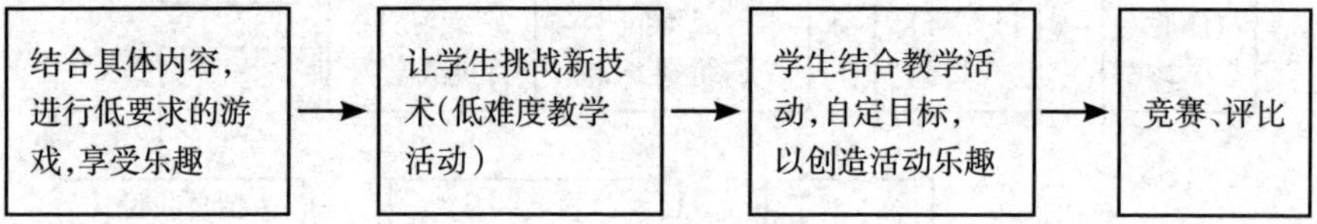

图 5-19

例如,在体能课上可采用快乐体育教学模式,图5-20所示的是该模式在“鱼跃前滚翻”动作教学中的具体操作流程。

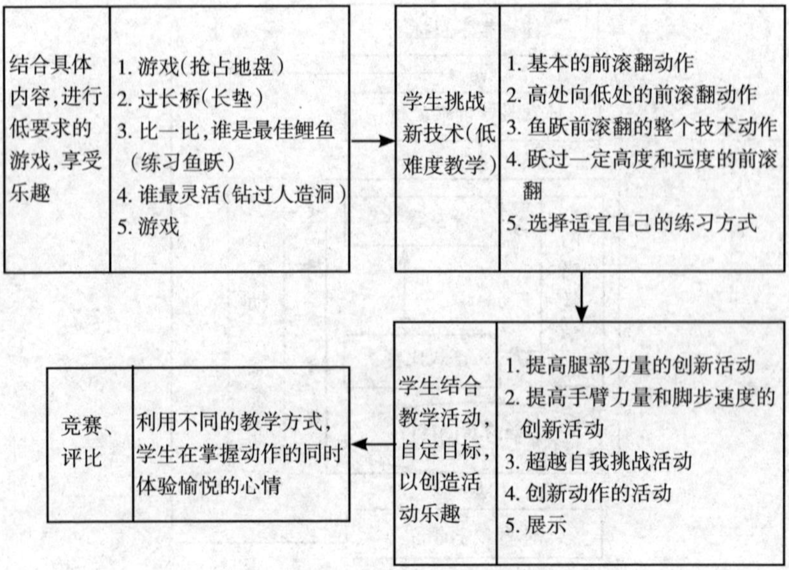

图 5–20

九、其他体育教学模式

(一)网络教学模式

所谓的“三元”教学,即为网络教学、课堂教学、正式比赛,所谓的“一体”即体育学习共同体,它们共同组成了“三元一体”体育教学模式。该模式的理论框架如图 5–21 所示。

图 5–22 直观地反映了网络教学在学生运动技能形成中所发挥的重要作用。

“三元一体”教学模式中的正式比赛多安排在课外,利用第二课堂组织比赛,与课堂教学、网络教学密切联系,使学生获得更完善的学习条件和更可靠的学习平台,使学生运动技能的形成更有保障,如图 5–23 所示。

在体育网络教学中,网络课程的设计非常重要,以篮球教学为例,其运用结构如图 5–24 所示。

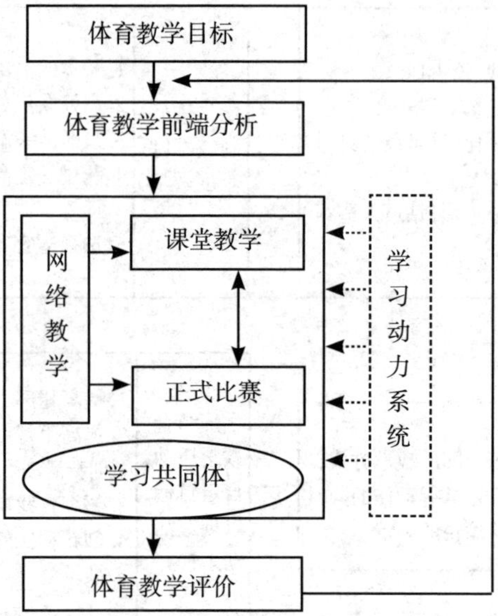
体育教学目标
体育教学前端分析
网络教学
课堂教学
正式比赛
学习共同体
学习动力系统
体育教学评价

图 5–21

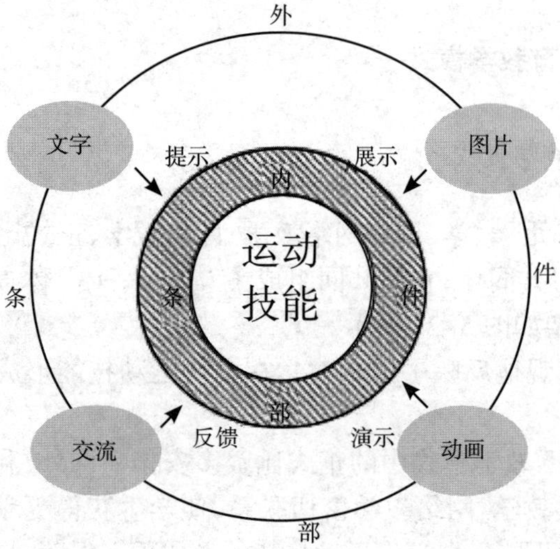
外
文字
图片
提示
展示
内
运动
技能
条
件
条
件
部
交流
反馈
演示
动画
部

图 5–22

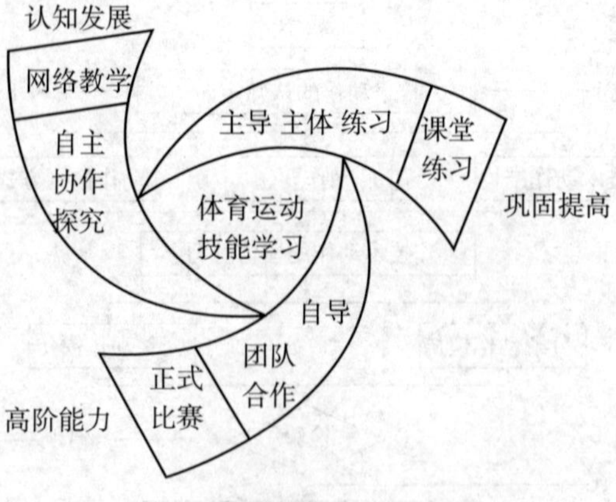

图 5-23

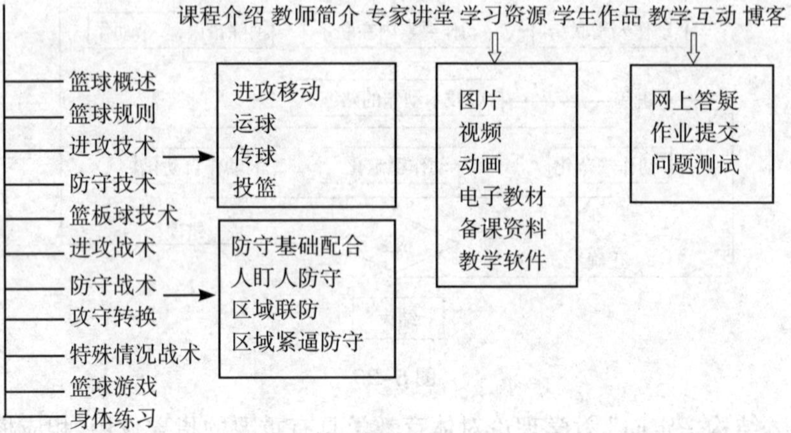

图 5-24

（二）结构—定向教学模式

结构—定向教学模式是在“结构—定向”教学理论的基础上发展而来的。具体来说，所谓的结构化教学，指的是以促进学生“发生预期变化”及促进学生心理发展为目的的教学，这种教学的实施，要以“构建学生的心理结构”为中心才能实现。学生的心理结构会影响体育教学的最终效果，以学生的心理结构形成规律、特点为依据开展定向教学工作，以定向培养学生，从而使教学效果得以提高的教学过程，就是所谓的定向化教学。这一理论在体育教学中主要表现为学生在技术动作学习中认知结构和动作技能的形成过程（图 5-25）。

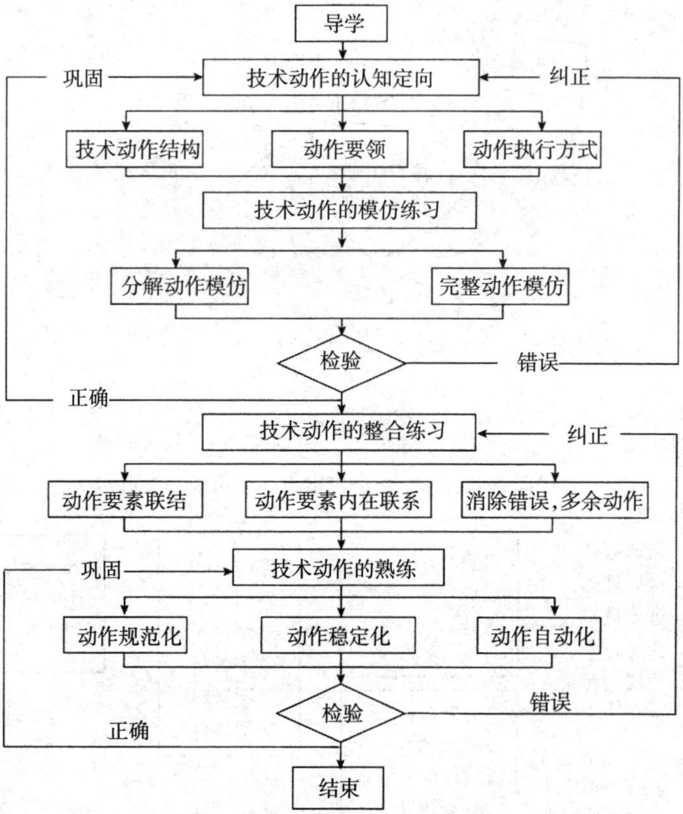

图 5-25

“结构—定向”教学理论对体育教学具有重要的指导作用，相应模式的教学程序如图 5-26 所示。

（三）案例学习体育教学模式

案例学习体育教学模式是指教师选择与实施典型的体育教学内容和体育教学方式，使学生从个别到一般地掌握带有规律性的体育知识与技能，同时在这一过程中培养学生学习能力的一种教学模式。

例如，将该模式运用到战术配合的教学中，其教学程序如图 5-27 所示。

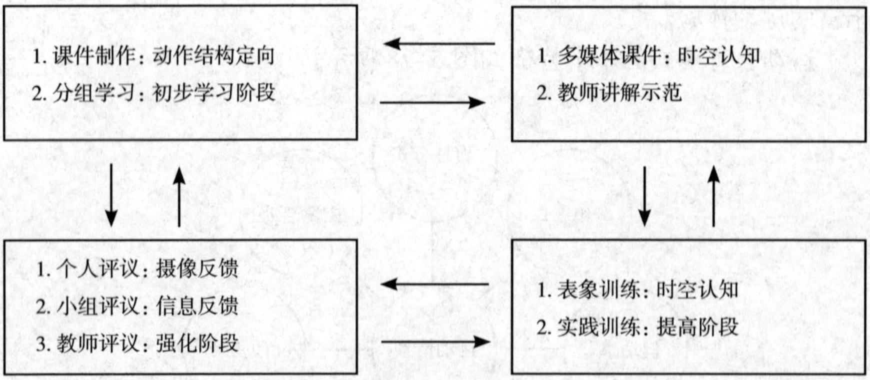

图 5–26

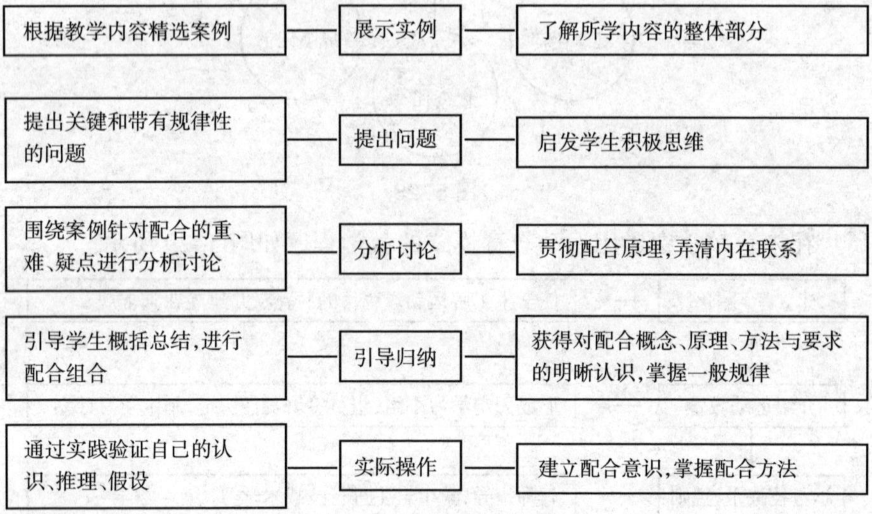

图 5–27

（四）运动教育模式

运动教育模式，简单来说，就是以运动的形式促进学生体验的一种教育模式，具体来说，这一教育模式的指导思想为游戏理论、团队学习理论、情景学习理论等，通过教师指导作用的发挥，实施体育教学的设计和组织工作，采用合作学习和同伴学习的学习方法，固定分组、角色扮演等组织形式，在整个教学过程中以比赛为主线，给不同运动水平的学生提供真实丰富的运动体验。[①]

运动教育模式的基本特征如图 5-28 所示。

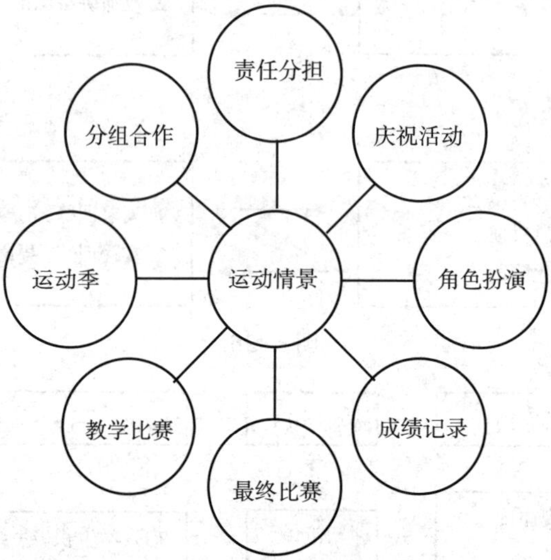

图 5-28

在体育教学中运用运动教育模式的教学程序如图 5-29 所示。

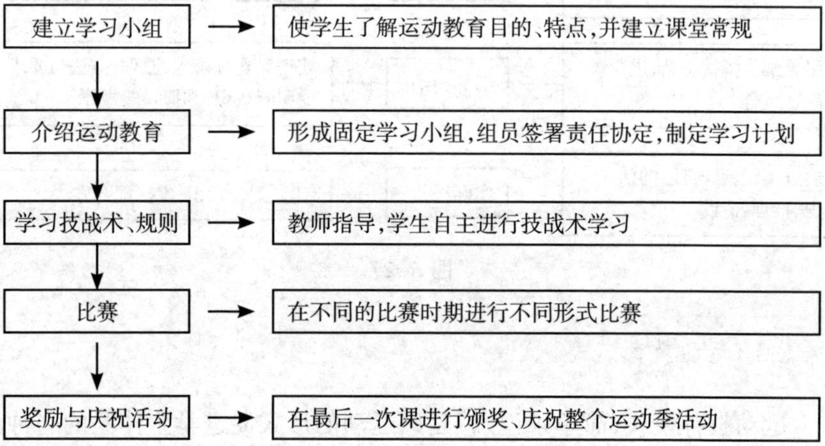

图 5-29

传统体育教学模式是按教学单元实施教学的，而在运动教育模式的实施中，传统意义上的教学单元被季前期、季中期和决赛期三个阶段组成的"运动季"取代。这三个阶段的教学工作如图 5-30 所示。

① 马冬：运动教育模式在普通高校网球课教学中的应用研究，硕士，山东体育学院，2012 年。

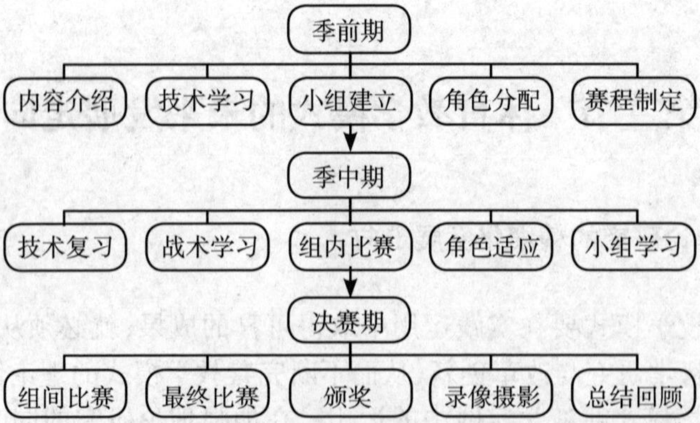

图 5-30

随着体育教学改革的不断深入,运动教育模式在体育教学尤其是球类运动教学中得到了广泛的应用。以网球教学为例,该模式的实践操作程序参考图 5-31。

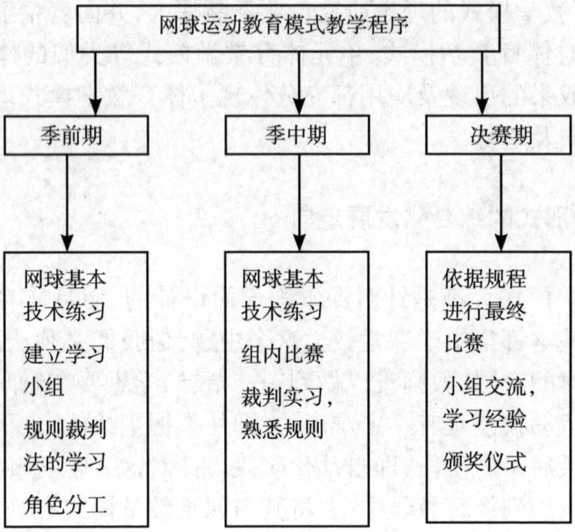

图 5-31

第三节 体育教学模式的未来发展走向

一、理论研究的精细化发展走向

体育教学模式要在实践运用中取得可喜的成果，就必须从理论层面对其进行科学研究与改革创新，从而不断完善教学模式的理论体系，更好地指导教学模式在教学实践中的运用。在加强理论研究的同时，还要从实践层面深入革新，并在这个过程中将理论研究成果融入其中，检验理论研究成果的科学性、实效性，如此才能为继续全面深入研究体育教学模式的相关理论提供现实依据。

随着体育教学改革的不断深入，对体育教学模式提出了更高的要求，相应地，体育教学模式的理论研究也要不断深入，并向着精细化的方向优化改革。课时体育教学模式、单元体育教学模式等类似的体育教学模式的理论研究成果的出现及应用都充分体现了体育教学模式理论研究的精细化发展方向及趋势。

二、教学形式的综合化发展走向

体育教学模式大都是针对课堂教学而设计的，而且体育教学模式的相关研究也基本都集中于课堂教学这个主题，但我们必须认清一个现实，即课堂教学时间有限，教师难以做到一一指导，学生要在时间有限的课堂上熟练掌握运动技能是有一定难度的，即使掌握了技能，也很难进入运动技能形成的最后一个阶段，即自动化阶段。针对这一客观事实，必须将课外教学模式运用到体育教学中，并将其与课堂教学模式有机结合起来，构成一体化教学模式，这也体现了体育教学形式的创新。当前已有很多体育教育工作者认识到了课外体育教学模式作为体育课堂教学的补充的重要性，并着手开展丰富多彩的课外体育活动，与体育课堂教学相呼应，这个发展趋势将在未来一段时间内长期存在。

三、教学目标的情意化发展走向

学生的体育学习效果如何，与其个人的智力因素有着很大的关系，学生的智力因素从很大程度上决定着其学习效果和综合发展，但不能说智力因素完全决定学生的学习成果,因为还有一类非智力因素在发挥作用,而该类因素在传统体育教学中并未得到教师与学生的重视。这也是部分学生虽然智力水平高,但学习成果却不能令人满意,无法实现全面综合发展的一个重要原因。鉴于此,学校体育教育工作者需深入改革体育教学目标,并将学生非智力因素的发展融入到新的教学目标体系中,从而引起体育教师对学生非智力因素培养的重视,也引起学生对自己非智力因素的关注,促进学生智力因素与非智力因素的全面发展。关注学生非智力因素的体育教学目标呈现出了情意化的发展趋势,要求在体育教育中不仅注重知识教育、技能教育,还要注重培养学生的道德品质,完善学生的人格,丰富学生的情感。

四、教学实践的现代化发展走向

现代体育教学模式包含一系列具体的操作环节,各个教学环节的实施必然会用到相应的教学手段,其中多媒体教学手段在体育教学模式的实践操作中得到了普遍的应用,发挥了非常重要的作用,也大大提高了体育教学模式的实施效率,优化了体育教学效果。

现代教育技术极具重要性,影响力非常大,其在现代化体育教育领域的应用极大地推动了体育教学模式的更新与优化,促进了体育教学实践效果的提升。

第四节 体育教学模式的优化与发展创新

一、体育教学模式优化创新的策略

关于体育教学模式的多元化发展,可针对性地提出相应的优化改革与创新措施,具体可以从以下几个方面着手进行:

(一)大力培养学生的综合能力

现代体育教学不仅要增强学生的体质,丰富学生的体育知识,提高学生的运动技能,使学生具备良好的体育素养,同时还要培养学生其他方面的品质与能力,这是由竞争日趋激烈的现代社会的发展所决定的,也是不断普及的素质教育理念和终身教育理念的要求。如果学生在体育学习中只满足于学习体育知识和掌握运动技能，而不注重自身非智力因素的发展，那么学生将无法适应现代社会的发展趋势。为了学生的长远发展，体育教学必须加强对学生综合素养的培养，这也为体育教学模式的优化与革新提供了明确的方向。

（二）推动演绎型教学模式的更新与发展

从理论假设开始、形成于演绎的演绎教学模式的构建是基于一定科学理论基础的。运用该模式进行体育教学，要求体育教育工作者自觉在科学教学理论的指导下开展具体教学工作，体育教师要围绕该模式对应的教学目标组织开展体育课堂教学的各个环节，推动预期教学目标的顺利实现。随着体育教学理论研究越来越全面、深入、精细，演绎型的体育教学模式也要不断更新、优化，以适应教学理论研究的变化趋势。

（三）注重体育教学设计

体育教学要保证科学性和合理性，必要的设计是非常重要的，这样才能将学校、学生、社会需求等方面有机结合起来，从整体上进行规划和设计，学校的资源优势也能得到最大程度的利用，为学生营造良好的学习环境与氛围。

在体育教学设计中，现代网络科技信息平台的开发与运用所起到的作用越来越显著，提高教师的教学创造力与学生的自主学习能力，让学生在现代化教学平台上选择自己感兴趣的教学内容和喜欢的教师，甚至上课时间也可以自主选择，充分发挥学生的主体作用，尊重学生的选择，使学生的自主学习需求得到最大程度的满足。

（四）注重体育教学模式实施效果的评价

体育教学模式是否科学有效，体现在其实施效果中，因此要注重对体育教学模式的科学评价，了解其实施效果，以便不断优化改善，完善体育教学模式，进一步发挥其促进体育教学发展的积极作用。评价体育教学模式的实施效果，需注意将定量评价与定性评价密切结合起来。不同的教学模式对应的教学目标有所区别，评价体育教学模式的实施效果，应清楚各类模式对应的目标，从而设计相应的评价目标。体育教学模式评价目标如图 5-32 所示。

- 体育教学模式评价目标
  - 运动技能类教学模式评价主要目标
    - 传统运动技能教学模式一级评价目标：运动技能目标、运动参与目标、身体健康目标
    - 启发式体育教学模式一级评价目标：运动技能目标、运动参与目标、情感体验目标、智力发展目标
    - 领会式教学模式一级评价目标：运动技能目标、运动参与目标、运动认知目标
    - 成功体育教学模式一级评价目标：运动技能目标、运动参与目标、个体情感体验目标、社会适应目标
    - 选择性式教学模式一级评价目标：专项运动技能目标、运动参与目标、身心健康
    - 小群体教学模式一级评价目标：运动技能目标、运动参与目标、合作学习目标、相互竞争能力目标、社会适应目标
  - 非运动技能类教学模式（介绍、尝试类教学模式）评价主要目标
    - 快乐体育教学模式一级评价目标：运动参与目标、情感体验目标、身体健康目标
    - 体育锻炼类教学模式一级评价目标：身体素质发展目标、运动参与目标
    - 情景式教学模式一级评价目标：运动参与目标、身体健康目标
    - 发展学生主动性教学模式一级评价目标：运动参与目标、参与教学能力目标、配合学习能力目标

图 5-32

体育教学模式实施效果的评价中有多级评价指标，不同指标对应的评价内容、评价方法各不相同。常见教学目标对应的评价方法见表 5-2。

表 5-2　体育教学模式实施效果的评价方法

目标指向	评价方法
认知目标	问卷法 测验作业法等
运动技术目标	观测技评法
情感目标、运动参与目标	教学观察法 谈话法 问卷调查法等

二、创新体育教学模式的构建程序

从整体上来说，构建创新型的体育教学模式要遵从的基本步骤如图 5-33 所示。

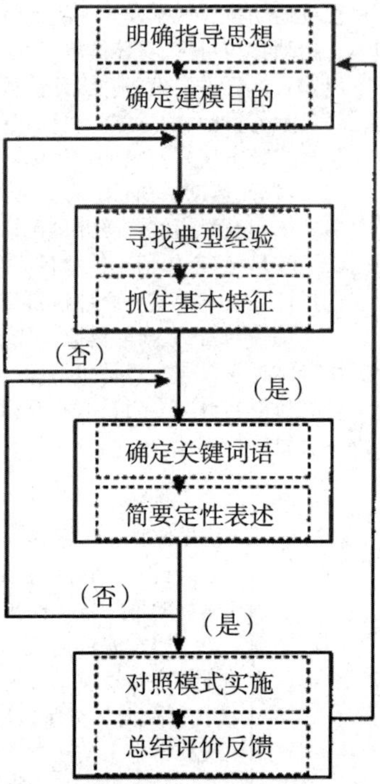

图 5-33

（一）明确指导思想

体育教学模式的构建，首先要明确的一点就是选择用什么教学思想作为指导和依据。要将主题思想突出出来，奠定科学、坚实的理论基础。

（二）确定构建目的

体育教学模式的目的，对体育教学模式的开展与实施有重要的导向作用。

（三）寻找典型经验

在将指导思想和目的确定下来之后，就需要通过调查研究，寻找恰当的典型经验或原型作为教学案例，注意所选择的案例要与模式构建思想与目的相符。

（四）抓住基本特征

运用模式方法对教学案例加以分析，并科学概括教学案例的基本特征与教学的基本过程。

（五）确定关键词语

将对这一体育教学模式进行表述所用到的关键词确定下来。

（六）简要定性表述

对这一体育教学模式进行简要的定性表述。

（七）对照模式实施

对照这一体育教学模式具体实践教学，进行实践检验。

（八）总结评价反馈

通过体育教学实践验证，对实践检验的结果进行归纳总结，通过初步实践调整修正模式，并反复实践，使其得到进一步的完善。

第六章　创新教育背景下体育教学主体的发展培养

体育教学主体是处于体育教学最核心位置的要素。从广义上来说，体育教学主体包括参与体育教学的全部相关人员；从狭义上来说，主要是指教师和学生，其中，教师处于主导地位。体育教学主体的发展情况会对体育教学的整体发展产生重要影响，因此，对体育教学主体发展培养进行分析和研究是非常有必要的。本章首先对体育教学主体的基本理论进行阐述，在此基础上，分别对教师和学生在体育教学中的创新发展与培养进行深入的探讨，希望能对创新教育背景下体育教学主体的发展培养有全面深入的了解与认识。

第一节　体育教学主体概述

一、体育教师概述

（一）体育教师的综合素养

1. 丰厚的知识储备

（1）政治理论知识

教师是教育事业发展的重要执行者，其政治思想水平会对学生产生直接和根本的影响，因此，过硬、坚定、方向正确的政治思想，是体育教师必须具备的最根本的素质。

体育教师的政治思想素质的好坏，通常能在其政治理论修养的程度上得到体现。

（2）专业知识

首先，要具有丰富的教育科学知识。教育科学知识主要包括与教学相关的诸多学科的知识，比如，常见的教育学、心理学、学科教学论和现代教育技术等方面的知识。

其次，要具备扎实的专业基础知识。教师所从事的学科不同，需要具备的专业基础知识也不同。就体育教师来说，体育的相关知识就是其必须具备的专业基础知识，这是他们专业能力培养和发展的重要理论基础。

再次，要不断充实学科前沿新知识。社会是不断发展变化的，体育和教育的发展也是不断变化的，因此，教师所具备的知识要与之相适应，也必须是不断发展变化的。新知识、新文化是体育教学改革的重要助推力，也是教师需要具备的重要专业知识。

最后，要不断丰富和提升自身的体育专业知识储备。体育教师不仅要掌握上述普遍知识，还要对体育有关知识的更新发展加以关注，对新的信息加以了解，从而不断更新自己的知识储备，掌握最新的专业知识。

（3）应用类知识

体育教师除了要具备基础理论知识和专业知识以外，在实际的应用方面也要掌握一些相关的知识，以对具体的实践应用进行直接的指导。

当前已经处于信息化时代，信息的传播速度越来越快，这与信息传播技术的不断发展与更新有着密切关系，特别是互联网技术的出现，使体育信息的传播速度和广度都有了大幅度的提升。因此，应该将互联网技术充分应用于体育教学中，帮助体育教师在这一过程中得到更多的便利。互联网技术使教师在获取国内外各种文献、信息方面更加便利，同时，对体育学科领域发展的最新动向的了解也更加及时，对于其自身体育知识的不断充实和完善大有裨益。除此之外，多媒体技术的出现与广泛运用到教学当中也对体育教师的教学带来了很多积极的影响，甚至于改变了长期以来的体育教学方式。因此，体育教师一定要做到与时俱进，通过不断学习，使自身的计算机应用能力得到有效提升，充分运用电教手段，成为能够得益于现代技术手段的教育工作者。

2. 体育教师的语言与文字能力

对于体育教师来说，其体育教学行为的实施，主要是通过语言和文字进行的，可以说，体育教师的语言和文字能力是体育教师必须具备的重要素养。

（1）体育教师职业语言的基本要求

体育教师作为学校教师的一个类型，在语言运用上要注意专业性，即

要用职业语言进行教学,具体要做到以下几点要求:

①所运用的体育教育语言首先要专业,同时还要保证科学化和规范化。

②教师在教育过程中运用到的所有语言,都必须具有准确性与规范性特点。

③教育教学过程中,对所有概念的解读,都要保证正确性与准确性,切忌模棱两可。

④教育过程中运用的语言,要能给学生一定的启发,切忌生硬灌输。

(2)术语和俗语

在体育教学中运用语言,要能够科学讲解知识点,能组织相关的教育行为,但是,只有这些直观的教学性特点是不够的,还要赋予其丰富的艺术性。

一般来说,术语在体育教学中的应用,是为了保证其科学性特点,而俗语的应用,则是为了将语言的生动、趣味性和通俗易懂充分体现出来,也就是将语言的艺术性特点体现出来。具体的,在体育教学中使用语言教学法时,体育教师一定要与实际的教学情况相结合,将术语与俗语结合起来加以运用,保证教学语言的准确性与多样性,从而保证教学内容能够更好地被学生所接受。

(3)文字和写作

对于从事体育教学的教师来说,文字和写作是其必须具备的基本功。体育教学的内容涉及的范围较为广泛,为了搞好相关教学工作,制定一系列的体育教学文件是非常重要且必要的。具体来说,实践教学中所用到的文件主要有两方面,即体育教学计划和教案,这两份基本的教学文件几乎每名体育教师都被要求会撰写,为此,体育教师必须拥有良好的文字和写作功底。

(二)体育教师的专业技能

体育教师在具备一定的综合素养的基础上,还要在专业技能上加以培养和提升,包含内容如下:

1.体育教学策略的指导能力

学生在体育教学中是处于主体地位的,其主要任务就是进行体育学习,这一行为是在教师指导下进行的,主要目的是学习体育的相关知识、专项技能以及培养良好的意志品质与个性。对于学生来说,在体育学习过程中是需要用到相关的策略的,即体育学习策略。而对于体育教师来说,需要具备的相应技能则是对体育教学策略加以指导的能力,这一专业技能能有效保证体育教师出色完成学校体育教学任务。

对于体育教师来说,应该具备的关于体育教学策略的指导能力主要有下列几方面的要求:

(1)要充分激发出学生参与体育学习的兴趣

兴趣是行为产生的直接动力,因此,对学生参与体育学习的兴趣的培养是体育教师的首要任务。首先,体育教师要让学生充分了解体育学习策略的重要性,通过加深他们对体育学习策略的认识,唤起学生对体育学习策略学习和运用的愿望,进而将学生学习体育学习策略的兴趣充分激发出来。

(2)尊重并遵循学生的个体差异性

学生因为先天以及后天不同因素的影响,会产生彼此不同的特质,表现出相应的个体化差异,这些差异决定了他们在体育学习策略的学习和运用过程中的表现也是有各种差别的。这是客观存在的个体差异性,因此,体育教师应充分尊重并正视这种差异性,然后做出相应的指导,充分发挥他们各自的优势,扬长避短,帮助学生形成有各自特点的体育学习策略。

(3)积极有效地指导学生掌握所需要的体育学习方法

对于学生来说,学习如何学习,比直接学习知识、技能的意义要更大。因此,体育教师对学生学习并掌握相应的体育学习方法进行科学指导是非常重要且必要的。体育学习策略的本质在于对体育学习方法的合理运用。这就要求体育教师在指导学生体育学习策略实施时,一定要与体育学习内容的性质和学生身心发展的特征相结合,使学生在掌握体育学习方法的基础上形成和发展体育学习策略。

(4)有效指导学生更好地选择和运用体育学习方法

能够被学生用于体育学习的方法有很多种,因此,做好选择与运用工作是非常重要且必要的。在体育教学过程中,体育教师要有意识地为学生灵活运用体育学习方法提供各种机会和条件,善于以教学内容的性质和学生的特点为依据,将那些能够促进学生学习并灵活掌握体育学习方法的活动情景和氛围创设、营造出来。

(5)通过各种途径强化和提升体育教师的指导意识与能力

从上述几个方面的内容中可发现,体育教师对学生体育学习策略的指导是非常重要的,因此,培养体育教师的指导意识和能力也是至关重要的。

2. 学校课余体育竞赛活动的组织能力

学生的体育学习,并不只是在体育课堂上进行的,还可以通过课余时间的体育相关竞赛活动得到培养,因此,体育教师在学校课余体育竞赛活动的组织方面也要具备相应的能力。

课余体育竞赛对于教师学习体育教学以及学生的体育学习都会产生重要意义。比如,有利于发挥宣传教育作用,推动学校体育事业的发展,加强团结、增进友谊,增强学生体质,丰富学生校园文化生活以及培养坚强、拼搏和永不放弃的精神,还有利于发掘和培养优秀体育人才。

(1)课后体育竞赛的常见形式

一般来说,课后体育竞赛用到的形式有很多种,较为常见的有:运动会、单项运动竞赛、邀请赛和友谊赛、季节性单项竞赛和体育节等。其中最为常见的是学校运动会,具有项目多、规模大、参赛人数多,组织工作较为复杂的显著特点。通过运动会的举办,能够对体育运动的开展水平进行有效检验,使学生的运动成绩有所提升,学生之间的友谊和团结得以强化,体育精神也得到进一步的弘扬。

(2)年度课余体育竞赛日程安排

年度体育竞赛日程计划,实际上就是对全校一学年的体育竞赛活动所作的全面规划和安排。包含的内容有:本学年的竞赛项目、竞赛时间、竞赛地点、参赛单位、参赛人数和主办单位等。

制定年度体育竞赛日程计划时,需要对其可行性、群众性、常规性、简便性等方面进行充分考量,从而保证该竞赛日程计划实施的效果。

(3)课余体育竞赛的比赛方法

学校课余体育竞赛一般选择一些常见、可行的竞赛方法来进行。常见的比赛方法有淘汰法、循环法、混合法和轮换法等。具体要根据实际情况来加以选用。

(三)体育教师的教学能力

体育教师的教学能力与其综合素养、专业技能一样,都是非常重要且必要的,缺乏这些方面中的其中一种,都不是一个合格的教师,无法进行体育教学,更不用提最终的教学效果了。具体来说,体育教师的教学能力主要分为两个方面:一个是课堂教学能力,一个是创新能力。

1. 体育教师的课堂教学能力

体育教师的课堂教学能力又可以进一步细分,其包含的具体内容有以下几个方面:

(1)教育能力

体育教师首先要是一名合格的教师,教师的职责之一就是育人,这就决定了教育能力是体育教师必须要具备的首要能力。教育能力包含的内容较为广泛,比如,对学生行为、学习、思想情况的深入了解、分析和判断的能力;灵活运用各种教育方法,抓住教育时机,有的放矢地教育学生的能力。体育教师首先要全面了解并掌握学生的思想纪律情况、学习兴趣动机等,然后进行分析,分析要涉及群体的统一性,又要涉及个体性。在分析的基础上,确定进行思想教育的任务和措施。尽可能地将学生的积极性和主动性调动起来,使既定的教学任务得以顺利完成。

(2)语言表达能力

体育教师在教学指导过程中,用到的表达方式有很多种,其中,最直接、最常用的当属语言表达,因此,语言表达能力也是体育教师所必须具备的。体育教师在体育教学中通过口头语言的运用,不仅能对学生所要学习的知识、动作、技术和练习方法等进行通俗易懂的讲解,还能充分启发学生的思维,将学生的学习积极性和主动性充分激发出来。鉴于此,体育教师不仅要掌握教材内容,还要对教材内容有深入、透彻的理解和见地,做到语言生动、简练、有趣,并恰当地利用好语气、语调、语速等副语言方式。体育教师在教学过程中,尤其是实践活动中,通常会用到体育口令,这是其特有的专业性语言,在运用这一特殊语言时,一定要做到口令清楚,发音准确,声音洪亮,富有节奏感,否则产生的效果会大打折扣。

(3)身体姿势的表达能力

体育教学与其他学科教学是有所差别的,其中,教学信息的传递方式是最为显著的区别之一。对于体育教学来说,最突出、最有效的表达方式是身体姿势,这是其他学科所不具备的。体育教学中最独特和最普通的身体姿势表达方式就是动作示范,动作示范是体育教师把教材内容转变为直观形象展示给学生的一种教学手段。

(4)科学研究能力

当前,随着社会的不断发展,教师的综合素养、专业技能和教学能力都被提出了更高的要求,而科研能力就是越来越被重视的一个方面。教师们长期坚守在教学工作的第一线,在教学经验方面有着深厚的积淀,再加上对学生的直接且客观的了解,从事科学研究工作的素材是充足的。

(5)现代教育技术运用能力

受益于现代科学技术的迅速发展,越来越多的先进教育技术被应用于教学中,这对于教学的开展与发展是非常有帮助的。可以说,信息化社会为现代教育教学开辟了一片前所未有的新天地。面向 21 世纪知识经济社会的到来,可以预见,教育教学技术手段将更加丰富。因此,体育教师必须具备现代教育技术的运用能力,这对于提升教学效果是非常重要且必要的。

2. 体育教师的创新意识与创新能力

没有创新就没有发展,因此,对于体育教师来说,必须具有良好的创新意识与创新能力,这样才能不断提升教学质量,与社会需求相适应。

(1)发扬实事求是的科学精神

在教学改革中,不管是创造还是创新,都必须在一个重要的前提下进行,即实事求是的态度,对学生的充分了解,这样,才能逐步有针对性地提出每一个改革方案,并保证该改革方案与现实的各类差别与特征的要求相适应。

(2)树立标新立异的思想

体育教师要具有良好的创新意识与创新能力,标新立异的思想是其重要表现形式之一。不管是什么样的改革计划、革新的设想,有一点是相同的,即都与现状有差别。因此,要标新立异,必须打破成规。

标新立异思想的形成,需要体育教师在观念上不断更新,思维方式不断进行改革,要强调的是,这与没有科学的胡思乱想是有着本质差别的,两者并不是等同的关系,具体来说,标新立异的思想是建立在对马克思辩证唯物主义思想的高度认识的基础上的,是基于对教学现实问题的充分认识,对教学改革思想与方向的深刻理解,对教育事业的强烈的责任感与事业心而形成的。

新时代的体育教学面临教学改革的不断深化,标新立异的意识作为创造能力的一个重要表现,必然成为教师思想意识优良品质之一,它能不断创造新的知识与文化。

(四)体育教师在学校体育教学中的地位

现阶段,教师的重要职责之一是发现与培养人才,提高人才素质与质量,这也是体育教师必须要做到的,这一艰巨的任务直接影响到我国社会主义建设的兴衰成败。由此可见,体育教师的地位是举足轻重的。

1. 体育教师是学校体育活动的组织与引导者

体育教师作为体育教学的主体之一,具有重要的主导地位。这种主导性首先体现在体育活动的组织上,体育教师从体育课堂的理论教学到课外的体育活动辅导训练,从校内运动会或体育项目比赛到代表学校参加校外体育项目竞技比赛,每时每刻都在付出自己的智慧与辛劳。另外,在体育教学活动中,体育教师还要积极引导学生,使学生能够逐步深入到体育教学过程中,增强他们的专注力与参与性。

2. 体育教师是学生体质健康的设计者与塑造者

体育教师的主导性作用,还体现在体育教学的设计方面。体育教师的自身素质、教学能力等都会对全体学生的体育学习和健康成长产生重要影响,某种意义上,学生素质的全面发展程度以及学校在社会上的形象与荣誉的取得都会受到体育教师整体素质和能力的影响。除此之外,体育教师在引领学生身心健康发展方面也有重要意义。

二、体育教学中的学生概述

学生在体育教学中是处于主体地位的,但是,很多人对此只有片面的认识,甚至产生误解,下面就对体育教学中学生的主体性地位进行全面深入的分析和阐述。

(一)学生的"主体性"与"自由性"

学生的主体性,是指在体育教学活动中,所有的教学设计和教学行为都是围绕学生而进行的,学生处于体育教学的核心位置。

学生在教学活动中的主体性与其主观能动性有着密切的关系,人的主体性是其个性发展的核心。一般而言,主体性越明显,学生对自己为何而学习的理解程度就越深,这对于其更好地知道该如何去做以及如何做得更好是有积极意义的。

学生"主体性"与"自由性"之间的差别还是非常显著的,具体的对比可以从表 6-1 中了解。

表 6-1 "学生主体性"与"学生自由性"的区别

区别点	学习主体性	学生自由性
性质和本质	学生朝向体育学习目标的选择性、自主性、能动性和探究性	学生指向舒适和闲散的自主性、散漫性和小群体活动性
行为体现	(1)学习表现积极 (2)有探究问题意愿 (3)能自主进行练习 (4)在学习过程中有与同学互帮互助的良好愿望 (5)对教师的指导与帮助较为向往	(1)学习表现不积极 (2)没有探究问题意愿 (3)参与练习的意愿不强烈,选择活动倾向于舒适和有趣味的 (4)在体育教学中愿意独处,没有与同学互帮互助的愿望 (5)对教师的指导与帮助没有显著意愿

续表

区别点	学习主体性	学生自由性
课中的主要行为方式	学习、练习、讨论、探究、回答问题、思索问题等	自由活动、玩耍、扎堆聊天等
所构成的课堂氛围	热烈、活跃、学习氛围强	自由、散漫、休闲氛围强
教学中景象	双向活动多、探究活动多、生生互动多、自主性学习与活动多、提问与讨论多	部分学生参加喜爱的运动,部分学生不参加活动;教师没有提出相应的教学要求,讲解和指导也可有可无

(二)学生在体育教学中的地位

1. 学生是体育学习的主体

在体育教学过程中,教师和学生都是参与者,两者都是重要的主体,但是,这两种主体所处的环境是不同的,教师是体育教学中起主导作用的主体,其主要职责在于“教”,而学生则主要为了“学”,因此,在体育学习中,学生是主体。

2. 学生是体育教师的合作者

体育教学中,教师和学生是直接参与的两个主体,同时,体育教学中有些项目动作是需要体育教师和学生共同来完成的,比如篮球、乒乓球、排球等集体性运动项目的动作教学。因此,只靠教师的教是无法达到教学目的的,需要学生的配合,才能使教学活动顺利进行并保证教学效果。

3. 学生是体育文化的继承者和创造者

学生在体育学习过程中的一个重要学习任务就是不断汲取体育的相关知识,比如体育文化知识,不断更新升华对体育的理解和感悟,形成创新性的体育文化。与此同时,学生在体育文化方面也要具有一定的创造力,通过不断的创造,使所学的体育文化得到良好的传承和发展。

(三)学生主体性在体育教学中的体现

学生在体育教学中的主体地位是毋庸置疑的,苏霍姆林斯基“让每个学生都抬起头来走路”的教育信条,就将学生的主体性地位充分点明。一般来说,体育教学活动中学生的主体性可以从以下几个方面得到体现:

1. 对教育影响的选择性

教师的教育影响,并不能让学生全盘接受,只有那些与学生自身的特点和需求相符的教育影响,才能为学生所接受。学生有根据主体意识,积极地或消极地进行选择的权力。

2. 学习的独立性

学生本身具有个体化特征,这就决定了不同学生在学习起点、学习的目标与追求、制约学习的个性心理特征等方面也有所差别。因此,体育教学中教师要遵循因材施教原则。

3. 学习的主动性

学生学习活动的主动性、自觉性是学生学习主体性的本质体现,体育教师的教学活动要建立在学生对体育学习的自觉、主动、自我追求的基础上。

4. 学习的创造性

学生对体育教学任务的方式、方法、思路等的掌握以及在认识问题等方面的完成与实现,与教师所教的内容或方法并不是完全有关系的,过程中也可能将学生的一些创新性和创造性体现出来。因此,体育教师要在认同这种创造性的同时进一步给予鼓励。

(四)学生主体性发挥需要具备的条件

学生在体育教学中的主体性地位的重要性已经显而易见,那么,要实现其作用,需要具备的条件主要包括以下几方面:

1. 教师的教授目标与学生的学习目标相协调

在体育教学中,体育教师首先要将体育"为什么教"的问题明确下来,要充分理解社会对体育教育的要求和期待,让学生最终能够获得理解能力、学习能力、领悟能力等。但是这些并不是全部,还要求体育教师将教授的目标转化成学生学习的目标,即将教授目标转化为学生自发的"我要理解、学习和领悟的内容"。

2. 教师和学生共同拥有体育教材

这主要是指体育教师在明确了教学内容和教学的方法、手段的同时,也要让学生明白其所要学习的内容和方法、手段。要使学生在学习过程中始终对所学内容的文化体系和技能体系有个概观,同时对教材目标与总目标的关系、教材的科学教程、教材的重点、教材的难点以及教材与自己身心发展之间的连接点等有充分的了解，只有这样师生才能共同拥有“把体育教学导向目标的载体和道路”。

3. 教学情境应该自由民主

良好的教学情境对于体育教学的开展是有帮助的。因此，体育教师要做好这方面的创设，对学生的好奇心和大胆探索进行激发，诱发学生产生和提出各种各样的问题。民主性能够从尊重学生的人格，理解他们的学习基础和原谅他们在学习中的缺点和错误等方面得以体现。

4. 教师对学生的学习方法要足够重视

要充分发挥学生主体性，就必须让学生在“学习方法”上具有自主性和主动性。当前，体育教师的一个重要任务就是积极转变学生的学习方式，使多样化的学习方式逐渐取代单纯他主的、被动的学习方式。与此同时，体育教学中的“自主性学习”和“探究性学习”也要进一步加强。

三、体育教师与学生的关系分析

作为体育教学中的重要主体，教师和学生也是体育教学的直接参与者，两者在教学活动中相互配合，共同完成体育教学任务，因此，两者之间是有着非常密切的关系的。

下面就从三个方面着手来加以剖析：

（一）教师“主导性”和学生“主体性”

关于体育教学，一直以来，都有一个重要的研究课题，那就是教师“主导性”和学生“主体性”的概念以及它们之间的关系，对此，至今都没有形成一个统一的清晰的认识，仍然有一些片面的或者是错误的观点误导着人们。比如，很多人认为教师的主导性，与教师的“管理性”“权威性”甚至“主宰性”是等同的关系，教师的主导性与学生的主体性之间是对立的关系等。因此，探索和研究体育教学中教师“主导性”和学生“主体性”之间的正确关系是非常重要且必要的。

通常，可以将教师的“主导性”理解为教师的指导性，专业表述为“教师对学生学习过程的指导质量和强度”。对学生的“主体性”的理解，专业表述为“学生朝向自己学习的目标清晰度和学习过程中前进动力的强弱”，两者是通过“学习过程”这一媒介得以连接在一起的。换个角度来理解，所谓的教师的指导性就是“对学习过程的指导”，学生的主体性就是“在学习过程中的主体性”。由此可以看出，两者都与学习过程有关，只不过所处的角度不同罢了，这两者可以理解为一件事情的两个方面，教师对学生进行指导是为了更好地发挥出学生的主体性，学生在接受教师的指导时学习也会更加容易，一个去正确地“导”，一个在主动积极地“学”，这两者是统一的。

体育教学实践中，“正确地导”和“积极地学”之间是相互配合的密切关系，只有将学生学习的兴趣和积极性，与教师的正确指导结合，才能取得理想的教学效果。而缺少了任何一个方面，教学活动都不可能进行下去。学生有积极性而没有教师的正确指导，这样的课堂是无序而兴奋的，还有可能导致一些运动事故；有了教师的正确引导而缺乏学生学习积极性的课堂则是不存在的。

（二）教师的主导性和学生的主体性相辅相成

体育教学中，教师的主导性与学生的主体性之间是相辅相成的关系。一方越强，另一方就越弱。具体来说，教师的主导性不仅在于对教学目标的明确，还在于对学生的学习动机、兴趣、学习步骤等的深入了解，除此之外，还要以既定的目标和学习动机的关系为依据做好教材和设计教学过程的相关工作，以此激发出学生的动机和学习积极性，使师生融洽地互相配合，从而更快、更好地达成教学目标。由此可以得知，学生学得越好，就越能将其主体性地位突出出来，同时，也将老师对学生的了解程度和对教材理解的透彻程度体现了出来，间接地，也体现出了教师非常强的主导性。

从上述内容中可以看出，在体育教学中，教师的主导性和学生的主体性两者是一个事物的两个方面，两者是相辅相成和相互促进的关系，是浑然一体的关系。

（三）要强化和优化教师的“主导性”来调动学生的“主体性”

在现代体育教学实践中，教师的主导性与学生的主体性之间是不可分割的两个方面，他们在体育教学中共同存在，不可或缺。这里要强调，教师的主导性，并不是主观、生硬的。

体育教学改革的推进，并不只是对某些内容的全盘否定，而应该不断完善和优化，首先，要从体育教学的主体上入手，对教师主导性和学生主体性及其之间的关系进行仔细研究和探索，从而明确两者各自的职责、工作内容和学习内容，将两者配合起来，通过教师“主导性”的不断强化和优化，来达到充分调动学生“主体性”的目的，让学生在愉快中积极进取，达到我们的教育目的和体育教师们的教学目标。

要想使体育教师的“主导性”得到进一步的强化和优化，就必须保证教师的教学指导行为的规范性，表 6-2 是体育教学中的教师行为规范示例。

表 6-2　体育教学中的教师主导性行为层次

行为层次	体现教师主导性内容
重点作为	将一些值得思考和探索的问题与课题提出来 通过积极的鼓励措施促使学生积极参与思考和探究
必须作为	设计探究性学习过程 经常提问 组织讨论 运用小组学习 组织自我评价和相互评价
大胆作为	让学生将各自的意见和答案提出来 让学生将各自的学习和练习方案提出来 让学生在安全的条件下尝试各种不同的练习 让学生对教师加以评价
有所作为	让学生对学生实施管理 让学生将感兴趣的学习课题提出来 让学生针对教学情况提出相关建议
不须作为	每次直接告诉答案 事事有明确要求 教师时时提供指导 技术必须以书上和教师说的为标准 教学过程严格按计划执行
不能作为	要求学生永远按教师说的做 否定学生的思考 不许学生经常提问 不许学生进行讨论 不给学生自主学习时间 全部都要以班级形式教学

第二节 体育教学中教师的创新发展

一、体育教师发展中存在的问题

(一)教学观念较为落后

很多教师,尤其是年纪大一些的教师,受传统教学模式和教学观念的影响较大,他们在教学过程中往往会存在着理论和实践不统一、课堂参与氛围不浓厚等问题。再加上一些体育教师对全新教育理念的认识和理解有失全面性和科学性,导致教学的整个过程枯燥无味,体育教学应有的活力丢失,进而导致学生兴趣的弱化甚至丧失,进一步产生抵制体育教学的负面情绪。这对于体育教学的创新发展是不利的。

(二)心态比较浮躁

当前,受多种因素的影响,很多体育教师都存在着比较浮躁、急功近利、不安心于体育教学的问题,同时,在新知识和新技能的学习方面也不思进取,经不住社会外界的利益诱惑,不能脚踏实地、实事求是,在教改的过程中比较急功近利,科研方面往往追求名利,甚至有的转行做管理工作,这些对于体育教师专业能力的发展是非常不利的。

(三)教学目标较为单一

在学校中,对学生人才培养工作的定位主要集中在"职业性""实践性"和"综合性"几个方面。然而实际情况并非如此,教学目标不明确的问题普遍存在。原因有二:一是受应试教育的影响,很多体育教师参照了普通高等学校体育教育工作的模式,却忽视了学生的学习需求,从而导致体育教学的可行性和实践性欠佳;二是有些教师将本来渗透着技能特质的体育教学变成了枯燥无味的体育活动课,职业性被忽视,这也是不利于人才培养的。

(四)教学比较保守落后

很多体育教师受传统教育思想或者传统教学形式的影响和制约,在体育教学的过程中，教学思想十分落后保守，缺乏具体实施的想法和创意，在实际的教学活动中，积极性和主动性也较为欠缺，不仅没有体现出学生的主体性，反而过分强调自身的主导性，这种落后的意识与行为与现代体育教学是格格不入的。

如果在体育教学过程中，教师所采用的教学形式和教学内容都比较枯燥单调，且过于严谨，就算是具有参与性的教学实践活动，也是枯燥和封闭的，再加上老化的评价体系，学生参与教学活动的积极性和主动性被大大削弱，取得的教学效果就会大打折扣，由此可见，体育教师提升自身的专业素养和能力是非常有必要的。

（五）教学与社会需求不符

在体育教学工作的发展过程中，很多教师没能全面认识和理解体育教学与学生技能。一些体育教师仍然受到传统教学的束缚，导致其在思想和观念方面仍较为落后，难以实现体育教学的真正目的。同时，很多教师没有在教学中对学生今后的发展加以重视，导致对人才综合素养的提高处于初步阶段，这就对体育教学和社会需求的相互融合产生了不利影响，对于学生的全面、综合性培养也是不利的。

（六）综合素质有待提升

体育教师通常会认为自己只要上好课就行，掌握体育知识和技能即可，没有必要再进行其他方面的学习了，比如对中国特色社会主义理论的学习，这与体育教师的全能型发展走向是不相符的。还有的教师不注重技能的锻炼，基本功比较薄弱，上课的时候往往装腔作势，无法给学生起到示范、指导的作用，是无法取得理想的教学效果的。

二、体育教师的未来发展趋势

体育教师作为体育教学的主体之一，为了与体育教学发展相适应，也会逐渐进行发展。结合体育教学发展以及学生需求，可以对其未来的发展趋势作如下总结：

（一）将教师的培养与培训相融合

教育部颁布的《关于“十五”期间教师教育改革与发展的意见》明确提出，要在“十五”期间基本完成教师教育的结构调整，“初步形成以现有师范院校为主体,其他高等学校共同参与,培养和培训相衔接,体现终身教育思想的开放的教师教育体系”。对此加以分析可以得知,这种教师教育体系,实际上是将“教师培养”和“教师培训”二者融合形成的一种教学模式,进一步表明我国教师的培养与培训体系,正在出现从师范教育模式逐渐向教师教育模式的转型的实际情况。

(二)强化教师专业化的教职观念

当前,教师的职业分工越来越明确,这决定了对教师的专业化水平的更高要求,在体育教师的发展方面来说也是如此。这一发展趋势也正在成为我国教师教育改革的需要与发展的方向。实际上,在各行各业都开始更加追求专业化的今天,分工是社会分化的一种表现形式。对于社会中的某项职业是否成为一项真正成熟的专业,在国际上有一个普遍的认同标准,即成熟的专业需包括专业智能、专业道德、专业训练、专业发展、专业自主和专业组织①。

根据这六大标准,我国教师在完成教育教学的专业化过程中,要进行大力改革与发展的方面主要有以下几点:

第一,要适当调整教师教育的课程体系。

第二,要进一步加快教师队伍高学历化的进程。

第三,要进一步完善教师资格证书制度。

(三)增强教师教育的信息化建设

现代社会已经完全进入了信息社会,社会发展水平在很大程度上取决于信息的传播速度、信息量以及信息有效性。

对于现代社会的各个不同领域来说,信息所起到的促进作用都是不容忽视的,教育领域也不例外。

在教育领域中,信息化以不可阻挡之势向前发展,而教师教育信息化的建设则相对落后。为此,需要在这一方面给予重视,加快教师教育的信息化进程和建设力度。

三、体育教学教师创新发展的路径

针对体育教师发展中存在的问题,结合未来的发展趋势,特归纳出以

① 刘捷:《专业化:挑战21世纪的教师》,教育科学出版社,2002年。

下几个方面的创新发展路径：

（一）要对教育创新的重要性有充分认识

体育教师是体育教学的直接参与者、指导者，处于主导地位，因此，要想发展创新，首先要对创新的重要性有充分的了解和认识。体育教师要解放传统的教学观念，深刻认识教学发展需要不断创新这个本质问题，尽可能避免囿于一个固定的思维模式中的情况，要能对创新特质的外在表现有准确识别的能力，对创新的条件有充分的领悟，正确理解教学创新的内涵所在，才能在实际教学过程中实施真正的创新教学行为。

（二）切实设计和制定个人专业发展目标

首先，深入探究和努力学习马列主义毛泽东思想以及中国特色社会主义理论和相关的伦理学等，以此为理念指导，与本人实际相结合，将个人专业发展的目标确定下来，同时还要保证自己发展目标的准确性和可行性。

其次，要在积极性和主动性上有进一步的提升。通过积极有效地参与各类教改活动，使自身的专业能力得到更好的培训和提升，树立能力为先的理念，有效争做学科带头人。

最后，要把爱专业、爱锻炼、爱学习的观念当作自身专业发展的重要组成部分，建立并强化终身学习的观念。

（三）建立并强化意识形态，提升专业能力

体育教师的意识形态，包含的内容是多方面的，下面对其中的几种加以阐述，以利于专业能力的培养与提升。

1. 增强团结奋进意识

体育教师的师德修养是其综合素养中的一个重要方面，会对学生产生潜移默化的影响。这就需要对体育教师进行积极引导，促使他们以大局为重，要围绕学习教育发展这一中心，使体育教师的主人翁意识和团结奋进的精神得到切实增强，并以学校教育的内涵建设和改革发展为立足点，全面思考和审视新形势下合格的体育教师所应具备的职业能力与素养，发现问题，查找不足，有的放矢。

2. 树立质量意识

教学质量决定着教学的最终效果，因此，树立质量意识是非常重要且

必要的。

首先，将体育实践融入常规的体育教学之中，通过实践改革，在方法、形式等方面进行反复的尝试，使学生对技术的熟悉和掌握程度不断提升，以保证他们的安全。

其次，采用多种形式的演练，做到理论的积累、知识的增长，然后在实践教学中应用相关的新的知识和理论，巩固所学，达到理论与实践相结合，提高教学质量的目的。

3. 强化科研意识

对于体育教师来说，他们参与科研活动的积极性受到很多因素的影响，科研意识就是其中之一，因此，对科研意识的强化，对于提升科研能力是有重要影响的。

第一，体育教师要以自身实际为立足点，加强自身科研意识的提升，不断深入拓展教科研工作。

第二，要引导体育教师，使其能够积极开展不同形式的教学探索活动，通过体育项目拓展、体育赛事观摩研讨、体育课程教改展示等各种不同的形式，将体育科研融入教学工作中。

第三，将体育科研成绩纳入综合考核机制，制定合理的考核评价标准，科学考量体育教师的科研业绩，提升他们开展科研工作的积极性和主动性。①

（四）提升体育教师创新的意识和能力

为了更好地实践创新行为，体育教师在日常的工作、学习中，应自觉提升自身的创新意识和创新能力。

教师的创造性思维、创造性教学行为对学生的影响是毋庸置疑的。在教学中培养学生的创新意识，要求体育老师创造性地教，进而引导学生创造性地学，把创造性的培养寓于平日教与学之中。因此，体育教师应在平日教学中注重对自身的“创新意识”和“创新能力”的培养。

1. 学习专业知识并准确掌握规律

创新教育的实施，是需要通过体育教师来实现的，因此，体育教师必须积极进行教育研究，转变传统的教育观念，学习先进的教育科学理论，掌握教育科学规律，准确把握学生心理状态，不断提高自身思维能力，通

① 张辉：高校体育教师职业能力创新发展研究，山东农业工程学院学报，2019，36（10）：171-172。

过“教”与“学”的互动，变知识的传授者为学习的促进者。

2. 做好继续教育和业务培训工作

体育教师要具备完善的知识结构和综合素质，不断吸取新知识，借鉴他人好的教学方式方法，取长补短，从而使自身的创新能力得到提升。体育教师要密切关注最新的体育发展动态，不断丰富自己的专业知识，不断更新教学理念和努力钻研教学方法，以饱满的、积极的精神风貌投身于工作中，使自身的创新意识与能力得到真正的提升。

（五）不断更新和优化专业发展渠道

体育教师专业知识的充实以及专业水平的提升，都是需要通过专业培训、课改实践以及参与科研等多种渠道才能得以实现的。具体来说，要以体育教学为中心，在教学的过程中以体育教师专业发展为主渠道，持续不断地更新和完善体育教师教学，探索新思路和新方法。与此同时，体育教师要与时俱进，进一步优化和创新自身的教学模式，确保自身专业发展的科学性、合理性、实效性。

（六）完善体育教师综合能力的评价机制

要进一步完善体育教师综合评价制度，科学制定评价标准和评价内容，要根据实际情况进行动态调整和持续优化，不断提升评价考核的针对性和有效性，确保体育教师的综合职业能力和业绩表现得到客观公正的考量与评判。

首先，要将一个多元的评价机制建立起来。学生的成绩固然重要，但这并不是体育教学的唯一目的，也不是体育教学工作成效的唯一衡量标准，体育教师的教学成果评价范围还包括：有无不断引入先进的教学思想，是否重视学生创新能力的培养，能否发现并善于以创新的方法解决教学出现的问题等。①

其次，人们对体育教师工作价值和成效的判断，并不基于单一的学生成绩或者其他，还包括体育教师的创新发展等，鉴于此，要为体育教师创新教学提供良好的平台，并增加鼓励创新的积极考核机制，才能真正地开拓、挖掘出更多的创新渠道，从而对体育教师的不断创新发展起到促进作用。

---

① 郑桑宇，李军，刘小明：中小学体育教师创新行为的现状与促进策略，体育科技，2019，40（06）：140-141。

第三节　体育教学中学生的创新培养

一、学生创新意识与创新实践能力的认识

（一）创新意识

创新意识，指的是人们有机结合个体生活需要与社会发展需求，引起创造前所未有的理念或事物的动机，在创造活动之中，表现出来的一种意愿、设想。

创新意识对于人们来说有着重要意义，一方面，是人们进行创造活动的内在出发点与动力；另一方面，是形成创新思维与创造能力的前提条件。

创新意识可以从很多方面得到实现，比如，创造动力、创造兴趣、创造情感与创造意志等。创新意识，某种程度上将人才素质的发展变化与发展方向体现了出来。加强人才创新意识的培养，对于未来社会发展有着重要的影响。

（二）创新实践能力

实践能力，简言之，就是将抽象的理论知识应用于解决实际问题的能力。从学生的角度来说，实践能力是指吸收教育资源，适应社会生活，用学到的理论知识解决基本实际问题，参与社会实践，提升自我的实践主体地位的能力。

一般来说，实践能力包含的内容是非常丰富的，比如主要的有语言实践能力、音乐实践能力、数理逻辑能力、身体运动能力等，具体会因为学科、领域的不同而有所差别。从体育学科的角度来说，在这些不同的内容上进行创新，能对体育教学的发展产生积极的推动作用。

二、体育教学中培养学生创新意识与能力的意义

（一）有助于体育教学效果的提升

体育教学中的所有意识和行为，都有一个共同的最终目的，就是取得

理想的教学效果，因此，体育教学效果在很多方面都会有所体现，而不仅限于体育技能熟练掌握、身体素质提升等方面，一些内在的精神、意识、能力方面，比如创新意识、勇于拼搏的精神、实践能力等，也能反映出体育教学效果的好坏。

对学生创新意识和创新能力的培养和提升，首先，必须在体育教师的指导下进行，严格遵循"健康第一""快乐体育"为指导思想，对旧有的教学理念加以改变，对教学目标进行重新制定，保证其准确性和科学性。由此，能够将学生的学习主观能动性激发出来，并对学生主动进行体育知识探究并加以创新进行积极的引导，成功培养学生创新学习精神和学习习惯。

（二）有助于体育教学育人价值的充分发挥

对学生创新意识与创新能力的培养，对于体育教学中育人价值的发挥会起到积极的促进作用。体育教学本身就是一种教育行为，具有教育普遍的育人价值，这一重要价值在体育教学过程中有显著体现，但这一价值性不仅限于此，在学生走出校园、踏入社会后，它仍能起到显著的作用和影响。

当前，随着经济、社会的不断发展和进步，竞争越来越激烈，从根本上来说，这种竞争无疑是人才的竞争。因此，在当今社会，人才的培养是首要任务，也是重中之重。当今社会对人才的要求越来越高，除了较高的专业能力、全面的学科知识素养这些基本条件外，较强创新意识与创新能力更是不可或缺的重要方面。因此在体育教学中应加强创新意识与创新能力培养，积极转变教学方法与手段，注重学生创新意识与实践能力的培养，这不仅能够有效增强学生的身体素质，还能够提升学生实践能力，对于学生未来发展具有重要的意义。

三、体育教学中学生创新发展的途径

学生在体育教学中要进行创新发展，可以从以下几个方面着手：

（一）将学生的主体性地位彰显出来

对于学生来说，作为体育教学的重要主体，要在创新上得到发展，不外乎提升创新意识和创新能力，事实上，创新意识与创新能力之间是相辅相成的密切关系，创新意识能为创新能力的发展和应用指明方向，创新能力的实践应用则使抽象新奇的想法得以通过具象化的事物呈现出来,并应用于社会发展之中。

不管是创新意识还是创新能力,对于学生来说,在培养过程中都必须具备一个良好的环境,这是重要的外部条件。

受传统体育教学模式的影响,之前学生的主体地位没有得到充分体现,学生的学习行为往往由教师进行掌控,学生自主学习空间也非常小,想要实现学生创新意识培养是非常困难的。这就需要打破常规的教学模式,给予学生充足的学习空间与时间,让学生在体育实践训练中去发现、去思考,掌握体育知识规律,再加上教师的必要指导,进一步开阔学生的思路,激发学生创新思维,从而逐步引导学生主动进行思考,养成发现问题、思考问题、解决问题的良好习惯。①

(二)注重学生创新思维的培养和提升

1. 加强求异思维训练,培养学生的发散性创新思维

学生思维的转变,实际上反映的是其处理事务时的思考、推测模式等的转变,这对于学生创新能力的培养是有利的。加强求异思维的训练实际上就是对学生发散思维的一种加强性训练。体育教学过程中根据教学内容设计出的相关游戏,在激发学生发散思维方面效果显著。在组织体育游戏中,教师可采用内容不全教学法,给教学内容留有一定的空白空间,这对学生的预估和推测能力的培养非常有帮助。

2. 加强左右脑潜力的开发,培养学生创新思维

每个人的大脑发展情况都是不同的,而人体左右脑的发展情况,决定了每个人的创造力情况,如果人体左右脑能够得到平衡发展、相互配合,那么形成的创造力就会比较强。但是在实际的体育教学中,能够有效帮助开发学生左右脑的教学方案非常少,不管是课堂教学方式还是教育手段,都比较侧重于言语思维以及抽象思维,这会对非言语以及形象思维的训练产生不利影响,也不利于学生创新能力的培养。所以,体育教师在设计教学活动时,一定要注意左右脑功能的同时开发与训练。

---

① 龚嘉荣:体育教学中学生创新意识与实践能力的培养分析,当代体育科技,2019,9(27):55-56。

（三）积极引导与开发学生创新潜能

对学生创新思维和创新能力的培养，并不是放任不管，任由学生自由发挥，而是要充分发挥其主导作用，积极引导学生创新发展的正确方向，并对学生发展过程中存在的问题进行科学指导，在现有的体育活动基础上，加强学生创新意识引导启发，客观评价学生创新行为，积极鼓励学生进行创新，从而尽最大可能激发学生的创新意识，并促使学生落实于实践过程中。

（四）借助新的教学方法培养学生的创新能力

1. 自主学习法

在培养学生创新能力的过程中，自主学习是不可或缺的一个重要条件，体育教师在设计教学活动时，需要留给学生一定的自主权以及自由，充分体现学生的主体地位，使之在自由的氛围中增强自身的能力。①

2. 小组学习法

在体育教学过程中应用这一教学方法，能将学生的主观能动性充分体现出来。在体育教学过程中开展小组学习活动，能对学生团队协作能力的提升起到促进作用，除此之外，对各个小组之间的相互交流与沟通、借鉴经验也有积极影响，对于激发学生自主学习和创新能力的发展也是有意义的。

（五）利用现有条件营造创新实践场景

在体育教学过程中，启发学生创新意识、培养学生实践能力，除了需要学生自身必不可少的努力之外，教师还要借助现有的教学器材，营造创新实践场景，利用场景从“侧面”出发，将学生创新意识有效激发出来，并在创新实践场景中帮助学生将这种创新意识转化为实际行动，有效实现学生创新意识与创新能力培养。

① 刘进：高中体育教学中学生创新素质的培养，亚太教育，2019(10)：102。

第七章　创新教育背景下体育教学管理的改革创新

体育教学管理也是体育教学开展与实施的重要环节，与其他几个环节一样，有自己独特的功能，是不可或缺的。体育教学的发展与创新，与体育教学管理的改革创新有着密切的关系。因此，分析和研究创新教育背景下体育教学管理的改革创新是非常重要且必要的。本章首先对体育教学管理的基本理论进行阐述，接着分析了体育教学管理创新的必要性、主体和内容以及这一过程中存在的问题，并提出了科学的解决策略。体育教学管理的创新有利于体育教学的整体发展与创新。

第一节　体育教学管理概述

一、体育教学管理的目的

（一）体育教学管理基本目的

体育教学管理在体育教学中是非常重要的组成部分，有其存在的目的，可以归纳为下面几点：

第一，能让学生充分感受到体育文化的特有魅力。

第二，将体育相关知识和专业技能传授给学生。

第三，通过积极引导，使学生能够将良好的竞争意识建立起来，也将他们参与体育活动的兴趣有效激发出来。

第四，对学生的健康素质和活动能力进行重点培养，并加以提升。

（二）体育教学管理目的的实现

体育教学管理目的能否实现、实现的程度如何，直接决定了体育教学管理工作的质量，因此，要采取各项有效措施，促进体育教学管理目的的实现。

第一，强化体育的多功能目标，将体育教育的功能在多个方面体现出来。

第二，树立正确的体育教学思想。对于学生来说，在教师的引导下树立“健康第一”“终身体育”等指导思想，有助于他们养成自觉锻炼的习惯，同时，还能对他们的身心全面发展等起到促进作用。

第三，建立科学的体育教学评价体系。体育教学过程的开展以及最终取得的教学效果如何，都是需要经过教学评价才能实现的，同时，得出的评价结果还能对下一步的体育教学活动的开展起到重要的导向作用。

二、体育教学管理的内容

体育教学管理的内容，根据不同的标准和方面，能进行不同的分类，这里对下列几个方面加以分析：

（一）师生管理

1. 体育教师的管理

（1）体育教师的培养

①体育教师的培养机构

目前，我国体育教师的培养机构主要是师范教育系统的体育院系及全国体育学院系统的体育专业院校。1996 年 9 月，全国第五次师范教育工作会议决定，逐渐压缩并相继取缔中等师范学校，实现原有的三级示范教育体系（中等师范学校、师范专科学校和高等师范院校）向二级师范过渡和转变。近年来，在体育和教育事业的不断推动下，一些综合类大学纷纷组建体育院系，为培养体育教师做出了重要贡献。

②体育教师的培养目标

1999 年，我国国务院颁布《中共中央国务院关于深化教育改革全面推进素质教育的决定》，2001 年，颁布《国务院关于基础教育改革与发展的决定》，2003 年，教育部印发《全国普通高等学校体育教育本科专业课程方案》，据此，高等师范院校和体育专业院校对体育教师的培养有了明确的目标，具体如下：

A. 体育教师要熟练掌握本专业所必需的基础理论、基本知识和基本技能。

B. 体育教师要熟练掌握马克思教育理论。

C. 体育教师要具有一定的科学研究能力。

D. 体育教师要具有一定的分析问题和解决问题的能力。

E. 体育教师要具有从事教育和体育教学工作的初步能力。

F. 体育教师要有能够用一种外语阅读本专业的外文书刊的能力。

G. 体育教师要了解尽可能多的与本专业有关的科学新成就。

④体育教师培养课程的设置

培养课程的设置是否合理直接关系到体育教师的培训质量，结合体育教师培养实践，可以将课程设置分为国家类课程、专业基础课程、专业理论课程、专业技术课程，以及专项训练、实践类课程。在体育教师培养系统中，当前对体育教师的培养突显出以下特点：师范院校较注重教育类课程，以突出师范性为重点；体育院校体育类课程开设门类较多，以教学性为主。

（2）体育教师的培训

①体育教师的培训目标

根据徐玲（2000 年）和王书彦（2002 年）对体育教师培训的研究，可将体育教师的培训目标概括为以下几个点：

A. 强化体育教师的职业信念，提高体育教师思想政治素质和师德修养水平。

B. 使体育教师具有一定的现代教育意识、观念。

C. 使体育教师掌握本学科专业理论和教育理论，熟知体育教学规律和学生学习规律。

D. 使体育教师掌握基本教学技能和现代教育技术，并能灵活运用。

E. 使体育教师掌握教育科研方法，能开展教改实验和理论研究。

②体育教师的培训形式

体育教师的培训形式主要有培训班、研修班、个别指导、教研活动、课题研究以及教学实践和社会考察等。

③体育教师培训课程的设置

做好课程的设置是体育教师专业发展的需要，是搞好学校体育工作的重要保障。体育教师培训课程体系的设置应以当前的新课程对体育教师新的期待为重要依据，同时，要以体育课程内容选择的最优化与提升体育教师的素质教育能力为指导。

④体育教师的培训模式

体育教师培训模式主要有岗前培训、院校培训和校本培训三种。

A. 岗前培训：适用于新教师的培训，主要通过两种途径实现：一种是由教师进修学校或师范院校对新教师进行脱产培训；另一种是组织培训班，指定老教师传授、帮助、带动新教师。

B. 校本培训：以教师任职学校为基本单位，以校长为第一负责人，让教师在工作中学习，将培训与教育教学、科研有机结合起来。校本培训以学校和教师的实际需求为出发点，能将教育科研与教育教学实践紧密结合起来，有利于保持正常的体育教学秩序，因此被广泛使用。

C. 院校培训：主要包括学位课程培训和短期进修培训。前者的培训时间一般为 1 ~ 3 年；后者的培训时间较短，一般为几天或一两个月。

（3）体育教师的考评

对教师进行客观的考评是体育教师管理的重要工作之一，要想实现体育教师考评的客观、公平、公正，就必须建立健全体育教师的岗位责任制、教师工作量制度、业务档案管理制度以及考核奖惩制度，为体育教师考核工作的制度化、规范化奠定良好的基础。

（4）体育教师的引进及学术交流

针对我国体育教师学历结构较其他学科偏低的现象，应加强体育教师的引进和促进体育教师的学术交流。一方面，应根据学校体育教师的定编、老教师的自然离退休、某一项目或某一课程的需要等情况，有计划地引进高层次的体育专业教师；另一方面，应根据本校制定的学术交流有关规定，合理安排经费情况，鼓励体育教师参加学术交流活动，以促进体育教师的科研水平和综合素质的提高。

2. 学生管理

在现代体育教学中，对学生的管理主要体现在教学组织形式、课堂控制以及对学生课堂违纪行为和偶发事件的预防与控制三个方面，具体如下：

（1）教学组织形式

目前，体育课堂的教学组织形式大致分为两大类，即班级教学和分组教学，这两种教学组织形式的划分对体育课堂上对学生的管理和教学有着积极的作用。它们都是以集体教学为基本形式，重视学生的多样化、综合化和个别化发展。具体来说，在体育教学中既要进一步完善班级教学，也要重视施行分组教学，以弥补班级教学制的不足。

①分组教学

分组教学是把一个班级根据某种形式分成若干个小组，然后由教师以小组为单位进行指导的教学形式。在教学实践中，分组形式的优势主要表现在两个方面：一方面，分组教学模式保留了班级教学的长处；另一方面，分组教学能解决部分学生的区别对待问题，有助于体育教师根据不同小组的不同特点进行有针对性的教学指导。

在体育教学的组织和实施过程中，体育教师既可以以学号为依据对学生进行分组，也可以以性别比例为依据对学生进行分组，还可以对全体学生进行随机抽号分组。但不管是哪一种分组，体育教师都应在教学开始前为每个小组指定一名组长，小组长一般为这个组中对课堂内容掌握较好的学生，在教学中应充分发挥小组长的模范带头作用。

②班级教学

班级教学又称班级授课制，它是当今体育课堂教学最为基本的一种形式。这里的“班”有广义和狭义之分，广义上的班是在对班级进行改造后形成的集体或团队；狭义上的班只是传统意义上的“行政班”或“自然班”。

（2）课堂控制

在体育教学过程中，为了使体育课堂教学活动按计划有条不紊地进行，体育教师必须认真掌控学生对于课程内容的接收情况，重视对课堂体育教学活动效果的监控，并随时将课程上已经达成的目标与预先设定的教学目标进行对比。一旦出现完成目标较预设目标滞后或偏差的情况，就应该积极采取措施使课堂教学活动回到正确的轨道上来。

体育教师应采取积极有效的措施对课堂教学活动进行管理控制，具体来说，教师可采取以下措施加快教学进程或是纠正教学偏差：

①引导学生的思维集中到课程上。

②在教学开始前明确本次课堂教学的具体目标。

③客观、科学地衡量教学实际达成的目标情况。

④认知分析教学偏差产生的原因，有针对性地采取纠偏措施。

⑤对学生课堂违纪行为和偶发事件的处理。

在教学课堂上，能否正确处理学生的一些违纪行为或课堂偶发事件是教师课堂管理水平高低的重要衡量标准之一。

（3）对学生课堂偶发事件的处理

教学活动中的偶发事件具体是指在教学过程中由学生或第三方人为、非人为等因素造成的在教师预料之外的偶发性事件。在体育教学实践中，学生在折返跑训练中由于动作幅度过大而导致脚踝关节的扭伤以及学生在做跳山羊练习时山羊支架的意外倒塌等都属于偶发事件。

体育教学的特殊性要求体育教师根据经验在教学开始之前对课堂教学组织与管理做出周密、严谨的准备，对各种可能出现的问题进行预案，但是，偶发事件具有不确定性，在教学中的发生不可避免。在体育教学过程中，一旦有偶发事件发生，体育教师首先要保持冷静，并迅速反应、及时控制、果断处理，争取将伤害降到最低。

（4）对学生课堂违纪行为的处理

体育教师应在学生出现课堂违纪行为之前积极预防。在体育教学活动开始之前，教师应凭借自己的教学经验采取积极有效的措施，在学生课堂违纪行为发生前就做出预防性的管理，避免或减少学生违纪行为的产生。具体来说，教师可以通过以下措施来预防学生课堂违纪行为的发生：明确体育课堂教学常规和行为标准；在体育教学中重视促成学生遵守规则的成功经验；尊重学生、爱护学生，建立和谐的师生关系。

（二）教学活动管理

课堂教学是体育教学活动的主要教学活动，加强对体育课堂教学的管理是体育教学管理的工作重点和难点。

1. 体育课堂教学文件的管理

体育教学文件是指国家的教育方针，上级部门颁发的各种有关教学法令、条例、规定、指示、规划、制度和体育教学大纲，同时还包括学校体育教学的工作计划、教学进度安排、单元教学工作计划和教案等。

体育教学文件在体育教学中具有非常重要的作用，它是体育课堂教学的指导性文件，是体育教学活动开展的重要依据，因此对体育教学文件的管理是体育教学管理的一项非常重要的内容。

（1）学习研讨

学习研讨是对体育教学文件进行管理的第一步，具体是指提出教学文件管理的指导性意见，并组织学习研讨。对体育教学文件进行管理的主体是体育机构和体育教研室（组）。

体育教学文件管理过程中，在制定具体的教学文件前，体育机构和体育教研室（组）必须按照上级主管部门对本校体育教学活动的有关要求，给予体育教学文件的制定方向以指导性意见，也就是要在体育教学文件当中体现出教学的指导思想、任务、质量和时间等。另外，体育机构和体育教研室（组）还应组织学校的体育教师仔细分析研究教学计划，尤其应对教学大纲进行仔细的研讨，以便能够结合学生的实际情况和《国家体育锻炼标准》《体育合格标准》等相关制度的要求，制定出符合本校校情的体育教学文件。

（2）具体制定

制定具体的体育课堂教学文件是在学习研讨之后进行的。具体来说，相关部门和人员在进行仔细的研讨之后，应就教学文件做好具体的规划，然后进行教学文件制定的准备工作，准备工作完成后，体育教师或教学小组就可以开始正式地进行各类教学计划文件的制定。

体育课堂教学文件的制定过程中，体育机构或教学主管部门需要印制一份统一的教学计划表格，以便制定过程能够更加规范，也有助于制定后检查工作的开展。计划文件初步制定完成后，学校应组织具体部门集体讨论与审议，协调与调整教学计划中场地器材的安排。计划文件制定完成后，学校还应依照规定的手续将其交给教研室（组）负责人审核批准，以便于进一步的实施。

（3）逐项实施

体育教学计划一旦经过审核批准就可以进行实施了。在实施体育教学文件和计划的过程中，体育教学工作者必须严格规范执行过程，不能随意变动。教研室负责人、教学小组长等还应就计划文件的落实情况进行检查。假如发生特殊情况阻碍教学计划的正常实施，可向教研室（组）申述，有关领导应考虑具体情况，及时合理地调整计划，使之符合客观的体育教学实践。

（4）分类整理

分类整理是对体育课堂教学文件的后续管理。在体育教学实践中，凡是制定并完成的各项教学计划，学校都应进行分类整理，并存档保管，以备日后的查询、参考与研究。

2. 体育课堂教学的教务管理

体育教学的教务管理主要是由学校的教务部门统一实施的，这一管理过程需要体育教研室的主动配合。

（1）编班

在体育教学中，对学生进行编班管理是课堂教学管理的重要内容。在具体编班的过程中，学校应充分考虑体育教学的特性，做到以下两点：

首先，混合编班是我国学校常用的编班形式。在混合编班的过程中，学校应尽最大可能安排好各班体育基础好与基础差的学生的比例和男女学生的比例，同时应保证每班的学生体育骨干的人数大体上相同，而班级的人数应控制在 50 人左右。

其次，编班过程中注重不同学生的合理搭配。如果条件允许，编班最好能够按性别的不同将班级分为男班或女班，或按体育基础的不同，分为初级班、中级班和高级版，这样能够使体育教学更加顺利地开展。

（2）安排体育课表

体育课表的安排应注意以下几点：

①体育教学是以肢体活动为主要内容的教学活动，需要学生在活动中保持高度的注意力，注意运动安全，因此，在安排课表时，学校最好将体育课安排在上午的第三节和下午。

②同一个班每周的各次体育课之间的间隔时间需保持在合理的范围之内。

③如果教学的进度相同或者内容一致，可将不同的班级统一起来上课，但应注意控制一次课教学的人数。

④安排需要器材的体育教学活动的时候，最好是接连安排，以便场地器材能够得到有效的布置和使用，同时加强教师之间的相互观摩和借鉴。

（3）控制课堂教学

有针对性、适时、客观、灵活地控制体育教学是保证体育教学的目标实现的重要前提，也是使制定完成的教学计划得以顺利实施的重要基础。因此，体育教学工作者，尤其是体育教师，应重视对课堂教学的控制。

体育课堂教学文件的制定对体育教学实践是一种方向上的指导，而在体育教学的实践过程中，已经制定完成的教学计划常常会和教学的实际情况产生矛盾。例如体育课某一考试标准可能定得有点高，从而使很大一部分学生都不能及格；或在教学过程中出现了场馆器材条件不能满足教学需要的现象；或由于某些客观原因使得某一个单元的体育课出现多次连续的缺课，造成教学计划无法按时完成或者无法保质保量地完成。这些问题都会对体育教学活动产生一定的阻碍，因此，体育教师在教学过程中及时发现上述问题并及时控制体育课堂教学中产生的各种矛盾，有助于体育课堂教学活动的顺利开展。

在管理系统中，控制的职能发挥是以一定的机构为基础的，但在体育课堂教学的控制过程中，控制机构却可能和体育教学部、教研组、器材室等组织机构是同一个，因此，很容易导致一个组织机构担负多种职能，从而对体育课堂教学控制造成阻碍。因此，对课堂教学的控制一定要职责明确，责任到人，重点发挥体育教师的管理和控制职能。

3. 体育课堂教学过程的管理

（1）备课管理

①体育教师的备课管理

体育教师进行教学，必须要备课。对备课的管理主要体现在对教师

的个人备课提出的明确要求。教师在备课时,要做好以下工作:

第一,钻研教材。一方面,体育教师要研究教学大纲(课程标准),根据本学科总的教学目标及各单元、各节课的具体教学目标来领会教学的基本要求,把握教材的体系范围与深度。另一方面,体育教师应研究多项教材的重点与难点及其前后的联系,并加以总结。

第二,了解学生。体育课堂教学要想充分促进学生的发展,课堂教学活动就必须切合学生的实际。因而,体育教师要全面了解学生的知识基础、身体健康状况、认知能力、运动能力水平,以及学习态度、兴趣需要和个性特征。

第三,组织教法。体育教师要根据教材性质、教学任务的要求,以及学生的情况、场地器材条件,设计合理的课堂教学的方法,确定教学活动的类型和结构。

第四,编写教案。教案即为课时计划,是对师生课堂上预期的教学活动的设计和描述,也是对每一堂课具体深入的教学准备,它是教师进行课堂教学的直接依据。教案的编写应注意以下几点:首先,教案的编写应根据教学大纲的要求和学校的有关规定来进行,体育教师应根据学生的实际情况,如体育基础、体育骨干、伤病情况等备课,同时要考虑到场地、器材的实际情况等,并如实详细记录;其次,教师的教案应该规范,备课的详略程度应当合理,任教班级的体育教学目标应该明确确定或者合理分解等;最后,备课文字精练、准确,教法运用正确。

第五,准备场地器材。在上体育课前,体育教师应自己或组织学生帮忙准备好场地、器材,这是上好体育课的物质保证。另外,教师还要认真地规划场地和布置器材。

②学校对体育教师备课管理的支持

学校应定期与不定期地检查教师的教案或者对教师的教案进行评比。同时,在教师个人备课的基础上,组织适当的集体备课,注意建立必要的集体备课制度,科学、合理、规范、恰当地确定每次集体备课的主题。此外,在集体钻研教材、教法时,要抓住重点,统一必要的体育课堂教学的基本要求等。

(2)上课管理

①体育教师的上课管理

体育教师既是体育课上的教学者,又是管理者,因此,体育教师决定了体育课的管理质量。体育教师对体育课的管理工作主要包括课堂常规的建立、做好思想政治工作、调动学生积极性、课的合理分组、教学方法手段的运用和调度,以及运动密度强度的掌握、场地器材的运用、安全措施的运用、教师本人和学生的服装要求等。

②学校对体育教师的上课管理支持

体育教学活动的相关管理者对体育教师的上课管理具有重要的影响作用，为了使体育教师顺利地完成上课管理，管理者应给予以下几方面的支持：

第一，要对体育课的教学给予与其他文化课程一样的关心与支持，并提出一定的要求。

第二，应积极主动地深入课堂，去看或听课，以便加强对体育课的检查与督导，同时，应积极组织一定的示范课、公开课、研究课等多种课型，开展体育教学的业务研讨，加强对体育课的检查督导。

第三，要尽最大可能为体育课提供必要的条件，帮助体育教师及时解决教学过程中产生的各种问题，为体育教师创造良好的教学环境。

③课后管理

在体育教学课结束时，体育教师应提出下次课的任务，组织学生收回器材、整理场地，并按时下课。

体育教学课结束后，体育教师还应总结本次课程的内容，认真开展课后小结，及时听取学生的反馈意见，以便不断地改进教学工作。

4.体育课堂教学的考核管理

作为体育教学过程的一个极其重要的环节，学生体育课成绩的考核与评定的管理主要包括以下两个方面：

(1)体育教师对体育课成绩考核的管理

体育教师对学生体育课成绩考核的管理工作具体如下：

①体育教师应根据学校和体育教研室及有关机构的要求，认真组织体育课成绩考核的实施。

②体育教师应熟练掌握成绩考核的办法与标准，公平、公正、合理地开展学生的实际测评。

③体育教师在体育课成绩考核结束后，应尽快做好学生成绩的登记工作，并按规定程序将成绩上报给学校的教研室及相关部门。

(2)体育教研室(组)对体育课成绩考核的管理

体育教研室(组)对学生体育课成绩考核的管理主要是按照体育教学大纲和教学计划的相关规定，结合学生的实际情况进行的，具体如下：

①体育教研室(组)组织讨论并制定体育课成绩考核的项目、内容、评分标准、计分方法和评定总成绩时各种内容所占的比例等。

②体育教研室(组)对体育教师进行检查和监督,要求体育教师必须正确对待考核工作,制定出合理的、科学的评分标准与方法,统一评定尺度,认认真真地完成体育课成绩的考核。

③体育教研室(组)应积极地审核各班体育课成绩登记表,尽快报送教务部门,及时建立学生的成绩档案。

④体育教研室(组)应根据有关规定审核并组织体育成绩不及格的学生进行补考。

(三)教学风险管理

1. 体育教学风险的概念

根据风险的概念,可以这样界定体育教学活动风险的概念,即在体育教学过程中,因为一些不确定因素造成的消极影响,使体育教学的实际效果与预期效果发生偏差,或出现不利事件,从而产生受到损失的可能性。这里的损失没有严格的标准,可以是对学生身心的不良影响,可以是体育教学费用的支出损失,也可以是体育活动效果的降低。

体育教学活动风险的概念主要包含的意思有以下几个层面:

(1)教师的变化

在体育教学活动中,体育教师在教学能力与教学作风方面的变化,都可能是造成学生在体育活动中受伤的原因。体育教师在这两方面的变化具体体现在以下几方面:

①教师没有履行岗位职责或擅离职守。

②教师对学生进行体罚。

③教师没有按照体育教学常规与大纲要求展开教学活动。

④在体育教学过程中忽视了对学生的安全教育。

⑤教师预见了可能存在的危险但是没有提前采取预防措施。

⑥学生做有危险的行为,教师发现后没有及时劝阻或制止,任由学生继续可能带来损伤的危险行为。

⑦体育教师没有注意到有特异体质的学生或有特定疾病的学生,因此未能阻止这类学生参加体育运动。

(2)体育场地、设施等变化

体育场地设施以及气候等方面的变化都可能引起学生的伤害事故,这些方面的变化主要体现在以下几点:

①体育场馆及设备的安全制度不合理,管理混乱。

②学校仍在使用年久失修或报废的体育设施。

③没有定期检查学校的体育场地设施。

④在使用体育场地设施的过程中出现损坏但没有及时对其进行维修而继续使用。

⑤体育教学设备或设施存在不安全因素,与国家规定的卫生和安全标准不符。

⑥体育场地设施的管理人员素质水平较低。

⑦在夏季,由高温、热浪、暴风雨、雷电等灾害引发的中暑、昏厥等安全问题经常发生。

⑧对危险器材没有提出安全操作说明。

⑨没有采用合理的措施对体育设施进行保护,安全隐患明显。

(3)学生自身的变化

学生自身的变化也是其在体育学习过程中出现伤害事故的主要原因。学生的体育活动伤害事故主要有扭伤、碰伤、摔伤、擦伤甚至猝死等。学生自身的变化表现在很多方面,如身体方面的变化、观念方面的变化、心理方面的变化、个人习惯方面的变化等。

2. 体育教学风险管理的概念

体育教学风险管理指的是学校有意识地计划、组织、监督和控制体育教学活动,通过特定的程序和方法,减小风险损失到最小程度,对体育教学的发展能力进行保护的活动和职能。①

3. 体育教学风险管理的必要性

体育教学风险管理的必要性主要体现在以下两个方面:

(1)由风险在体育教学管理中的特征决定

尽管风险的客观性决定了体育教学会面临着一定的风险,但同时风险与收益是并存的。就风险本身而言,虽然会导致损失的产生,但如果能够妥善地控制与处理风险,就可能为体育教学带来良好的收益。

(2)体育教学活动的安全需要

促进学生体质健康与全面发展是学校体育教学的目的,只有在体育教学过程中将各种风险成功避免,体育教育才能在学校不断发展。倘若管理风险的措施和方法不存在,体育教学过程中面临风险时就会难以妥善应对。

① 刘红:《高校体育风险管理研究》,北京体育大学出版社,2012年。

4. 体育教学风险管理的程序

体育教学风险管理的程序一般包括三个步骤，即风险识别、风险评估和风险应对。

体育教学风险管理的三个步骤是相辅相成的。风险识别能够提前对风险事故进行预测，从而对体育教学的管理者与参与者加以提醒，使其能够提前采用一些有效的措施；风险评估是从定量和定性的角度详细地分析与计算体育教学活动；风险应对是体育教学的管理者与参与者面临风险时的方法与策略选择。这三个步骤的有效实施能顺利实现风险管理的目标与任务。

体育教学风险识别与评估的实施需要以下五个步骤：

（1）识别体育教学活动中的风险因素，对可能造成风险事故发生的原因进行分析。

（2）建立体育教学风险识别资料库。

（3）从定量与定性两方面分析与评估风险。

（4）对风险可能带来的损失进行分析和评价。

（5）评价现阶段存在的体育教学风险并将急需解决的风险因素找出。

体育教学风险应对需要经过以下五个步骤才能完成：

（1）对风险应对的技术和措施加以选择。

（2）制定风险应对的方案。

（3）评价与选择应对方案。

（4）对所选方案加以实施。

（5）对方案实施效果加以评价，倘若取得了良好的效果，就可以暂时停止方案实施，如果没有取得良好的效果，就需要对方案进行检查，进而进行调整与完善。

三、体育教学管理的计划

从体育教学管理的内容中可得知，体育教学管理的计划有着重要的意义，对教学效果和教学质量等都会产生重要影响，因此，对体育教学管理的计划进行分析和研究是非常有必要的。

体育教学管理的计划中涉及的内容是多方面的，具体如下：

（一）体育教学工作计划

体育教学工作计划是贯彻国家制定的体育教学大纲和教材、科学地安排整个教学工作、顺利完成教学工作目标不可缺少的文件。

体育教学工作计划通常可以分为全年教学工作计划、单元教学计划和课时计划等。

（二）学年体育工作计划

学年体育工作计划，具有非常强的规划性特点，且持续的时间较长，以学年为单位。具体来说，该计划是对国家教育和体育方针、上级领导机关指示精神、学校工作中心任务及要求的概括。上一学年的体育工作计划是下一学年工作计划制定的重要依据。

（三）教师培训计划

体育教师是体育教学的重要主体之一，具有重要的主导性作用，为适应不断发展的社会，满足社会和学生的需求，教师也要做好自身的培训与提升工作。教师培训计划就是针对这种情况而产生的。在制定教师培训计划时，首先要了解所要培训的教师个体的具体情况，然后与体育教学需求相结合来进行。

（四）运动竞赛计划

通过运动竞赛的实施，能够有效检查前一阶段的教学质量以及运动训练水平，还能以竞赛过程中学生的表现和成绩来选拔相应的体育人才。运动竞赛计划主要包括年度竞赛计划、学期竞赛计划。

（五）课外体育工作计划

课外体育工作计划主要包括全校课外体育工作计划、班级体育锻炼计划和个人锻炼计划等。在制定课外体育工作计划时，学校要充分结合本校实际与学生的具体情况，以保证计划的合理性与可行性。

（六）场馆、器材计划

体育场馆、器材，是体育教学得以顺利实施的物质保障。这方面的计划主要包括场馆建设、维护，器材购买、维修等内容。在制定这类计划时，首先要考虑到学校体育的发展情况，然后要考虑学校的实际情况，并且还要把握好最低限度。

四、体育教学管理的原理

体育教学的管理不是盲目进行的，而要遵循一定的程序和基本原理，这些原理主要有人本原理、系统原理、动态原理、效益原理等。

（一）人本原理

人在事物发展的过程中扮演着非常重要的角色，要想实现理想的管理效益，就必须要以人为本，充分调动人的积极性，激发人们参加各项活动的兴趣和动力，这就是所谓的人本原理。简单来说，人本原理就是一切活动都要围绕着人进行，人是活动的主体和重要力量。

依据人本原理，在体育教学管理活动中，人是非常重要的主体，在整个管理系统中人起着不可替代的作用。因此，在具体的体育教学管理活动中，坚持以人为本的基本理念，要求做到以人为本，根据人的实际水平和工作能力来安排各项工作，学校要为教学管理人员提供各方面的支持，从而保证体育教学活动的顺利进行，这样才能提高教学质量和效果。

（二）系统原理

体育教学管理系统大而复杂，系统中包含诸多要素，这些要素并不是孤立存在的，而是相互联系在一起的，正是由于这些要素之间的密切配合与相互促进才促使体育教学管理系统健康地运转与发展。系统可以说是各要素功能之和，这些要素按照一定的结构相互联系在一起，依据系统整体目标的要求进行各种组合与搭配，共同推动着系统的完善与发展。这就是系统运行的基本原理和机制。通过这一系统原理的运用，能实现体育教学管理优化的目标。

为保证体育教学活动的顺利进行，我们可以以系统原理为主要依据，确定体育教学管理的基本原则，在这一原则的指导下，有条不紊地开展体育教学管理工作，这是体育教学科学管理的重要体现。

以系统原理为依据，可以制定以下几个原则，体育教师要遵循这几个原则开展教学活动：

1.“整—分—合”原则

这一原则要求体育教师将整体分解为若干部分，然后确定明确的分工，保证分工的合理性和规范性。负责每一项工作的人员都要有一定的责任心,这样才能实现体育教学管理的功效和目标。这就是“整—分—合”原则的利用。

2. 优化组合原则

体育教学属于一个庞大的系统,系统内涵盖诸多要素,体育教师要学会对这些要素进行科学组合,这样才能充分发挥各要素的功能,从而实现体育教学管理的效益。

3. 相对封闭原则

总体来看,在体育教学管理系统中主要包含两方面的关系,一方面是系统中各要素之间的关系,另一方面是系统与外部其他系统之间的关系。要想实现理想的体育教学管理的效果,就要使系统内各种管理手段、方法等构成一个连续的封闭回路,构成一个闭环的系统。这就是相对封闭原则的利用。通过这一原则的利用,体育教学管理系统能够顺利地运转,从而保证理想的教学质量和效果。

(三)动态原理

在体育教学管理系统中,主要包括人、财、物、时间、信息等各种要素,这些要素缺一不可,在系统中发挥着重要的作用。这些要素之间相互联系,共同推动着整个系统的发展。另外,该教学系统还涉及计划、组织、控制、协调等各个环节的内容,每一个环节也包括诸多要素,这些要素都是处于不断发展和变化之中的,体育教学管理要顺应这些变化,从而保证教学管理目标的实现。这就是体育教学管理的动态原理。

在体育教学管理的过程中,体育教师一定要掌握这一动态原理,在这一原理的指导下组织与开展教学活动。在具体的实践中,体育教师要下放一定的权力给学生,采取各种措施和手段激发学生学习的积极性,使其以饱满的精神状态投入到教学活动之中,从而保证教学管理活动的顺利进行。除此之外,体育教师在教学管理的过程中还要收集各种反馈信息,根据得到的客观的反馈信息及时调整教学方案和计划,从而实现体育教学的目标。

(四)效益原理

体育教学管理是一个大而复杂的系统,系统内的要素及环节众多,并且每一个环节的内容都是非常重要的,作为一名合格的体育教师,一定要管理好教学活动中的各个环节,以提高教学效益为中心,充分利用好教学中的人力、财力、物力、信息等各种资源，实现各种资源的优化与配置，这就是体育教学管理中的效益原理。体育教师要以效益原理为指导组织与开展教学活动。

实际上，进行体育教学管理的主要目的就在于实现理想的效益，因此，一定要遵循效益原理开展教学活动。一般来说，体育教学管理的效益主要包括经济效益与社会效益两个方面，这两个方面是缺一不可的，不能只为了一方面的效益而忽略了另一方面的发展。作为体育教学管理人员，要从不同的主体和不同的角度去检测和评估教学管理的效益，及时协调与调整管理系统中各个要素，从而实现最佳效益。

第二节　体育教学管理创新的必要性

一、是高等教育深化改革的客观现实要求

求新、求变是高等教育改革的明显特征，基于这一需求，学校所实行的教育管理，也需要融入创新理念，在管理模式、管理策略上都要有所创新，并且将新颖性特点充分体现出来。

随着三级课程管理体制的确立和不断完善，以及新课改的日益深化，学校在课程管理方面拥有了广泛的自主权，权力的增加在给学校发展带来更广的空间、更大的可能、更多的机遇的同时，也带来了更大的挑战，而当前，各级各类学校面临的最大问题就是如何实现在管理中求创新。

高等教育改革所产生的影响，首先在在校的学生身上得到了体现。学校的管理者、任课教师，需要深入到学生群体中，通过访谈、交流等方式，全面地掌握他们对于高校教育管理有哪些诉求、哪些建议，进而将这些信息作为下一步创新教育管理的重要参考。唯有如此，才能够在高等教育改革的过程中，始终把握正确的创新方向，教育管理所取得的成果也会更加理想。

二、是促进学生身心健康成长的本质要求

从现代社会的角度来说，创新是社会整体发展的核心驱动力，同时也是人自身发展的内在驱动力，而推动创新发展的根本在人才，培养人才最重要的途径之一就是学校教育，这些都要求教育在各方面进行革新。课程又在学校教育中居核心地位，因而对课程进行科学、合理的管理，是实

现教育育人价值的重要保证。

从教学管理的角度上来说，必须妥善解决更有利于培养学生创新素养的课程的研发、实施，评价教学的效果等问题。通过创新管理理念，在教育管理中将“人本”性、包容性和自由性特点充分体现出来，让学生的意见得到倾听，诉求得到满足，这样的管理环境下，才有可能使他们形成更加积极、阳光的心态，无论是在日常学习，还是为人处事等方面，都会始终保持开朗、乐观的情绪，这对于个人的学业、身心的成长都是大有裨益的。①

从学校的角度来说，要为学生营造一个宽松、愉悦的学习环境，创新学校课程管理体制，从不同阶段学生个人的身心发展规律入手，设置多维度的课程管理标准，从不同方面培养孩子的基本能力，让每个学生在良好的学习环境中，发现自身的优点，实现全面、协调的发展。除此之外，高校教育管理的方式、成果，也会对学生的思维观念、身心健康、学习成长等方面产生相应的影响。这些都是不可被忽视的。

第三节　体育教学管理创新的主体与内容

一、体育教学管理创新的主体

体育教学管理创新的主体主要是两个方面：一个是教师，一个是学生，两者在创新发展方面是各不相同的。

（一）教师及其专业化发展

受新课程改革理念的影响，传统意义上被动的教师形象已经不能满足现代体育教学的需求了，应该逐渐转变为积极的、能动的教师形象——积极能动的教育家和科研工作者。随着基础教育改革的不断深化，体育教学与教师的关系也从根本上发生了变化，对教师的整体素养和专业化水平的要求更高、更严格。

教师要想通过专业发展提升自己在创新教育理念下体育教学管理的能力，可以从下面几方面着手：

---

① 吕国利，姚飞：创新教育理念下高校教育管理探究，中外企业家，2020(06)：212。

第一，必须具备深厚的知识储备。只具有扎实的学科专业知识是不够的，还要创新地扩充教育学、教育心理学、管理学、创造学等知识背景，并将这些理论知识融合到自身教学和课程开发设计之中，将创新教育的理念应用于自身的体育教学管理工作中，并将自身良好的指导作用充分发挥出来。

第二，加强自身的教育与培训工作。教师在从事体育教学之前和体育教学过程中，都要不断做好相关的培训与提升工作，只有自身的综合知识储备、先进的思想意识、熟练的技术技能、较高的教学能力等方面都做好充足准备了，才能在体育教学中对学生产生积极的引导，才能取得理想的教学效果。

第三，教师在参与教育研究时要充分表现出积极性与主动性，三级课程管理体制下，教师对自身工作的认知不能只体现在教书方面，还要将教育研究作为工作的一个重要方面，在实践工作中发现问题，将不同问题分门别类，建设课程管理专题专项研究中心，把实践经验上升为理论基础，这对日后的课程管理工作能起到积极的指导作用。

（二）学生及其个性化成长

学生在体育教学中处于重要的主体地位，这种主体性在体育教学的各个方面都必须体现出来，体育教学管理也不例外，但是实际情况则并非如此，学生的主体地位往往被忽视掉了。

在体育教学中，要将有计划、有针对性的教学与解放学生的天性、激发学生的潜能有机结合起来，让学生真正做学习的主人，让学生对所学的内容进行自我管理。

第一，学生要具有主人翁精神，并将自身的特长充分发挥出来。比如，可以赋予每个学生在班级中不同的职责，以此来增加学生的主人翁意识和责任意识。同时，这样做还能使学生的组织、管理能力和人际交往能力得到锻炼和提升。

第二，让学生对校园活动进行组织和落实。引导学生自我组织，开展校园文化、科技活动，在课堂学习之外，丰富学生的校园生活。比如，可以举办辩论赛，引导学生自行做好各方面的比赛组织工作，各司其职，保证比赛顺利完成。

第三，学生的自我评价和自我成长。学校和教师要有意识地引导学生的人生规划，突出发展性评价的作用。

二、创新教育背景下体育教学管理的内容

在创新教育背景下,体育教学管理所包含的内容是非常丰富的,具体可以归纳为两个方面,一个是体育教学资源的管理,一个是体育教学课程管理,这两个方面的内容都在体育教学中具有重要的地位,对体育教学的开展有显著影响。

(一)体育教学资源管理

1.体育教学人力资源管理

(1)体育教学人力资源的配置

体育教学人力资源的配置,就是指为了保证人力资源的利用效率和产出最大化,对体育人力资源在部门及各种使用方向上的分配。

体育教学人力资源的配置会因为层次的不同,被划分为微观层次、宏观层次。

通常,体育教学人力资源的配置包含的内容如下:

① 地区配置

体育教学人力资源的地区配置的要求较为严格:首先,要与学校的自身发展特点相符;其次,要使各地区独有的资源优势都能发挥出来,将保留各地区特色与各地区的均衡化发展结合起来,并保证两者之间的平衡性。

② 领域配置

体育教学人力资源的领域配置也有相应的要求:首先,必须与国家发展状况相符;其次,要与我国体育教学的发展情况相符,除此之外的其他一般领域也不能忽视掉,要做到同时兼顾。

③ 职业配置

在体育教学人力资源配置中,还有一个方面也是非常重要的,即职业配置,它能在很大程度上将体育教学人力资源的规定性体现出来。从体育教学人力资源的规定性来看,主要对水平等级和职业种类这两方面加以区分。以各个职业岗位的具体需求为主要依据,分别将相应水平等级和职业种类的人力资源投入其中,从而保证组合的最优化。体育教学人力资源的合理配置,需要借助的根本方法就是科学、准确地预测职业需求,并以预测的结果为依据来合理安排各级各类的教育教学规划,在合适的时间内培养出能够满足各种职业岗位需求的各类体育人力资源。

④ 运动项目配置

体育教学中包含的体育运动项目是众多的,因此,运动项目的人力资源配置也被包含在体育教学人力资源的配置中。不管在什么样的运动项目中,都要使人才过分集中的现象和人力资源匮乏的现象得到有效避免。

(2)体育教学人力资源的规划

体育教学人力资源的规划,实际上就是通过科学合理的计划使人力资源在体育教学中得到最理想化的应用并取得最佳效果。体育教学人力资源规划的主要目的是促进体育教学的发展,这一点也必须被充分考虑。

体育教学人力资源规划是按照一定的流程进行的,具体如下:

① 全面调查本校现有体育教学人力资源,并对其能有细致的了解。

② 分析学校的环境和现状,要涉及外部环境的变化及发展趋势的分析、体育教学内部体育人力资源现状评估等方面内容。

③ 准确判断体育教学人力资源供需,其中要涉及体育人力资源的需求和体育市场的人力资源供给。

④ 科学评估体育人力资源供求状态,以评估结果来对供求是否处于平衡状态进行评判。

⑤ 制定出科学合理的学校体育教学人力资源计划和具体的行动方案。

⑥ 体育教学人力资源计划和具体的行动方案制定出来之后,要立刻实施,否则其可行性和实效性会打折扣。

⑦ 对体育教学人力资源计划和行动方案实施效果加以评估。

2. 体育教学物力资源管理

对体育教学物力资源的理解,简单来说,就是用于学校体育教学活动及其各项内容的宏观资源。对其进行进一步的分析,可以将体育教学物力资源管理表述为:在学校体育教学中,按照一定的方式和规律,管理者将体育教学物力资源进行整合,为实现体育教学目标而采取的活动。体育教学物力资源主要包括场地、器材、设备、场馆等方面,因此,其管理也是围绕这些方面进行的。

(1)体育场馆的管理

体育场馆是除了体育课堂之外,体育教学最常用到的场地了。体育场馆是师生进行体育教学、课外活动、运动训练的专用场所,要建立起相应的管理制度,才能够将体育馆为学生服务的作用充分发挥出来,使体育馆能得到安全、健康、高效的利用。

体育场馆作为体育教学实践活动的主要实施场地,需要进行保护和维护,这样才能保证体育场馆有一个良好环境,体育课也才能顺利进行,具体要遵循以下几项规定:

① 必须在体育馆的开放时间进行训练。

② 课外活动时间,且体育场馆开放的情况下,优先让运动队使用,同时使用场馆的其他学生不能对运动队的日常训练产生影响。

③ 不可以擅自挪用和拆卸体育场馆内的器材,弄坏器材要按照校规校纪进行处理。

④ 要将体育课堂教学和课外体育活动的需要与体育场馆的需求相结合,尽量满足这两方面的需求,与体育无关的活动禁止在体育场馆进行。

⑤ 按照规定合理着装,否则,禁止进入体育场馆。

⑥ 在体育场馆中进行体育课堂教学,学生要注意服从教师的安排,切忌私自行动,或者对其他班级上课的同学造成影响。随身携带的物品,如饰品、书包等要放在储物柜中,不要随意乱放,避免丢失。

⑦ 在体育场馆内使用器械时,一定要按照严格的规定要求进行,保证使用的正确性和规范性,避免因器材使用不当而把自己身体弄伤的情况发生。

⑧ 在体育场馆内要保持文明素养,所有不文明的行为都是不允许的,要保持体育场馆内清洁、卫生。

⑨ 不要携带贵重物品进入体育场馆,避免丢失。

⑩ 校外单位在向学校的管理部门提出申请并获得批准后,是可以在严格遵守学校的相关规定的前提下使用学校体育运动场馆的。

(2)体育场地的管理

关于学校体育场地的管理,涉及的场地比较多,通常以田径场和足球场为主,下面就对这两个场地的管理加以分析。

① 田径场管理

田径场是学生参与体育课的主要场地,同时也是举行大型运动会、教职工体育活动的重要场所。一般来说,田径场的管理制度主要包括下面几点:

第一,在上课期间,田径场实行封闭式管理。只有上课的学生才能进入,并且要听从管理人员的指挥。

第二,在课外,外校人员事先向学校提出申请,获得准许后才可进入田径场并加以使用。

第三，在田径场内吸烟、乱扔垃圾的行为都是不被允许的，要保证场内卫生、整洁。

第四，在田径跑道上要穿专业的运动鞋或跑鞋，否则会伤害跑道地面。

第五，在田径场地内活动尽量带纯净水，不要带饮料，避免增加清理跑道的难度。

② 足球操场的管理

第一，严格遵守学校管理条例，爱护草坪和场内设施，保持场内良好的卫生条件。

第二，机动车辆不可进入草坪。

第三，为保证足球操场的良好状态，只允许在比赛时才能进行田径运动的掷标枪、铁饼和推铅球等投掷项目，训练时尽量少用。

(3)体育器材的管理

随着学校体育的不断发展，以及对体育教学的重视程度不断提升，日常开展的体育教学活动增多，项目种类也增多，因此，为了满足广大师生的更高需求，学校要配备更多、更齐全的器材。一般来说，学校体育器材的来源，主要为学校的统一采购，除此之外，社会的捐赠也是较小的来源之一。体育器材设备一定要保证其质量，这是首要的也是最重要的，因为这会直接影响到体育活动的顺利开展和教学效果，有利于保证学生的安全。

购入器材后，在存放上也要加以注意，通常都要分门别类入库存放。一定要以体育器材的体积、质地和用途等各自的特点为依据进行专门的安排，使体育器材的使用寿命得到有效延长。

(二)体育教学课程管理

1. 对校本创新课程开发的管理

校本课程是对自己学校各种教育资源进行有效开发，通过优化整合和合理配置，使之与学校的办学理念相契合，所形成的一整套系统性的带有自己地方特色的课程体系。

校本课程在教育领域所发挥的作用主要为：有效改善国家和地方课程固化、不灵活的缺点，使不同学生的学习兴趣得到有效满足，将学校教学对学生的尊重充分体现出来，这对于学生开展适合自己全面成长的体育活动也是非常有利的，另外，学校办学特色也通常由此得到体现。

一些学校已经形成了具有自身特色的校本创新课程体系,其中主要包括创造力培养课程、管理体验课程、人生规划课程等。除此之外,有的学校还开设了育德修为课程、个性化社团课程、节日与仪式课程等。实践性学习课程也是很多学校开设的重点课程,以此来使学生深入实地进行实践,将知识与能力有机融合在一起。

(1)创造力教育课程体系的内容

主要包含三部分内容,即创新知识教育、创新能力教育、创新人格教育。每一部分又包含各自的具体内容,具体见表7-1。

表7-1 创造力教育课程的内容

创新知识教育	1. 创造学史教育
	2. 打破思维定式,建立全新的创新理念
	3. 创新思维学习
	4. 创新技法学习
	5. 发明创造基本流程学习
	6. 知识产权
	7. 科技与创新结合实践
	8. 创新理念与学业全面结合
	9. 创新思维与研究型课题结合实践
	10. 创新比赛
	11. 跳出书本、跳出校园,进入企业、社区、科研院和高校实验室
	12. 理想、信念和自信心教育
	13. 创新与人生结合教育,由物的发明创新上升到对自我的重新认识与升华
创新能力教育	1. 发现并提出问题的能力
	2. 运用知识初步解决问题的能力
	3. 语言表达能力、制图能力、文字表达能力、动手制作能力和辩论能力
	4. 查阅资料的能力
	5. 协同合作能力
	6. 实验探究能力
	7. 提高悟性、融会贯通能力
	8. 巧妙运用灵感的能力

续表

创新人格教育	1. 形成全新的创新理念
	2. 初步掌握创新知识，激活创新意识，培养创新能力
	3. 了解知识产权的有关知识，学会申请专利，并进行专利检索
	4. 了解创造学史和中国创新现状，树立远大的理想与信念

（2）创造力教育课程的评价制度

通常，可以将评定的标准设为学生的总创意量和优秀创意量，另外，还要评选出那些在创新教育中表现突出、动手能力强的学生，选取优秀创意。

2. 对综合化创新课程开发和实施的管理

综合化的创新课程，实际上就是一种创新性的广域课程，其内容涉及的学科较为广泛，探究性教学的模式通常被广泛应用，鼓励学生自主和合作研究，主动建构相关知识体系。教师在综合化创新课程的实施过程中，一定要保证学生的主体地位，以学生为主，教师只起辅助作用，必要的时候进行适当的指导即可，且不可越过学生起主导作用。

（三）校园文化建设管理

校园文化在学校中的各个方面都有所体现，是一种隐性课程，其对学生的个人品行、学习习惯、生活态度等产生潜移默化的影响。轻松自由、丰富多样的校园文化能够为学生提供一个身心愉悦的学习空间。

一般来说，校园文化建设包含的内容大致可归纳如下：

1. 良好的物质文化环境

学校所处的地区不同，可以利用的当地文化资源也会不同，尽管如此，拥有各具特色的物质文化资源，通过充分利用，都能够设计并建造学校物质文化工程，赋予物质文化环境一定的知识性、人文性、生态性特点，良好的物质文化环境对于学生的学习是有积极影响的。

2. 一流的学校精神文化

学校的精神文化主要从学校的校训和校风之中得到体现，良好的校训、校风能够将全校师生的凝聚力带动起来，为共同的理念信念而努力。

3. 科学规范的学校制度文化

首先，从学校的角度出发，领导以及参与体育教学管理的人员都要学习科学先进的管理理念,在此基础上,与自身的办学要求相结合,建设与时代发展要求相符的科学规范的学校制度文化。具体可以从以下几个方面着手:

(1)坚持以人为本的管理思想,在国家法律法规的原则下,将道理和情感统一于学校管理之中,使管理效能得到有效提升。

(2)通过各种方式不断强化教师的管理地位。

(3)通过各种方式使学生的管理意识得到进一步的强化。

4.组织丰富的社团与兴趣小组

可以通过对学生的兴趣和爱好进行调查,针对性地做好学生社团和兴趣小组的建设。这些社团和兴趣小组都是学生自发组织,自主建立,自我管理和运作的,学生在社团和兴趣小组里可以与相同兴趣爱好的同学交流、合作,不仅能够使个人特长得到充分展现,提高自己在某一方面的能力,还能使自己的视野和思维空间也得到有效的锻炼和拓展。

第四节 体育教学管理创新中存在的问题及解决策略

一、体育教学管理中存在的问题

体育教学属于教育行为,因此,体育教学管理中存在的问题在教育过程中也有所体现。下面就对体育教学管理中存在的问题进行分析和阐述。

(一)管理理念滞后

在体育教学管理过程中,如果无法做到真正为教学活动提供充足的资源及服务,只停留在理论阶段,无法将理论层面的管理制度、创新方法应用于体育教学管理的实践中,那么,这种管理在实效性方面是不理想的,这一管理行为无法使体育教学的需要得到较好满足,无法真正从思想上全面了解和认识体育教学管理体系的科学化、系统化,使得教育体制机制改革转型升级持续滞后,因此,“创新教育”理念的普及是非常重要且必要的。

(二)管理方法单一

体育教学管理在实施过程中,应该做到“顺其自然”和“无为而治”。

但是,这只是美好愿景,实际的管理工作中仍然存在着诸多问题。比如,多数教师缺乏主动尝试、积极创新的思想意识,固守传统的管理思维。这种管理方法不仅将学生的主观感受忽略掉,还一味强调管理效果,借助这样的管理方法教育出来的学生容易走向两个极端:一种是对学校、教师的管理指令唯命是从,如果没有教师的指导,他们将不知所措;另一种是产生强烈的逆反心理。这两种管理效果都与体育教学的最终发展目标是相悖的。

(三)管理中师生关系不和谐

在体育教学中,亦师亦友的师生关系是最理想的关系状态,因为这样能帮助管理者、教师倾听学生的想法,了解他们的诉求,同时,也能够让学生服从管理,减轻管理阻力。但是在实际的管理工作中,要做到这一点是非常困难的。比如,很多教师并没有耐心去开展调查、了解诉求,总是从管理者的主观角度出发,下达一些命令、安排一些任务,而忽略了学生的心理感受。由于双方角色地位、思维观念的不同,很多在教师看来理所应当、毫无难度的任务,对于学生来说不可理喻、难度偏大,双方关系的和谐程度大大降低。

二、基于创新教育理念的体育教学管理策略

(一)管理理念的创新

学校体育教学的管理者与教师,首先要端正教育管理的态度,在体育教学管理的工作过程中,一定要遵循“以学生为本”的理念,并且将其融入教学管理中,以此作为出发点和落脚点,始终保持教育管理创新的正确方向。为了让这种新型的教育理念在学校体育教学管理中推广开来,要自上而下地进行学习和培训,立足于本校的实际情况和教学需要,践行“侧重个性培养,全员成才教育”的育人理念,结合各个专业的特点,主动探究和尝试新颖的教学理念,在“试点应用—全面推广—总结提升”的过程中,形成特色体育教学管理模式,为体育教学的持续发展提供助推力。

(二)管理方法的创新

当前,随着学校规模的扩大,各方面的管理压力和难度都增加了,这

对于体育教学管理来说也不例外。鉴于此，为了适应体育教学发展形势，创新体育教学管理方法迫在眉睫。学校中的管理者、教师等，都必须形成强烈的危机意识，增强学习能力，主动学习省内、全国其他学校在创新体育教学管理上作出的大胆尝试、获得的成功经验，然后取彼之长、为我所用，让体育教学管理再上新台阶、再创新辉煌。可以通过引进激励机制，采取"物质奖励 + 精神激励"相结合的模式，将广大教师创新体育教学管理的积极性、能动性充分激发出来；还可以优先实施"试错机制"，减轻广大体育教师的心理负担，敢于尝试，才能在不断的尝试中总结出新的体育教学管理方法。

（三）在管理中建立和谐的师生关系

在体育教学过程中，师生处于重要的主体地位，因此，良好的师生关系能对体育教学的发展起到促进作用。在体育教学的管理中，需要将建立和谐的师生关系作为关注的重点之一。只有教师愿意倾听学生的诉求，管理才会更有针对性；只有学生愿意服从教师的指令，管理才容易取得更好的成效。

体育教学的管理人员首先应该从自身出发，积极接受严格的培训和考察，综合提升自身能力，有能力接任岗位，并定期进行考核，保持不断学习的工作状态。采取奖惩制度，对于表现优秀的管理人员，要给予晋级的机会，把管理者的工作能力与其薪资待遇和未来规划联系在一起，在内部形成良性竞争，促使管理人员不断进步。唯有如此，创新体育教学管理的动力才能得到进一步的提升，无论高等教育如何改革，始终能够紧跟改革潮流，发挥体育教学管理的优势。

三、体育教学管理体系的发展与创新

在针对体育教学管理中存在的问题提出相应的解决策略之后，还不能就此结束，还要想方设法进一步发展和创新体育教学管理体系，具体可以从以下几方面着手：

（一）建立完善的网络管理系统

在体育教学中，将体育教学的大纲制定出来，在新生入学后每人发放一本体育选课手册，同时，还要将所有任课教师的简介、照片、专业特长和开设课程等信息通过各种形式展示出来，使学生可以通过现场或者网站的形式对体育课程的详细情况包括相关的体育课程和教师情况进行了解。需要强调的是，要做到体育成绩评定程序化，将教学内容分为单元模块，在每一单元教学中由任课教师给出成绩，登入学生选课手册，最后通过教务处成绩管理系统进行成绩录入，从而使成绩评定的公开、公正、公平得到保证，也为下一阶段的体育教学的开展提供必要的依据。

（二）采用部分休闲健身项目的弹性管理体制

目前学校开展的体育教学课的内容中，融健身、休闲、娱乐为一体的运动项目是学生学习和掌握的理想选择，但是，这种期许却面临着项目消费相对较高而学校体育经费投入极其有限的矛盾。

调查发现，对于收费的项目，大部分学生是能够接受的，而且还出现了收费项目人气更高的现象，由此可以看出，健康消费已经渗透到学生的思想中了。但是，毕竟学生还没有收入能力，这就要求学校在开设的健身项目中，适当调整管理机制，更好地为学生参与健身活动提供有利条件。

（三）成立体质健康测试中心

全面实施“教测分离”，以《〈体育与健康〉教学改革指导纲要（试行）》和《国家学生体质健康标准》精神为主要依据，对学生的体质进行定期测评，但是，受到一些因素的制约，比如学生专业相对分散、时间不好集中等，需要建立专门的体育健康中心，这是非常重要且必要的。

从学生的角度上来说，他们测试的时间是较为自由的，通常可以在课余时间进行测试，这样也会使教师的课堂教学压力减小。健康中心的职责远不仅这些，还要负责全校学生的健身、健心咨询，做好运动处方的制定等工作。

第八章　创新教育背景下体育教学发展的科学保障体系构建

体育教学的发展，会受到体育教学的方法、内容、模式、主体、管理等方面的影响，因此，做好这些方面的创新发展是非常重要的，同时，体育教学的发展也是需要在一定的条件下进行的，这就需要做好体育教学发展的保障工作。一般来说，体育教学发展需要构建的科学保障体系包含着多方面的内容，本章在对体育教学发展的背景进行分析之后，重点对安全教育、环境保护以及特殊课程设置等几个方面进行了分析和探索。科学保障体系的构建有利于创新教育背景下体育教学的发展与创新。

第一节　体育教学发展的背景分析

一、社会不断进步的需要

社会经济、文化等因素对体育教学的不断发展和进步起着不可忽视的重要作用，在社会发展的大环境下体育教学的发展速度也在不断加快，发展水平不断提升，离开社会这个大背景和社会发展这个重要的宏观条件，体育教学不可能取得今天的成就，也无法继续向前发展，所以我们必须重视社会发展的现实背景，充分认识到这一宏观因素对体育教学发展的促进作用。

社会进步与发展对体育教学的发展提出了一定的要求，具体表现如下：

（一）社会对体育教学的关注和重视程度提升

随着体育教育的不断普及与发展，越来越多的人开始对此给予一定的关注，对其的认同程度也在不断提升，出现这一明显转变的时间大约是

20世纪六七十年代。在学校体育教学中,相关教学活动的直接实施者是体育教师,体育教师在开展体育教学方面责任重大,体育教学的方向是否正确,且能否一直按照正确的方向发展,与体育教师自身有很大的关系,这就要求体育教师有高度的责任心,坚持正确的教学方向,不断反思与修正自己的教学方式,尽可能传播体育教学的正面功能,将其负面影响降到最低,以获得人们对体育教学的认可。体育教师高度负责的态度和认真履行自己职责的行为使人们对体育教学给予了极大的认可。在一定程度上,也对体育教学效果的优化起到促进作用。

(二)从经济上支持体育设施的逐渐改善

改革开放之后,我国的社会经济发展迅猛,经济实力得到了显著的提升。拥有一定经济基础后,教育部门对学校体育教育的经济支持也不断增强,主要表现为划拨经费用于建设体育场馆设施,购置体育器材设备,而体育场地设施又是开展学校体育教学的必备条件,所以说社会经济的支持为学校体育教学的发展提供了基础保障。以往学校因缺乏场地器材而耽误了体育课程的开展,获得经济支持和有了物质保障后学校体育课程能顺利实施,体育教学获得了一定的发展,而且在良好物质条件的支撑下,学校不断引进新的体育项目,充实体育教学内容,吸引学生的参与。

近些年来,我们可以看到有越来越多的体育项目出现在学校体育课堂上,而且在学生课后的体育锻炼中也出现了丰富多彩的运动项目,学校体育内容的丰富极大地提升了学生的参与积极性,满足了学生的不同体育兴趣爱好需求,使其主动参与到自己感兴趣的运动项目中,这反过来又促进了体育课堂教学与课后体育的发展,促进了学校体育的发展。

(三)体育教育在解决社会问题的过程中得以发展

随着社会的不断发展,社会中存在的问题也随之不断凸显出来,体育教育作为教育形式之一,有着解决这些社会问题的责任,在这一发现问题并解决问题的过程中,体育教育也得到了不断的发展,并且这种发展与社会发展是相适应的。

1. 社会“文明病”的出现

现代社会物质文明的发展已经达到了一个新的高度,这与人类的努力付出是分不开的,人类努力创造的物质文明也反过来造福了人类,使人类的物质生活条件得到了显著的改善，生活质量大幅提升，人们在现代文明不断发展的今天过着幸福的生活，享受着各种文明成果。但与此同时，现代文明发展带来的弊端也呈现出来，这主要从人们身心发展面临的问题中体现出来，如身体上的疾病，“三高”、冠心病等，患有这些疾病的人群越来越多，此外还有一些心理上的疾病，其中很多都是由身体疾病引起的，同样，心理问题也会引起身体疾病。有些人看似健康，没有疾病，但体质却在不断下降，身体抵抗力较弱，很容易受到病毒的侵袭，从而染上那些患病率高的疾病。现代人体质差、抵抗力弱，有一个很重要的原因就是缺少必要的身体活动和锻炼，社会生产力水平的提高使得社会上以体力输出为主的工作越来越少，大部分工作需要脑力输出，人们长期动脑不动手，体质自然就会下降，而且过度用脑也会引起身心的不适。总之，现代文明病出现频率高，蔓延快，已经到了不得不重视的时候了。

人们因为对疾病的恐惧而越来越关注个人健康，也渐渐体会到了体育促进健康的真正含义，健康意识的提升使人们在行动上积极参与体育锻炼。体育对健康的重要意义也是体育教学不断发展的主要原因之一，体育教学促进青少年学生体质健康发展的重要性受到了全社会的瞩目，因此学校体育教学工作任务艰巨，责任重大，教育工作者一定要全力付出，不辱使命。

2. 人们心理压力的增大程度不断提高

自然界有一条永恒不变的规律，即弱肉强食，优胜劣汰，社会各界同样奉行优胜劣汰的原则，这也是社会各行业发展及人类发展的原则。现代社会各行各业竞争的激烈程度前所未有，如果深入了解一个行业，我们便会发现原来社会竞争如此激烈，并不是我们看到的那样简单和容易，当我们看到有些人神采奕奕地出入高档办公楼时，心生羡慕，却不知其承受的工作压力何其之大。竞争压力使人们不得不加快生活节奏，将大部分时间用来工作，现代人承受的心理压力甚至比经济压力还要大，心理长期负重，必然会影响心理健康，进而影响身体健康，导致整体健康水平下降，增加患病的风险。社会竞争压力大是学生接受教育、好好学习的催化剂，积累知识、提高学习能力能够为学生将来步入社会打好基础，使其更好地应对复杂的社会环境和高强度的工作，并能抵抗得住压力，不被社会淘汰。为了达到这个目的，学校教育中文化课的教育被置于很高的地位，学生不仅要上很多文化课，课后还要做大量的作业，升学与就业使得各个阶段的学生都倍感压力，承受如此重的心理负担，难免会造成心理障碍，引起心理疾病，不良心理又会增加学生身体患病的概率。

体育教学的心理健康促进功能已经被科学研究证实，且在长期的实践中经受了考验，因此得到了大众极大的认可，备受推崇与关注。所以必须加强体育教学对学生身心健康的干预，通过科学的体育教学来改善学生的不良心理，提高学生的心理健康素质，并促进学生性格的良好变化和人格的健全，使学生学会调节不良情绪，正确处理压力，提升意志品质，学会与他人合作，摆脱个人利己主义思想，在丰富多彩的体育活动中彰显自己的青春与活力。

二、教育事业发展的需要

社会教育事业是一个庞大的体系，随着经济的发展与科技的进步，社会教育也取得了显著的发展成就。在社会教育事业中，体育教育教学是一个非常重要的组成部分，社会教育的发展对体育教学的发展提出了新的要求，要求不断改革体育教学中落后的现象，不断加强体育教学创新，通过优化体育教育教学这个因素来推动教育教学体系的完善，推动社会教育事业的发展进步。因此可以说，体育教学的改革发展离不开教育事业发展这个重要的宏观背景。下面从四个方面来对此进行分析：

（一）国家对教育事业的发展更加重视

对于任何一个国家和任何时期社会的发展来说，教育都是至关重要的，在社会发展的各个阶段都要搞好教育，大力发展教育事业，培养大量的优秀人才，从而推动国家建设，促进社会发展，提升国家综合实力。我国充分认识到了发展教育的重要性，基于这一正确的认识，有关部门对教育事业的发展给予了高度的重视，并采取了实际行动来推动教育事业向前发展，具体表现为出台政策、培养教育工作者、监督教育工作的开展等。

《中国教育改革和发展纲要》指出，随着社会的进步发展，教育思想和教育理念也要及时更新，在新的教育思想及理念的指导下，也要相应地改革传统教育内容及教育方法，适当增加新的内容，创造新的教学方法。教育的改革不能流于表面和只谈形式，而要深入改革，不断创新，这样的改革才具有实质性的意义，才能真正通过发展教育来推动社会发展。

国家综合国力的提升有赖于国民综合素质的提升，而要全面提高国民的综合素质则必须采取教育的手段，学校教育应围绕学生开展教学工作，教学工作者要努力培养学生的基本素质与专项素质，促进学生各项素质的全面均衡发展。学校教育中体育教育在培养学生综合素质方面发挥着举足轻重且不可替代的作用,加强对学校体育与健康教育的改革,有助于提升学生的健康素养。为了更好地达到提高学生体质健康水平的目的,需要构建学校、家庭、社区一体化的体育卫生教育体系,其中以学校体育教育为主,家庭和社区体育卫生教育为辅。

青少年学生是祖国的未来,在未来祖国的建设中他们是不可或缺的主要力量,作为社会主义的接班人和国家未来的建设者,青少年学生必须拥有健康的体魄和健全的心理,否则无法为祖国做贡献。青少年学生的健康与全面发展受到了国家教育部门的重视,这通过教育部门出台的一系列政策及颁布的一系列文件就能体现出来。

一个民族的生命力是否旺盛,要看全民的健康水平如何,尤其是作为民族未来接班人的青少年学生的健康水平,全民健康水平高,青少年身心健康发展,民族的生命力就旺盛,全民健康状况不佳,特别是青少年体质状况不容乐观,民族就缺少活力和生命力。可见,青少年的健康水平对一个国家和民族的发展起着极其重要的作用。对此,学校要高度重视针对全体学生开展体育教育,合理设置体育课程,鼓励开展各式各样的课外体育活动,保证学生每天都能进行体育锻炼,将课内外体育教学有机结合起来,为学生参与体育运动创造良好的环境与条件。学校不能一味重视文化课程的开设,不能把教学计划中的体育课程教学当作摆设,不能为了应付上级检查而开展形式化的体育教学,也不能在体育课上进行其他学科的教学,对于这些不合理的教学行为,有关部门要加强监督,采取一定的处罚手段。只有加强监督,保证学生能够按时上体育课,课后能够顺利参加体育活动,学生的健康才有保障,体育教育的发展也才有保障,进而才能进一步促进我国社会教育事业的发展。我国在教育事业及体育教学的改革中,要根据国家有关部门出台的政策与颁发的文件来明确改革的方向,根据国家和社会发展的需要来采取改革的措施,如此才能保证体育教学在素质教育理念的指导下向正确的方向发展。

体育教学体系包含教学思想、教学内容、教学组织形式、教学方法等因素,它们在体育教学体系中各自发挥着重要的作用,每个因素都是其他因素无法替代的。体育教学的发展离不开任何一项因素的推动,而这些教学因素在教育大背景的影响下经过改革得到了明显的改善,因此体育教学工作的开展也越来越顺利,越来越有据可循,教学效果也十分可观。

（二）新兴元素对教育改革发展起到促进作用

社会的不断发展对教育的改革与发展提出了新的要求，只有不断深入改革教育教学，加强创新，才能使教育的发展适应社会的需要。在教育领域进行深入改革，要注意对教育的各组成要素进行改革及优化组合，如教育理念、计划、方法、模式等，教师作为教育改革的主要力量，一定要将这些要素的改革重视起来，从而树立新的教学思想，创造新的教学方法，并不断完善教学环境与条件。要将经过改革与创新后的教育新元素运用到教育实践活动中，并发挥其积极影响与作用，需要教师更新自己的教学观念，主动学习新知识，掌握新技能，接受新事物，并致力于对新的教学艺术的研究，发挥自己在教育中的主导作用。

（三）体育教学有“自主权”这一雄厚基础

现代教育改革提倡尊重教育主体的自主性，充分发挥教师与学生的主观能动性，使其在教育改革中有“自主权”和“发言权”，这有助于增强教师与学生的责任感，彰显现代教育的民主教学理念。让教师与学生参与到教育的改革中，也有助于提高改革的实效性，使教育真正为学生服务。此外，教师参与教育改革，也能激发其科研的积极性，使其在教学研究中能够明确研究的主题与对象，提高研究的有效性，创造更多的科研成果。

（四）“专业化”对教育精进的推动作用

随着教育的深入改革与不断发展，呈现出一些明显的发展趋势，其中专业化就是一个相当重要的发展趋势，这一发展趋势的出现受到了很多教育工作者的关注，在教育研究与相关问题的探讨中，专业化也成为一个新的研究方向和讨论的热点话题。教育工作者通过对教学的专业化进行研究与探讨，清楚地认识到：教师作为教育工作者，要具备一定的专业性，教师不是机械性地传授知识的简单“工具”，而是具备专业素养的“理智的人”，专业的教师要能在自己的职业生涯中对教育过程、教育情境、教育结果有深入的理解和准确的把握。

不同学科的教师由于专业领域不同，其专业性也是有区别的，这就决定了他们会以不同的方式和从不同的角度去理解自己所教学科的特征、把握所教学科的教学工作，对自己所教学科的准确而深入的理解又有助于为其进行专业性的研究提供一定的思想保证及理论依据。

三、体育事业发展的需要

体育事业的发展与学校体育的发展和改革有着非常密切的关系,后者的发展使学校体育得以有效开展,为体育事业的发展提供更多优秀的体育人才,更好地促进体育事业向前不断发展,最终在全国范围内营造浓厚的运动氛围。反之,营造良好的体育氛围,能够使学校体育始终处在一个可持续发展的模式,最终促使两者进入到良性循环。

由此可知,体育事业的不断繁荣与发展是学校体育改革与发展的一项重要现实背景。

第二节　体育教学发展的安全教育体系

一、体育教学中安全教育的重要性和必要性

学生群体,是每个家庭的希望,是祖国和社会未来的建设者与接班人,学生群体的安全教育关系着国家未来的发展,因此,做好他们的安全和健康教育工作是非常重要且必要的。

学生进入学校以后,教师和学校理所当然要承担安全保护义务和责任,体育教师在教学过程中要负责每一个学生的人身安全。就当前我国各级各类学校体育教学实际来看,无论是在体育基础设施建设,还是在学校安全管理制度、教师责任心与安全管理能力等方面都存在不少的问题,需要进一步加强。加强学校体育课程教学安全教育是现阶段体育教学改革的重要内容。

体育教学的开展,需要在一个基本的前提下才能进行,即保证安全性,只有保证了学生的安全,体育教学才有意义。但是,这并不意味着所有有危险的教学内容都要摒除掉,一些学校对此就产生了片面的认识和理解,他们在条件有限、能力有限的基础上,错误地吸取了一些体育伤害事故的教训,将一些危险性高的体育教学内容全部取消,这种因噎废食的做法对于学校体育教学的发展以及学生的健康、全面、可持续发展是非常不利的。还有一些学校,为了避免在激烈的球类竞争中发生碰撞、摔倒、扭伤等事故,对于普遍的球类运动项目,如篮球、足球,很少组织相关竞

赛。而因要求传承民族文化而开设武术课程的学校中，学生学到的只是花拳绣腿，毫无健身、防卫价值。长此以往，学校体育教学的根本教育意义就会逐渐消失。

学校体育是学校教育的重要组成部分，它肩负着为社会培养全面发展人才的神圣使命，它的基本任务就是增进学生身心健康、增强学生体质。因此，保证学生人身安全是体育教学的首要任务，是每个学校和每位体育教师义不容辞的责任。

二、体育教学中安全教育的内容

（一）体育教学过程的安全教育

在体育教学中，体育课是体育教学的主要开展形式，在不同的体育教学内容的课程教学中，学生的安全问题和安全教育都是学校和体育教师必须要重视的方面。

一般来说，通过与体育教学的基本结构相结合，可以将体育教学过程中的安全教育按照课程教学的准备部分、基本部分、结束部分三个方面进行，使学生的人身安全得以保证。

1. 准备部分的安全教育

（1）体育教学开始之前，体育教师仔细检查体育课教学中所使用的所有器材和设施是否完好，排除安全隐患。

（2）体育教学开始之前，体育教师正确摆放课堂中有可能用到的运动器材，对于存在危险隐患的器材，应派专人看管。

（3）体育教学开始之前，对学生的穿着配饰等进行检查，要求学生不要带任何有碍运动的杂物。

（4）体育教学开始之前，询问学生有无生病和身体不适，提醒学生不要勉强做动作或参与某项活动。

（5）结合本次课的具体教学内容，充分介绍运动项目参与和技术动作完成过程中的危险因素，要求学生遵守课堂安全管理制度，提高学生的安全意识。

（6）根据气候条件、学生的生理和心理特点，合理设计和调整本次课的具体内容和活动环节。

2. 基本部分的安全教育

（1）对教学内容进行合理安排，运动负荷应符合学生的生理和心理特点。

（2）做好不同教学内容顺序的安排，尤其是技术、战术的练习要考虑到其逻辑关系。

（3）教法得当，示范准确，讲解清晰，引导学生准确地理解动作技术，建立正确的技术动作定型；明确运动过程中的自我保护技巧和要领。

（4）加强课堂组织纪律的管理，避免学生参与体育活动中的打闹、扰乱活动秩序等行为。

（5）做好学生的技术保护与帮助，尤其是在难度动作的学习中，加强辅助保护。

（6）体育教师自身也要加以改进，要时刻保持高度的责任心、观察力、注意力，随时观察学生的动作掌握程度、身体情况、情绪和心理变化。

3. 结束部分的安全教育

（1）体育教师要以整堂课的运动负荷为依据来合理安排相应的放松练习，使学生因体力不支或思想麻痹诱发伤病的情况得到尽可能的避免。

（2）体育教师对课堂上出现的有碍安全的违纪行为要给予严肃的批评指正，提高学生安全意识。

（3）体育教师对课堂上出现的危险情况，认真分析，总结经验、吸取教训。

（4）体育教师要妥善保管、及时送还体育器材，避免学生私自使用发生意外。

（二）体育场地设施的安全使用

1. 田径场地、器材的安全使用

田径场地、器材是我国各级各类学校体育教学中使用最为广泛的体育场地和设施，如跑道、沙坑、跳高垫、接力棒、实心球、铅球、标枪、跨栏架、跳高架等。这些场地、设施在使用过程中一定要保证安全性。

具体可以按照以下几个方面的要求来安全使用田径场地、器材：

（1）学生安全使用田径场地、器材的注意事项

①学生干部要在体育教学开始之前，看管好器材设备，避免其他学生擅自使用。

②在体育教学过程中，学生要听从教师的统一指挥和组织安排，不争抢器材、不乱闯投掷区等。

③体育教学结束以后，按照教师要求回收、摆放、送回器材，不得在没

有教师指导的情况下使用。

（2）体育教师对田径场地、器材的安全管理

①在体育教学开始之前，体育教师例行检查田径场地，挑选可用器材，排除运动安全隐患。

②在体育教学过程中，体育教师要教会学生科学使用各田径运动项目的设备与器材。

③在体育教学结束之后，体育教师要及时回收器材和设备，禁止学生私自使用和练习。

（3）学校对田径场地、器材的安全管理职责

①派专人定时检查田径场地，以及场地内的所有固定器材，确保各器材的使用安全。

②做好田径场地的四季维护和管理工作，做好田径运动器材的维护、修理、更换。

③做好田径场地的修整工作。

④定时检查和排除沙坑中的杂物。

⑤定期检查器材室内田径器材的磨损状况，及时修理和替换，排除有安全隐患的器材的使用。

2. 体操场地、器材的安全使用

体操场地主要是指室内场地，体操运动器材主要包括助木、单杠、双杠、山羊、跳箱、爬杆、海绵垫等。这些场地及器材的使用过程中一定要保证安全性。

（1）学生安全使用体操场地、器材的注意事项

①在体育教学开始之前，学生干部应做好体操器材的看管、摆放工作，禁止其他学生进行体操练习。

②在体育教学开始之前，学生应做好各项身体准备活动，未经教师许可不得私自使用体操器材做动作练习。

③在体育教学过程中，所有学生认真听老师讲解动作要领，明确动作的危险因素所在，在做动作时集中注意力。

④在体育教学过程中的轮流练习中，如果器材在使用过程中出现松动、海绵垫移位，应报告老师处理。

⑤在体育教学结束之后，学生干部协助教师送还体操器械，阻止其他学生私自进行练习。

⑥在体育教学结束之后，所有学生应及时归还体操器材，不在没有老师指导的情况下做练习。

（2）体育教师对体操场地、器材的安全管理职责

①在体育教学开始之前，例行检查所用体操器材。

②在体育教学过程中，充分讲解各体操器械的使用注意事项、体操动作的安全与不安全因素，提高学生的安全意识。

③体育教师合理摆放体操器械，充分考虑器材与学生之间的练习位置。

④重视对学生的体操练习保护，对于初学者和基础弱的学生，一定要使用保护垫。

⑤必要时，应在学生做体操动作练习时，在学生身边或安排有经验的学生在其身边做好辅助和保护。

⑥对做辅助和保护的同学，教师应告知学生危险事项。

⑦在体育教学结束之后，教师要及时回收器材，以免学生私自使用发生危险。

（3）学校对体操场地、器材的安全管理职责

①派专人定期检查所有体操器材的安全状况，及时调适、修理、更换。

②对室外固定体操器械，定期维护，排除安全隐患。

③对室外固定体操器械，应配有明显的使用文字和图片，做好文字或图片警示，避免学生发生意外。

3. 球类运动场地、器材的安全使用

当前，我国各级各类学校的球类运动场地主要有篮球场、足球场、羽毛球和网球场地、冰球场地等，球类运动的器材主要包括各种球类用球、球拍、乒乓球台等。

（1）学生安全使用球类运动场地、器材的注意事项

①在体育教学开始之前，负责借送球具的学生干部要尽到看管的义务。

②在体育教学过程中，所有学生要听从教师的组织和安排。

③体育骨干要协助教师维持好课堂纪律，发现任何安全问题及时解决或向教师汇报。

④所有学生遵守纪律，不打闹嬉戏，不乱攀乱爬，看到其他同学的此类行为应制止或报告教师。

⑤在体育教学结束之后或课余球类运动练习中，应注意运动安全。避免争强好胜和嬉戏打闹。

（2）体育教师对球类场地、器材的安全管理职责

①在体育教学开始之前，体育教师例行检查上课所用球类场地、器

材，确保学生使用安全。

②球类器材摆放避免过于密集。

③球类器材摆放避免方位不当。

④球类器材摆放避免摆放不规范。

⑤危险球类器材避免随意放置。

⑥在体育教学过程中，体育教师要强调正确使用球具。

⑦体育教师应教育、指导学生规范地使用球类器材。

⑧体育教师应加强学生的自我保护能力培养。

（3）学校对球类运动场地、器材的安全管理职责

①派专人定期检查球类运动场地、器材，及时解决存在的安全隐患。

②固定器材应做好文字和图片警示。

（三）不同体育运动项目的安全教育

体育教学内容所涉及的体育运动项目众多，这里重点对几个代表性的运动项目在体育教学中的安全教育加以分析和阐述。

1. 田径项目的安全教育

（1）教师在安全教育方面的义务

①在体育教学开始之前，认真备课，结合教学对象的特点合理安排田径教学内容、运动负荷。

②使学生了解一些田径项目的适用人群，避免发生伤害和生命危险。

③使学生了解一些田径项目在进行中或进行后可能有哪些体征，让学生学会识别哪些体征是正常的，哪些是不正常的，如有异常应及时报告老师。

④使学生正确掌握动作要领、掌握自我保护要领。

⑤整个教学过程中，体育教师应不断强调一些动作技术的安全要领，提醒学生做好自我保护。

（2）学生对安全教育内容的学习

①在体育教学开始之前或者教学过程中，任何学生如有身体不适或感觉异常，应及时报告老师。

②在体育教学过程中，遵守课堂纪律，听从指挥。

③在体育教学过程中，认真听讲，学习规范技术动作、提高自我保护能力。

2. 体操项目的安全教育

（1）教师在安全教育方面的义务

①让学生了解各种体操器械的特性，要求学生正确地利用这些特性进行练习。

②让学生了解不同的体操动作可能引发的危险，并教会学生相应的自我保护方法。

③让学生明确体操运动中相互保护和帮助的手法、站位和要领，提高学生的责任心。

④必要时，教师亲自做好保护和帮助。

⑤整个教学过程中，体育教师应仔细观察学生的体力状况、心理变化，及时进行指导。

（2）学生对安全教育内容的学习

①端正学习态度、认真听讲，掌握正确的技术动作要领，练好基本功，提高动作质量。

②适时、主动地与教师交流心得和体会。

③学生对于不擅长项目，要克服恐惧心理，相信保护和帮助自己的教师和同学，提高做动作的自信心。

④进行保护和帮助的学生，要切实尽到保护同学安全的职责，提高责任心。

3. 球类项目的安全教育

（1）教师在安全教育方面的义务

①明确各球类运动不同动作的技术要领，以及技术动作不当可能造成的危险。

②对学生球类运动的体能和技术练习，合理安排负荷，避免学生体力下降引起动作变形造成伤害。

③直接对抗的球类运动的教学，教师要教会学生规避合理冲撞和躲避被球击中的技巧。

④安排比赛前，重点强调规则，使每位学生能投入比赛和享受比赛，避免争强好胜和违规伤害动作的发生。

⑤直接对抗的球类比赛中，教师要仔细观察学生，有效控制学生的激动情绪，预防学生产生过激行为。

（2）学生对安全教育内容的学习

①遵守课堂秩序，不用球具打闹。

②在直接对抗的球类项目的练习和比赛中，要动作规范，以免自己和

他人受伤。

(四)特殊体质学生的运动安全

1. 学生自身的安全保障

(1)在体育课前,作为体质异常的学生,应主动向老师说明,报告自己的病情、病史,以便教师做特殊安排。

(2)在体育课过程中,体质异常的学生应注意观察自己的身体变化,如有不适应及时报告老师采取相应措施。

2. 教师在安全保障方面的工作内容

(1)在体育教学开始之前,体育教师应仔细查看学生的健康档案,掌握本班学生的身体状况。

(2)在体育教学过程中,体育教师对能够从事体育活动的体质异常的学生,要控制运动负荷。

(3)在体育教学过程中,体育教师应做好对体质异常型学生的保护与帮助,以防发生意外。

3. 学校在安全保障方面的举措

(1)针对体质异常的学生,学校应有详细的病史或健康档案记录。

(2)针对不能参加体育活动的体质异常学生,学校应安排其他的相适宜的教学内容。

(3)针对可以参加体育活动的体质异常学生,学校应将该生的具体情况通告其任课教师。

三、学校开展体育安全教育的方法

学校作为体育教学活动开展的重要场所,必须重视体育安全教育工作,具体可以采用的方法有以下几个方面。

(一)建立学生健康档案

开学之际,对全体新生的体格健康状况进行检查,了解学生的身体健康状况,是否有既往病史等,将每个学生身体健康的相关信息记录在其相应的档案中。每个学生都应有自己的健康档案,从入学到毕业的健康信息都记录在其中。

除了要对新生进行健康检查,还要对非新生进行健康检查,也就是说每年都要定期对全校各年级的学生进行健康检查,了解学生的身体变化情况,及时发现学生的健康问题,并实施具有针对性的干预工作。

对于特殊体质的学生群体,要在其健康档案中详细说明其身心存在的健康问题,安排体育教学工作也要充分考虑这部分群体的特殊性及特殊需求,并及时与其家长取得联系,争取家长的配合,协同干预,有效解决特殊体质学生的健康问题,为其健康成长与全面发展保驾护航。

(二)宣传体育安全

体育教师作为学校体育教育工作的实施者,必须将体育教学的各方面相关工作做到位,其中就包括安全管理工作。体育教师在日常体育课上要适当进行安全教育,将安全常识融入到体育知识与技能的教学中,时刻提醒学生要注意安全,尤其是在体育实践课上更要注意安全,学生安全意识提高了,才会在练习技术动作时小心谨慎,做好安全防护措施。由于体育教学的特殊性,学生在体育课上要做大量的身体活动,出现安全问题的可能性较大,因此教师要加强对学生自我救护技能的培养,使学生拥有良好的自救能力。

单单依靠体育教师在课堂上向学生宣传体育安全知识、灌输安全意识是远远不够的,学校的广播、校刊、宣传栏等都是宣传体育安全知识的重要媒介,应发挥这些媒介的作用,创造良好的校园安全氛围,使学生在耳濡目染中强化安全意识,预防安全事故发生,学会自我救护。

(三)举办体育安全讲座

开展体育安全讲座也是对学生进行安全教育的一个重要途径,开展这类讲座可以邀请学生的家长参与,提高学生及家长的安全意识,使家长配合学校做好关于学生的安全工作。安全讲座上多安排医学工作者和专门研究体育安全的专家发言,提高这类讲座的权威性,取得学生及家长的信任,也有助于顺利达到开展体育安全讲座的预期目的。

(四)开展体育安全活动

体育安全活动可以以各种不同的形式开展,体育安全知识竞赛就是其中一种非常重要的形式,这在学校也是比较常见的。学校开展这类活动,鼓励学生参与,学生出于好胜心,会主动学习体育安全知识,从而在竞赛中有优良的表现。这是引导学生关注安全、重视安全的一个重要措施。

四、体育教学中突发性伤害事故的判断与处理

在体育教学过程中，会不可避免地发生一些伤害事故，尤其是突发性伤害事故，这就要求必须具备能准确判断并科学处理伤情的能力，具体如下：

（一）体育教学中突发性伤害事故的判断

在学校体育教学中要做好安全防护工作，保护好学生的安全，防止出现安全事故，并在安全事故发生后最大程度减少损害，竭尽全力维护学生的安全与健康。突发性伤害事故在体育课堂上发生的可能性较大，对于这类事故，教师要善于观察，并做出准确的判断，从而进行及时的有针对性的救护。

判断体育教学中突发性伤害事故，可参考以下几个步骤，具体在实践中要灵活运用，提高判断的准确性与救护的有效性：

1. 看

学生的身心健康状况最直观地从其身体外部状态中体现出来，所以教师要善于观察学生，看学生的体表特征是否有异常。并且教师应清楚需要观察哪些方面，否则盲目的观察是无济于事的，还会错过最佳救护时机。下面简要说明哪些是体育教师在实践课上需要重点观察的内容：

（1）观察面色。

（2）观察出汗情况。

（3）观察肌肉。

（4）观察关节。

（5）观察肢体活动。

（6）观察体表。

（7）观察技术动作。

（8）观察情绪。

（9）观察周围环境

（10）其他。

2. 问

如果教师在观察时发现学生体表有异常，就要及时询问，进一步了解学生有哪些不适症状，以对其健康状况做一个基本的判断。下面列举几

项教师经常询问的内容:

(1)问学生现在是否有肝病或曾经患有肝病。

(2)问学生现在是否有胃病、心脏病或曾经患有这些疾病。

(3)问学生是否感冒。

(4)问学生曾经是否在运动中受过伤或有过其他疾病。

教师如果察觉某个学生有异常,除了要问当事人,还要问当事人的同学,以获得更多有价值的信息,对当事人的健康状况了解得更清楚、更全面一些。

3. 摸

教师经过观察和询问后,可以基本了解学生的问题出在哪,但为了了解得更清楚一些,还要借助触感,通过摸来了解学生身体状况是否正常,如果学生确实有健康问题,通过摸也能了解问题的严重性。摸不同的身体部位,可以了解不同部位的健康状况,常见的情况有以下几种:

(1)摸脉象。

(2)摸肌肉、韧带、骨骼等。

(3)摸关节窝。

(4)摸骨干。

4. 判断

经过观察、询问和触摸,体育教师基本能对学生的健康状况做出判断,为了提高判断的准确性,教师不仅要将学生的身心情况作为判断依据,还要将教学环境作为一个重要的因素考虑在内,这样信息更全面,判断更准确。

例如,学生在体育课上晕倒,不能单凭晕倒就判断其中暑,要结合周围环境因素来考虑,中暑现象一般出现在夏季户外体育课上,如果不是在夏季,户外温度适宜,那么学生晕倒则可能与做大量高强度动作练习有关。所以说,判断不能片面,不能主观武断,要考虑客观现实因素,做到具体问题具体分析,否则将会影响判断的准确性,耽误对学生的救护。

(二)体育教学中突发性伤害事故的处理

首先要对学生在体育课堂教学中的生理和心理状况进行全面的了解,在此基础上进行准确判断,可为教师正确、及时处理学生突发性伤害事故作出科学的参考。

对于不同类型的突发性伤害事故,要采用不同的方法来处理,体育教师要冷静选择最适宜的处理方法，尽可能确保救护工作的及时性、有效性。

第三节 体育教学发展的环境保护体系

一、良好体育教学环境的价值体现

（一）促进学生身心健康发展

体育教学环境的好坏对体育教学效果的高低起到重要的决定性作用，体育教学的效果又对学生的身心健康发展产生相应影响。由此可见，教学环境对学生身心健康发展是具有直接影响的。良好的教学环境对学生的身心健康具有积极的影响，体育教师要尽可能发挥良好教学环境的积极作用，提高学生的健康水平。相反，教学环境差，则必然对学生的身心健康造成制约，体育教师应尽可能将教学环境的负面影响降到最低，通过优化教学环境来发挥其积极的作用，使体育教学环境在体育教学体系中的重要作用真正发挥出来，以此提高体育教学质量。

（二）对教师与学生的激励价值

在体育课堂教学中，学生的学习情绪高不高，是否有学习的热情，是否积极回答问题和表现自己，都与体育教学环境这一课堂教学因素有关，教学环境佳，则学生热情高涨，积极表现自我，自觉配合教师，主动回答问题，而如果教学环境差，学生的课堂表现就完全与在良好教学环境下的表现相反了。同样的，教师的教学热情、教学积极性、创新能力的发挥等也都与教学环境因素有关。

下面简要说明良好体育教学环境的激励作用具体表现在哪几个方面：

第一，调动师生教与学的积极性。

第二，促进预期课堂教学目标的实现。

第三，提高课堂教学效率。

第四，活跃课堂氛围。

第五，使教学硬件资源与软件资源的价值得到充分发挥。

第六，培养学生的终身体育意识及锻炼习惯。

（三）指导学生朝着积极方面发展价值

学生的价值观、行为表现、学习态度等都会受到周围环境因素的影响，教学环境是学生经常面临的环境，学生置身于一定的教学环境中学习新知识，教学环境对学生学习的影响是非常重大的。良好的教学环境对于培养学生的正确价值观和优化学生的行为表现具有积极的意义，有助于学生成长为符合社会要求和满足社会发展需求的人才，将来以国家栋梁的角色参与到社会主义建设中，推动国家富强发展。体育教学环境是教学环境的一种，其对学生的积极影响主要是使学生在健康方面和体育领域朝着好的方向发展，如提高学生的身心健康水平，丰富学生的体育专业知识，增强学生的运动技能，提升学生的体育素养，使学生养成终身体育锻炼的好习惯和健康文明的生活方式。

（四）陶冶学生高尚情操价值

环境对人的影响是潜移默化的，这种影响既有明显的方面，也有不易发现的方面，如学生的性格就会受到学习环境的影响，这方面的影响不是一朝一夕就有的。学习环境对学生性格的影响虽不易被察觉，但不可否认，良好的学习环境确实能培养学生良好的性格，培养学生的道德品质和情操。

鉴于体育教学环境的重要性，学校必须尽可能优化体育教学环境，既要从硬环境着手，又不能忽视软环境的重要性，真正发挥良好教学环境的上述价值，促进体育教学的发展及教师与学生的全面健康发展。

二、体育教学环境的具体优化

（一）优化体育教学环境应遵循的原则

优化体育教学环境主要是为了使体育教学更好地为学生服务，所以在优化教学环境的过程中学生的需求是首要考虑的因素，除此之外，还要结合学校教学实际情况，脱离实际情况的教学环境无法真正发挥作用。

为提高体育教学环境的优化效果，应坚持以下原则：

1. 整体性原则

系统论要求整体优化体育教学环境的相关因素，各因素经过优化后，在教学环境中更能发挥重要作用，而且各因素之间相互协调，有利于教学环境在整体上达到要求。

2. 因地制宜的原则

优化体育教学环境的具体方法有很多,各校可以借鉴成功的经验,但不能完全套用,因为每个地方的客观环境不同,如气候、地形、习俗等,如果忽视这些客观实际而盲目套用其他优化方法,则难以取得预期的优化效果,甚至还会破坏自然环境,造成不可估量的严重损失。

3. 简便原则

在体育教学环境创设、优化的过程中,所使用的措施务必要是简单、便捷及省时省力的,在不影响最终优化目的的同时,节省更多的精力。

(二)优化体育教学环境应采取的策略

优化体育教学环境,除了要遵循上述几个方面的原则之外,还要采取相应的策略,具体可以从以下几个方面入手:

1. 对体育教学班级建制加以优化

我国体育教学以集体教学的组织形式为主,班级学生数量多。这种教学组织形式的弊端在于有限的体育场地器材设施资源无法同时供应给数量众多的学生,总有一些学生没有机会用到器材设施,而且大班教学的工作量大,体育教师无法一一顾及每个学生,师生互动少,教学质量较差。对此,应适当采用小班教学形式,按学生的兴趣爱好、运动水平分班,从而使学生之间更好地互动,也能使教师更好地指导每个学生,提高教学的效果。但也不是所有的学校都适合采用小班授课制,具体还要依据本校的实际情况尤其是教学资源情况而定,可以从本校实际出发设计其他一些更适宜的教学组织形式,以能够激发学生的学习兴趣,提高学生学习的积极性,有效提高体育教学效果为主要目的。

2. 对体育教学的器材和场地设施加以优化

学校教育经费要划拨到各个学科中,一般不会在学校开设的每个学科中平均划分教育经费,现在最常见的现象是学校将大部分教育经费投入到文化课程中,而将很少一部分教育经费用于体育课程建设,可见传统的教育思想还是影响巨大,体育教学在学校的地位还是较低,学校对体育教学的重视程度还是较弱。因为体育教学得不到充足的资金支持,所以体育场地设施的建设也就没有经费保障,这些基本教学物质资源的缺失必然会阻碍体育教学的顺利进行,影响学生积极参与体育学习和课后锻炼,最终导致体育教学计划中设计的教学目标无法顺利实现。

现代社会的发展对全面发展型人才提出了严格的要求,学校作为培养人才的主要阵地,必须开设多学科的教学来为培养全面型人才服务,满足社会发展的需求。体育学科教学能够培养和锻炼学生的身心素质、道德品质、健全人格、审美素养等,在培养全面发展型人才方面具有其他学科不可比拟的优势,其重要性不可忽视,为了适应社会发展需求,开展体育教学,加强体育教学改革迫在眉睫。体育场地器材设施是开展体育教学的物质基础和基本保障,改革体育教学,优化教学环境,体育教学设施的改革与优化是重点之一,学校应为体育教学设施的建设投入一定的资金,从财政上保障体育教学设施建设的顺利进行,增加设施数量,提高设施规格与质量,为开展项目丰富、形式多样的体育教学提供充分的条件,吸引学生参与到体育学习及课后体育锻炼中来,培养学生的体育兴趣与锻炼习惯,同时也能避免造成学校教学资源的浪费。

3. 对体育教材结构加以优化

体育教学环境包括硬件环境和软件环境两种类型,二者都很重要,各自发挥不同的重要作用,缺一不可。在体育教学硬件环境中,体育教材的重要性不可忽视。当前我国学校体育教学中教材方面存在的问题主要是教材内容陈旧,长期没有加入新内容,实用价值较弱,与教学实际情况不符,无法真正使学生的学习需求得到满足,也无法充分促进学生的全面发展。针对这些问题,体育教育工作者要树立先进的教学理念,实事求是,与时俱进,定期对教材内容进行优化更新,使教材内容符合教学实际,满足学生需求。这对体育教师的科研能力是一个较大的考验,体育教师应发挥自己的主观能动性,加强对教材新内容的科学研究,真正发挥教材的价值,为社会培养高素质、全面发展的人才。

4. 对体育教师的教学能力加以优化和提升

体育教学环境中软件环境的重要性不亚于硬件环境,优化体育教学环境,必须将软件教学环境的优化充分重视起来。体育软件教学环境中作为体育教学组织者与主导者的体育教师是非常重要的组成因素,对这一因素进行优化具有非常重要的意义。

现代社会的发展对学校培养人才的规格与质量提出了很高的要求,教师作为人才的直接培养者必须承担起社会赋予的责任,尽自己所能为社会培养有理想、道德好、有文化、全面发展的人才。教师培养人才的效率及质量直接受教师自身专业素质的影响,所以提高教师的专业素养与教学能力也是非常关键的，这也是优化学校教学软环境的需要。对此，学校要加强对体育教师的专业培养，提高教师的教学能力、科研能力，使体育教师能够树立先进的教学理念，合理安排教学内容，科学选用教学方法，高效构建教学模式，顺利开展各项教学工作，研究体育教学的热点问题，丰富教学理论，为教学实践提供理论指导，最终切实提高教学效率与教学质量，培养出健康优秀的体育人才。

5. 对体育教学的心理环境加以优化

体育教学环境还包含心理环境，这在体育教学环境的改革中是一个容易被忽视的因素。心理环境对顺利开展体育教学活动、提高课堂教学效率的重要性不容小觑，所以必须转变观念，将这一教学环境因素重视起来，并不断优化这一具有系统性、复杂性等特征的隐性教学环境因素。

优化体育教学环境中的心理环境，重点要做好以下几个方面的工作：

第一，引导学生互相学习，互相帮助，团结协作，相互交流想法，取长补短，从而提高每个学生的学习能力和综合素质。教师要多为学生之间的沟通交流创造机会，如安排小组学习、合作学习、竞赛学习，鼓励学生相互交流自己的想法，虚心向其他同学学习，并将自己的宝贵经验传授给同学，互通有无，共同进步，这也能帮助学生获得更宝贵的东西，如友谊等。

第二，引导师生之间相互交流，教师与学生的关系不是主动与被动的关系，二者不应该毫无交流，尤其是体育这门特殊的课程更应该鼓励教师与学生互动，课堂上教师要多观察学生，关注学生的需求，主动与学生沟通，让学生勇敢表达自己的想法，勇于表现自我，这样才能使学生将自己的主观能动性充分发挥出来。只有师生关系和谐了，课堂氛围融洽了，课堂教学效果才有可能达到预期，教师与学生才有可能在课堂上获得良好的教学体验。

第三，学校要加强对校风校纪的管理，引导学生树立正确的价值观、人生观和世界观，要重视对校园体育文化的建设，使学校有良好的道德风气与体育风气，使学生在优良的环境下参与体育运动，促进学生身心素质的改善和健康水平的提高。

第四节　体育教学发展的特殊课程设置

在体育教学中，除了开设统一的体育课程之外，还要根据学校中特殊学生群体的具体情况，开设相应的特殊课程。一般来说，体质较弱的学生是较为典型的特殊群体之一，针对这类群体设置的体育课程就是特殊体育课程。

一、体质弱势群体的体育教学任务

（一）体质弱势学生群体的分类

对体质弱势学生群体的类型进行划分，要将学生体质健康状况和身体素质水平作为主要依据，依此可具体将其划分为下列三种类型：

第一类：身患残疾不适宜参加体育活动的学生。

第二类：身体患有各种慢性疾病（肥胖症除外）以及其他疾病（学校禁止的疾病除外）的学生。

第三类：身体过于消瘦或肥胖、基本运动素质较差以及其他情况的学生。

（二）针对体质弱势学生群体的特殊体育课程的教学总目标

开设特殊体育课程，要以不同体质弱势群体的身体情况为依据，真正关注学生的健康需求，要实现的教学总目标是使学生树立科学的体育观和正确的健康观，掌握课程知识，掌握与自身身体情况相适应的学习方法。

（三）针对不同体质弱势学生群体的体育教学任务

特殊体育课程教学的教学任务因教学对象不同而有一定的区别，也就是说要根据不同教学对象的实际情况尤其是身体情况来设置教学任务。下面简要说明针对各类体质弱势学生群体进行体育教学所要达到的任务及相应的要求。

1. 针对第一类特殊体质学生群体的体育教学任务要求

这类学生群体是残疾人士，但残疾的部位、程度不同，所以身体特征不同，要根据具体情况为其设计体育学习方式，使其找到适合自己的方法来进行体育锻炼，改善身体症状，提高身体功能，使肢体与器官向健康的方向发生积极的变化。体育教师要及时对学生的学习效果进行评价，并观察学生有哪些体育方面的特长，可以鼓励这些学生参加残疾人体育比赛。

2. 针对第二类特殊体质学生群体的体育教学任务要求

这类学生群体患有慢性病，所以要通过专门的课程来帮助其康复，使其恢复身体功能。慢性病患者在体育学习中要量力而行，选择适合自己的方式来锻炼。

3. 针对第三类特殊体质学生群体的体育教学任务要求

这类学生群体缺乏良好的运动素质，且身体形态不良，对于这类学生，要重点改善其身体形态，使其身体机能达到一定的水平，具备一定的运动能力，提高其身体素质和运动素质。

二、体质弱势群体的体育教学内容

（一）明确体质弱势群体的体育教学内容的意义

第一，使体育教学的开展更加有针对性。
第二，对于体育教学质量的提高有帮助。
第三，对于构建特殊体育课程有利。

（二）明确体质弱势群体的体育教学内容的依据

教学目标制约着教学内容，教学内容又支撑着教学目标的实现。根据特殊体育课程的目标体系，体质弱势群体的体育教学内容必须要满足三类学生的体育需求，使之符合特殊体育课程的构建。在明确体质弱势群体体育教学内容的时候要坚持以下几点原则：

第一，必须按照教学目标来选择教学内容。
第二，必须严格遵循安全和适度原则。
第三，要保证教学内容的实用性和趣味性。
第四，要保证所选择的教学内容是简便易行的。

（三）体质弱势群体的教学内容的构想

根据特殊学生群体的体质情况和素质水平，可以将体质弱势学生群体分为三大类，不同类别的特殊学生群体的教学内容和任务都是各不相同的：

1. 针对第一类特殊体质学生群体的教学内容

（1）基础理论知识
①一般体育健身原理。
②残疾人体育运动常识。
③运动锻炼的方法。
④运动负荷对机体生理适应的规律。
（2）基本运动技能
①一般体育健身方法。
②残疾人体育锻炼方式方法及其注意事项。
③适合本类人群的实用有趣的体育运动项目。

2. 针对第二类特殊体质学生群体的教学内容

（1）基础理论知识
①一般体育健身原理。
②常见慢性疾病的一般病理过程。
③常见慢性疾病康复的方法理论。
④适宜的体育运动方式。
⑤合理饮食方案。
⑥健康生活方式与慢性疾病康复的关系。
（2）基本运动技能
①一般体育健身方法。
②疾病人群的体育锻炼方式方法。
③适合本类人群的实用有趣的体育运动项目。

3. 针对第三类特殊体质学生群体的教学内容

（1）基础理论知识
①一般体育健身原理。
②肥胖、消瘦、体弱的一般病理过程。
③通过体育运动控制体重、增强体质的方法论。

④合理饮食方案。

⑤健康生活方式与体质的关系。

(2)基本运动技能

①一般体育健身方法。

②改善身体形态的体育锻炼方式。

③适合本类人群的实用有趣的体育运动项目。

三、体质弱势群体的体育教学方法

(一)体质弱势群体的体育教学方法的选择

针对体质弱势群体的总体特点,要选择相应的教学方法,具体来说,参考的依据有以下几个方面:

第一,依据体育教学目标选择教学方法。

第二,依据教学内容的特点选择教学方法。

第三,依据学生实际情况选择教学方法。

第四,依据教学条件选择教学方法

(二)体质弱势群体的体育教学方法的运用

在运用所选择的体育弱势群体的体育教学方法时,需要做到以下三个方面的要求:

第一,坚持鼓励原则。

第二,将整体功能充分发挥出来。

第三,运用时要保证灵活性。

(三)选用体质弱势群体体育教学方法的注意事项

第一,要将体育教学与心理暗示结合起来进行。

第二,要尊重并遵循个体差异性。

第三,将对学生顽强意志品质的培养作为重点关注的主要内容。

四、体质弱势群体的体育教学评价

（一）体质弱势群体体育教学评价的主要内容

1. 体质改善的状况

对体质较弱的学生来说，体质状况的改善是一个长期缓慢的过程；对于身患疾病的学生来说，体育教学能够做到的是控制病情，甚至有所好转；对于残疾的学生来说，体育教学对身体的客观情况并没有实质上的改变，重点在于心理素质的提高，对现有身体机能的改善和提高；对于偏瘦、偏胖的学生来说，体育教学的干预空间较大，体育锻炼的效果也较为明显，应该作为重点改善的对象。

2. 心理素质的变化情况

在设计体育教学评价指标的时候，要着重反映学生参加体育锻炼前后心理素质的变化情况。

3. 参加体育运动的积极程度

设计体育教学评价指标时，应着重反映学生参加体育锻炼前后态度的变化情况，参与积极性的程度等。

4. 体育知识和技能的传授与掌握情况

掌握一定的体育保健知识是开展自我体育运动的前提和保障，正是通过体育教学实践和体育理论知识的指导，才能产生体育教学效果。因此，体育教学评价的核心是传授体育基础知识和理论、体育保健知识和技能，帮助体质弱势学生树立学习生活的信心，感受体育运动的快乐，培养体育锻炼的兴趣和习惯，在体育练习中获得成就感和满足感。

（二）体质弱势群体体育教学评价的标准

体质弱势群体可以分为三类，针对这些不同类型学生所采用的体育教学评价的标准也应该是有差别的，具体如下：

1. 针对第一类体质弱势学生群体的评价标准

针对这一类型学生，体育教学评价应该将学生参与体育锻炼前后的态度变化和掌握适合自身条件的体育锻炼方法的情况重点反映出来。此外，要兼顾一些有特长的学生，适当开展残疾人竞技体育的教学和锻炼效果的评价。

2. 针对第二类体质弱势学生群体的评价标准

针对这一类型学生，体育教学评价应该着重反映参加体育锻炼前后疾病的康复情况，参加体育活动前后态度的变化情况。

3. 针对第三类体质弱势学生群体的评价标准

针对这一类型学生，体育教学评价应该着重反映学习和掌握有效的体育锻炼方式手段所达到改善形体，提高机能、特别是心肺功能的效果，为进一步提高基本运动素质奠定坚实基础。

（三）体质弱势群体体育教学评价的注意事项

针对体质弱势群体所采用的体育教学评价，需要对以下几个方面的事项加以注意：

第一，一定要将歧视观念杜绝掉。

第二，对个体进步加以重视。

第三，采用的评价内容应该以鼓励为主。

五、体质弱势群体体育教学的改革措施

针对体质弱势群体体育教学的课程设置以及发展情况，需要对其中的一些方面加以改革，以促进其进一步的发展和完善，具体可以从以下几个方面着手：

（一）要保证体育教学目标的多样化

要了解体质弱势群体的分类标准，清楚各类体质弱势群体的身心特征，针对各类学生的实际情况提出适宜的教学目标，保证各类体质弱势群体经过努力学习可以达到各自相应的目标，从而增强其自信心。针对体质弱势群体设计的教学目标要体现多样性，如增强体质的目标主要针对身体素质差的学生而设计；提高运动素质，改善身体形态的教学目标主要针对肥胖、运动素质差的学生而设计；促进健康，恢复身体机能的教学目标主要针对患有疾病的学生而设计。总之，不能用统一的教学目标和教学要求来实施教学，否则就无法获得实际效果，而且对体质弱势群体也有失公平。

体育教师要了解不同类型体质弱势学生群体各自需要达到的教学目标，鉴于教学目标的多样化，教学策略也应体现出多样化，从而为多样化

教学目标的实现提供保障。

（二）要因人而异选择体育教学内容

体质弱势群体由于自身身心情况的特殊性，需要安排特殊的教学内容，不能和其他学生的学习内容完全相同。而且体质弱势群体也有不同的分类，各类弱势群体所学的内容也有不同的侧重，应以各自的教学目标为依据来进行合理的选择。体育教学内容丰富，要注意根据学生体质情况来划分出不同功能的教学内容，从而针对不同弱势群体实施不同的教学内容，发挥各类教学内容的功能，使不同体质弱势群体都能学到对自己有价值的体育知识，掌握适合自己的体育运动方式。例如，运动保健类和养生康复类体育教学内容适合患有疾病和残疾的学生，健身健美类的体育教学内容适合身体形态较差的学生，等等。

（三）采用的体育教学方式方法要丰富多样

在体质弱势群体的教学中，教学目标与教学内容的多样化决定了教学方法的多样化，只有灵活采用丰富多样的体育教学方法，才能保证各类教学内容的功能得到充分的发挥，并实现各个层次的教学目标。多样化教学是体育教学的发展趋势之一，该趋势在体质弱势群体的体育教学中同样能够体现出来，为适应该趋势，必须加强对多样性教学方法的科学设计，并将各种有效的教学方法运用到实践教学中，使体质弱势群体真正学有所获，并找到适合自己的学习方式，达到自己的学习目标。

第五节　体育教学发展的课程教学质量保障

一、体育课程教学质量的主要内容

总体而言，体育课程教学质量的内容主要有三个方面，即条件质量、过程质量以及结果质量。

（一）教学条件质量

1. 硬件条件要符合标准

在体育教学质量管理中，加强体育教学条件的管理是非常重要的。

具体而言，质量管理的标准主要包含六个方面，即教学“三项面积”标准、“六项教学经费”生均标准、图书馆藏书生均标准、学生宿舍面积生均标准、教学仪器设备值生均标准、体育设施生均标准等。

2. 要做好体育课程教学基本建设

课程建设、教材建设等都属于体育课程教学基本建设的范畴。体育教师在上课时也要注意电子教材、网上教材等的使用。

3. 要做好班风建设工作

班风对体育课程教学质量也会产生重要影响，通常，保持良好的班风，在发展和提升体育课程教学质量和教学水平方面所产生的意义是非常重大的。班风建设质量如何，主要取决于学生的学习风气、学习态度，这就要求教师从严治教。班风具体可以分为学风、教风、考风几个方面。

（二）教学过程质量

教学过程的质量，就是狭义上的教学质量，强调的重点在于理论课和实践性教学环节的动机和效果的一致性。对体育课程教学过程质量产生影响的因素，其复杂性及表象的直观性特点都较为突出，但其原因却是隐性的，涉及的因素也是多方面的，比如，课程体系的合理性、教学大纲的适用性、教师的教学态度、学生学习的态度，能力、考核方法对学生的影响力以及教学保障体系是否正常运转等。其中，从根本上产生影响的主要是教师的教学态度、投入程度以及学生学习的自觉性。具体来说，要做好体育课程教学过程质量管理，需要从以下三个方面着手：

（1）要使各个教学环节的教学管理的规范性得以保证。

（2）将教学主要环节的管理作为关注的重点。

（3）要加强薄弱环节的管理。

（三）教学结果质量

在关注体育课程教学时，必须对体育课程教学结果质量加以关注，这是不可或缺的重要部分。可以说，提高体育课程教学结果质量是提高整个体育课程教学质量的重要基础。在评价体育课程教学结果质量时，需要从以下几个方面着手进行：一是师生关系的融洽性；二是教与学的沟通性；三是要注意科学性与实用性的融合；四是要求教师通过各种教学艺术的运用来达到精心组织的教学目的，也为学生的消化和理解提供帮助。

二、体育课程教学质量管理的操作流程

如果用动态的观点来看，教学管理是一个持续的过程。通常，可以将体育课程教学质量管理的过程理解为“一个中心，三个阶段”。其中，一个中心就是围绕着教学质量标准来展开各项工作；三个阶段，就是指标准的确立阶段、检查评估阶段、实施控制阶段。

（一）确定体育课程教学质量标准

首先，要明确了解新课程要求，然后以此为依据，结合各个学校自身的实际情况，制定出科学、合理的体育课程教学质量标准，要保证其客观性、可操作性和可行性。

（二）做好体育课程教学质量的检查与评估

1. 体育课程教学质量的检查

在确定下来体育课程教学质量标准后，学校领导者就应该着手开展教学质量检查工作了。体育课程教学质量检查，所参照的依据主要为质量标准，评定、评判的内容涉及到教学过程的各个环节、各个阶段。

体育课程教学质量检查的方法是多种多样的，直接观察法、谈话法、材料研究法、考试法等是较为常用的几种。其中，考试法是检测教学质量，特别是学生学习质量的主要方法，主要有笔试（开卷、闭卷），口试，实际操作等几种具体方式。

2. 体育课程教学质量的评估

体育课程教学质量评估的方式有很多种，比如常见的有整体评估、部分评估和单项评估。评估的内容为教师的“教”和学生的“学”这两个方面。

体育课程教学质量评估的方法也是多种多样的，其中，经常运用的有：层次评估法、对比评估法、数据评估法、因果评估法这几种，要根据具体情况来加以选用。

（三）体育课程教学质量控制的实施

体育课程教学质量控制，本身就是一项管理措施，其实施的主要目的在于保证体育课程教学实际质量与教学质量标准相一致。对于体育课程

教学质量管理来说，体育课程教学质量控制虽然只是其众多组成部分的一个方面，但是，是非常重要且不可或缺的。

体育课程教学质量控制的实施，都是参照教学质量标准来进行的，而体育课程教学质量检查和评估则是其实施的重要基础。

对体育课程教学质量产生影响和制约的因素有很多，可以将其大体归纳为四个方面：教师、学生、教学管理和教学条件，其中，教师和学生是最为主要的两个因素。

三、体育课程教学质量管理的方法

关于体育课程教学质量管理的方法，这里主要从教师的角度出发，来归纳总结相应的管理途径与方法。

（一）教学组织工作要严谨到位

所谓的体育课程教学组织工作，就是要把学生的目光、注意力、情绪、思维集中到体育课程教学上来。这对于学生来说，是一种约束力，而对于教师来说，是帮助其为学生创设良好学习环境，使教学过程有条不紊顺利进行而营造良好氛围的途径。

在具体的体育教学活动中，会存在学生注意力不集中的情况，这对于教学质量的提高和教学目标的实现都是十分不利的。因此，做好体育教学的组织工作，维持良好的课堂气氛，对于教学任务的完成，对于教学质量的提高都具有十分重要的意义。

具体来说，体育教学的组织工作并不是简单的命令，而是积极有效的诱导，可以从以下三个方面得到体现：

（1）课内问题要在教学课开始之前就妥善解决好，因此，每次课前认真备课是非常有必要的。在授课的内容上，要保证其显著的思想性、科学性、正确性等特点。

（2）对体育课程教学过程要有全面调控的能力，做到周密思考，张弛有致、紧凑有序。

（3）处理好体育教学的规范性与学生个性之间的关系。

（二）教学语言要具有较强的艺术性

艺术性语言能够将学生的注意力最大程度地吸引过来，还能将学生的求知欲望有效激发出来，积极引导他们步入知识的殿堂，有利于提高体

育教学的效果。要达到这一目标,要求教师在教学时也要用艺术性的语言。具体来说,要满足以下三点要求:

1. 语言要做到准确干练

教学语言在有严密的科学性和逻辑性的同时,还要通俗易懂,言简意赅,连贯适中,承上启下,生动有趣,富有感染力和吸引力。只有这样,才能对学生的注意力产生非常显著的吸引。

2. 语言要亲切温和

教师在运用语言进行讲解时,要做到吐词清楚,速度适中,语气宜亲切、慈祥、温文尔雅,富有亲和力,能够使学生对师生间的友爱有充分的体验和感受。同时,体育课程教学内容和学生反应也可以作为重要的辅助,帮助语言抑扬顿挫的作用得到充分发挥。

3. 语言要幽默

语言要幽默,主要是指体育教师在课堂上的讲解要富于感召力和亲和力,能有效调节体育课堂氛围,增强学生的注意力。比如,激活课堂气氛,调节学生情绪;增强批评的效果;开启学生的智慧,提高思维的质量。

(三)教学方法要灵活多变

体育教学质量的提升在很大程度上依赖于教学方法,教学方法一定要灵活多变,才能实现既定的教学目标。灵活的教学方法所起到的实质作用是积极的,学生的思维也会因此受到更好的启发。对于教师来说,能够将死板的书本知识以生动形象的方式讲述出来,学生学习的兴趣就会被进一步激发,学生对事物进行主动思考质疑的能力的形成与培养效果也会更加显著。

对于体育教师而言,要以体育课程教学内容、教学对象为依据精心设计、不断地变化教学方法。同时还要将各种教学方法综合起来加以运用,不断地引导学生积极思考。切勿采用单一的教学方法,因为,理想的教学效果是任何一种教学方法无法独自达到的。

(四)教育手段要注重策略性

在体育教学过程中,部分学生往往会出现注意力不集中的情况,表现为走神、讲话、做小动作等,这些学生通常意志薄弱,不能很好地控制自己的言行,这些都会对体育教学产生非常不利的影响,这就要求体育教师在教育方法上注重教学策略的运用，想方设法地提高教学质量。

（五）教学责任要明确

体育教学本身是一个包括教与学两个方面的双边活动，它是教师传授和学生学习的共同活动。教师要对其主导地位和学生的主体地位有明确的认识。

教师在体育教学过程中一直都是处于主导地位的，同时也是主体之一，因此，其在整个体育课程教学过程中所起到的作用至关重要。但是，体育课程教学并不是只有教师的主导作用就可以顺利实施的，还要与另一重要主体——学生的学习主动性结合起来才行，只有教师的教和学生的学两者完美配合起来，才能取得理想的教学质量。而教学质量则取决于教师的教学态度和行为，学生的学习态度和行为，以及双方在教学过程中的交流方式与效果这三个方面的因素。所谓的“教学相长”，就是教与学相互促进。教学相长能够将师生之间相互推动、共同提高的关系体现出来，也是教学的主要目标。

（六）教学态度要认真

1. 教案的编写要认真

作为一名体育教师，一定要学会编写教案。教案可以说是上课的重要依据，是保证教学质量的必要措施。因此，编写好的教案非常有必要。认真编写教案，首先要吃透教学大纲的精神实质，然后熟悉教材，达到融会贯通的程度，对重点、难点做到心中有数，与此同时，还要充分了解学生的实际情况，对其进行充分考量。

2. 要有良好的教态

在具体的教学过程中，体育教师要维护自己良好的形象。教师良好的教态主要包括：衣冠整齐；精神饱满；胸有成竹；声音洪亮、清楚；表情丰富，伴有手势等几个方面。

3. 教学要有特色

第一，教学特点要突出。教师的表情、感情、书写会对学生产生直接影响。因此教师讲课过程中一定要富有激情，这样才能够将那些不易发挥的、潜在的知识都充分展示出来，使学生能够有效提升听课的兴趣，达到举一反三的教学效果。

第二,在体育教学过程中,体育教师一定要结合学生的特点,对学生的思路有充分的了解和把握。首先,教师的监控能力要强,通过各种方式,使学生的参与程度有所提升。其次,敏感的自我反思能力也是教师应具备的重要能力之一,发现学生注意力不集中的情况,就要立即反思自己,并且积极分析教学方法科学与否,并及时进行调整。除此之外,自我效能感也是非常重要的,教师自己要先进入角色,然后才能对学生进行积极的引导,使他们能够跟着教会的思路走。

四、体育课程教学质量管理的注意事项

(一)教学质量管理是教学管理的核心内容

教学质量能够综合反映出体育教师的教学管理水平。体育教学管理的内容主要是为了教学质量的提升做准备。教学质量的管理在整个体育课程教学管理中处于重要的核心地位。管理者首先要建立起正确的教学质量观,在其指引下,以教学目的为依据,通过质量标准的参考,来对影响“教”与“学”的各种因素进行检查、分析与控制,从而为教学质量的提高提供良好的保障。

(二)体育课程教学质量观和质量标准

1. 体育课程教学质量观

所谓的体育课程教学质量观,就是指对教师教学优劣程度的总体性的看法和认识,它能够将管理者的教育思想水平反映出来,同时在整个体育课程教学过程起着重要的导向作用。

管理者的教学质量观不同,检查评价教学质量的标准就不同,对教学过程产生的影响也就不一样。因此,树立正确的教学质量观是科学地实施教学质量管理的重要前提。

正确的体育课程教学质量观应是全面的质量观。它具体表现为:对教与学两方面质量的整体认识;对教学促进学生个体发展的全面评价;教学质量评价要面向全体学生。

2. 体育课程教学质量标准

一般来说,教学质量标准有总体标准与具体标准之分,下面简单分析这两类标准。

（1）总体标准

体育课程教学质量总体标准是学校教学的培养目标，是具有普遍性和方向性的质量标准。体育课程教学质量总体标准是体育课程教学质量管理应该遵循的根本原则和最高依据。

（2）具体标准

体育课程教学质量的具体标准为：各学科各年级的质量标准；教学过程中“教”的质量标准；教学过程中“学”的质量标准。

参考文献

[1] 刘捷 . 专业化：挑战 21 世纪的教师 [M]. 北京：教育科学出版社，2002.

[2] 龚正伟 . 体育教学论 [M]. 北京：北京体育大学出版社，2004.

[3] 龚坚 . 现代体育教学论 [M]. 重庆：西南师范大学出版社，2009.

[4] 陈雁飞 . 新中国体育教师队伍建设与发展之路 [M]. 北京：北京体育大学出版社，2009.

[5] 张丽蓉，刘洪伟，王永祥 . 体育教学的价值回归探索 [M]. 北京：中国纺织出版社，2017.

[6] 潘凌云 . 体育教学模式探讨 [D]. 华中师范大学，2002.

[7] 卢炳惠 . 教学创新研究 [D]. 西南师范大学，2002.

[8] 霍军 . 创新教育理念下体育教学方法理论与实践研究 [D]. 北京体育大学，2012.

[9] 高鹏 . 中学生创新精神的培养研究 [D]. 河南师范大学，2013.

[10] 吴玉朋 . 经验视野下的创新教育理论浅析 [D]. 山东大学，2013.

[11] 曹卉 . 中学思想政治课教学的创新教育研究 [D]. 鲁东大学，2014.

[12] 任利敏 . 基于创新教育的高中数学教学模式研究 [D]. 信阳师范学院，2014.

[13] 杨磊 . 创新教育理念下武汉工程大学教育管理改革策略研究 [D]. 华中师范大学，2015.

[14] 胡珺 . 基于创新教育的高校图书馆学习共享空间建构研究 [D]. 合肥工业大学，2016.

[15] 张晓博 . 创新教育视野下中学思政课教学实效性的问题及对策探究 [D]. 信阳师范学院，2016.

[16] 张梦雅 . 创新教育理念下普通高中的课程管理研究 [D]. 济南大学，2017.

[17] 何文晓 . 高职院校创新型人才培养的问题与对策 [D]. 南京师范

大学,2019.

[18] 黄建奎 . 微格教学与传统教学法的比较研究 [J]. 时代报告,2011（12）.

[19] 钟绍春,王伟 . 关于信息技术促进教学方法创新的思考 [J]. 中国电化教育,2013（02）.

[20] 张军波 . 高校体育教学环境优化策略的思考 [J]. 青少年体育,2018（12）: 88–89+87.

[21] 陈建燎 . 中职学校体育教师专业发展创新路径探究 [J]. 创新创业理论研究与实践,2019,2（17）: 136–137.

[22] 龚嘉荣 . 体育教学中学生创新意识与实践能力的培养分析 [J]. 当代体育科技,2019,9（27）: 55–56.

[23] 刘进 . 高中体育教学中学生创新素质的培养 [J]. 亚太教育,2019（10）: 102.

[24] 侯桂明 . 教学模式创新与高校体育教学优化对策探讨 [J]. 体育世界(学术版),2019（09）: 138–139.

[25] 张辉 . 高校体育教师职业能力创新发展研究 [J]. 山东农业工程学院学报,2019,36（10）: 171–172.

[26] 谢志强 . 公共体育课程体系优化与创新研究——以闽南理工学院为例 [J]. 体育世界(学术版),2019（10）: 12–13.

[27] 王立言 . 构建高校体育教学创新体系的研究 [J]. 科技视界,2019（30）: 125–126.

[28] 宁东波 . 高中体育教学创新模式分析 [J]. 才智,2019（31）: 50.

[29] 杜惠平 . 创新高校体育教学的探究 [J]. 当代体育科技,2019,9（32）: 1+4.

[30] 郑燊宇,李军,刘小明 . 中小学体育教师创新行为的现状与促进策略 [J]. 体育科技,2019,40（06）: 140–141.

[31] 方亚冰 . 创新教育背景下大学体育教学策略探讨 [J]. 内蒙古财经大学学报,2019,17（06）: 124–126.

[32] 全炳男 . 职业教育中的体育教学方法创新探讨 [J]. 农家参谋,2019（24）: 278.

[33] 吕国利,姚飞 . 创新教育理念下高校教育管理探究 [J]. 中外企业家,2020（06）: 212.